この不寛容の時代に

ヒトラー『わが闘争』を読む

佐藤 優

Im Zeitalter der Intoleranz

MASARU SATO

新潮社

目次

この不寛容の時代に

ヒトラー『わが闘争』を読む

まえがき

2020年に入って、国際情勢が大きく変化している。新型コロナウイルスを原因とする肺炎（COVID-19）が世界を脅かしているからだ。発症者の致死率から考えるとコロナウイルス自体は、それほど大きな脅威ではない。しかし、未知のウイルスに対する国民の不安、医療崩壊のリスク、各国が人の動きを制限することによって生じる国境管理の強化、それらがもたらす経済への影響を総合すると、今回の新型コロナウイルスは大きな脅威となっている。このような状況で、アドルフ・ヒトラーの『わが闘争』から批判的に学ぶことには大きな意味がある。ヒトラーによるナチズムは、客観性、実証性を無視した神話によって国民を束ねるところにその特徴があるからだ。その際に必ず起きるのが、司法権、立法権に対する行政権の優位だ。

その傾向が、ナチズムと対極に立つ民主国家であるイスラエルにおいて、顕著になっている。イスラエル政府は、2020年3月15日、新型コロナウイルスの感染者の動向を知るため、カウンターインテリジェンス（防諜《ぼうちょう》）機関「シンベト」（別称・シャバック）が市民の携帯電話の位置情報にアクセスすることを可能とする措置を閣議で了承した。〈ネタニヤフ首相は14日、記者会見で「テロ対策で用いてきたデジタル技術を使用する」と表明。「従来は市民への使用を控えてきたが、（ウイルスとの）戦争において他に選択肢はない。人々のプライバシーを一定程度、侵害することになる」と理解を求めた。政府の要請を受け、司法省もこの措置を了承した。／地元紙ハアレツによると、治安機関は検査で陽性だった患者の携帯電話の位置情報にアクセスし、過去14日間に接触した可能性のある市民を特定して自宅隔離を求めるメッセージを送るという〉（3月17日「朝日新聞」朝刊）。

テロやスパイ対策の観点から、国民の携帯電話やPCなどインターネットとつながる機材をすべて監視できるシステムをイスラエルは構築していたが、それを政府が感染症対策で用いるのは初めてだ。

筆者は外交官時代、外務省主任分析官として各国のインテリジェンス機関と接触していた。特にイスラエルのインテリジェンス機関、軍の幹部や学者たちと親しく交遊していた。この人脈は現在も維持されている。3月20日に親しくしていた「モサド」（イスラエル諜報特務庁）の元幹部から電話がかかってきたときに、こんな話をした。

――テルアビブの様子はどうか。

「事実上の外出禁止令だ。通院と食料品購入のための外出は認められているが、外に出る人々はほとんどいない」

――3月15日にイスラエルはスマートフォンを通じて、感染者とその接触者を監視する措置を取り始めたが、反発はどれくらい強いか。

「反発しているのは、一部の知識人だけで、一般の国民の間で政府の強硬措置に対する不満はほとんどない。ナチス・ドイツが、ユダヤ人をゲットー（ユダヤ人居住地区）に閉じ込めていた、そのときさまざまな感染症で多くのユダヤ人が死んだ。そういう歴史の記憶が国民の間で共有されているので、感染症対策については、スマートフォンの位置情報を利用して個人の動きを国家がつかむなど戦争やテロと同レベルの強権措置を政府がとるのはやむを得ないというのが、大多数の国民の認識だ」

――すこし、抽象的な質問だけど今回の新型コロナウイルスが国際社会にどのような影響を与えるか。僕は国内では行政権が強まり、国際関係ではグローバリズムが後退すると見ている。

「僕も同じ見方だ。内政的には、イスラエルでも急速に司法権（裁判所）、立法権（議会）に対して行政権（政府）が優位になっている。戦争や災害、感染症の流行に直面した場合、迅速な対応が必要になるので、行政権が優位になるのは、ごく普通の動きだ。問題は、一旦、権力を集中させた政府が、なかなかそれを手放したくなくなる危険性があることだ。

国際関係について、僕がもっとも注目しているのがイタリアだ。イタリア北部で新型コロナウイルスによる肺炎であれだけの死者が出ているのに国境を接するスロベニア、オーストリア、スイス、フランスはイタリア人の患者を受け入れて支援しようとしない。ヒト・モノ・カネの移動を自由にし、国境を事実上撤廃するEU（欧州連合）の理念が崩壊しかけている。国家は本質において利己的な存在であることが可視化された。『感染拡大のような危機に対応して国民を守るためには、独裁者のような大統領や首相が出てくるのもやむを得ない。外国のことよりも、まず自国のことに政府は専念すべきだ』という考え方が世界的に強まると思う」

イスラエルのこの動きにロシアが触発された。ロシア政府が事実上運営するウェブサイト「スプートニク」（日本語版）が3月23日にこんな報道をした。〈ロシアのミハイル・ミシュスチン首相は通信省に、新型コロナウイルス（Covid-19）の患者と接触した市民を特定するシステムの開発を指示した。また3月17日、イスラエル公安庁「シャバック」も、ウイルス感染拡大を抑えるためにすでに同様の方法の利用を開始している。／ロシア政府のサイトによると、このシステムは、携帯電話事業者による特定の人間の位置情報のデータを元にしたものになるという。／ミシュスチン首相によると、携帯電話事業者はユーザーの位置情報を当局に提供することになる。／同首相は、携帯電話事業者からの情報をもとに誰が感染者と接触したかを割り出し、その旨を市民に通知するとともに、地方に設置されている新型コロナウイルス対策本部にも送信するように政府内に指示した〉。

イスラエルでは、マスメディアや有識者、ＮＰＯが国家権力を厳しく監視する文化が根付いている。従って、市民の携帯電話を用いた監視が新型コロナウイルス対策以外に用いられる可能性はまずない。しかし、ロシアでは状況が異なる。ＦＳＢ（連邦保安庁＝秘密警察）が、新型コロナウイルス対策を口実にして、反体制派の動静を携帯電話を通じて監視することになると思う。新型コロナウイルスに感染することを恐れるロシア国民は、一部の知識人を除いて、政府の監視政策を積極的に支持することになると思う。新型コロナウイルスによる感染が拡大する過程で、各国において国家機能が拡大し、民主主義的統制に服さなくなる危険がある。時代は暗い方向に向かって進んでいる。

日本でも行政権の優位が、明らかに強まっている。特に3月25日夜、小池百合子東京都知事が、〈このままでは「首都封鎖」になりかねない――〉。新型コロナウイルス感染者の急増を受け、東京都の小池百合子知事は「重大局面」との危機感を表明。26、27日の自宅勤務や週末の外出自粛を呼びかけた〉（3月25日「朝日新聞デジタル」）後、位相が変化した。東京都民の心理が不安定になっている。

さらに、新型コロナウイルスの感染者が首都圏や関西圏などで急増している状況を踏まえて、4月7日、安倍晋三首相が緊急事態宣言を発表した。対象となるのは、東京、神奈川、埼玉、千葉、大阪、兵庫、福岡の7都府県だ。具体的な措置は都府県知事に委ねられる。緊急事態宣言によって、臨時医療施設のための土地、建物の使用が所有者の同意がなくても可能になる。また、医薬品や食品などの収用が可能になった。これに対して、住民の外出に関しては、自粛要請のみにとどまっている。公共の福祉を理由に人の移動の自由を規制することもできるが、国はそれをしない。国民の同調圧力を利用すれば、外出規制という目的が十分達成できるからだ。これは翼賛の思想に基づいている。

翼賛の本来の意味は、〈力を添えて助けること。天子の政治を補佐すること〉（『デジタル大辞泉』小学館）だ。人々が自発的に天子（皇帝、天皇）を支持し、行動することが期待される。期待に応えない者は「非国民」として社会から排除される。新型コロナウイルス対策の過程で、無意識のうちに翼賛という手法が強まっている。この状況が長期化すると日本の政治文化が変容する。

ヒトラーは、第1次世界大戦後、不安定になった国民心理をデマゴギーによって巧みに操って権力を奪取した。新型コロナウイルスによる危機を利用して、権力を掌握する独裁者型の政治家が台頭する可能性を軽視してはならない。その意味で、『わが闘争』の負の遺産から批判的に学ぶべき事柄が少なからずある。

1　不寛容はどこから生まれるか？

おはようございます。佐藤優です。ひさしぶりの新潮講座です。

これまで新潮講座では、『いま生きる「資本論」』『いま生きる階級論』『ゼロからわかるキリスト教』『ゼロからわかる「世界の読み方」』『学生を戦地へ送るには』といった本の基になる講義をやってきました。『資本論』のような古典を読むにせよ、世界情勢を語るにせよ、実はテーマは一貫していて、いまわれわれが生きている現在とはどういう時代か、そして、そんな時代の中でどうすれば生きやすくなるのかを、受講生のみなさんと一緒に探っていく講座なのです。

今回は、これから二日間の集中講義で、ナチズムあるいはアドルフ・ヒトラー（一八八九～一九四五）の思想についてお話ししたいと思います。大学院で半年かけてやる内容、だいたい講義一五回分の内容をこの二日に織り込んでいくつもりです。朝から一時間半の講義が今日は夜まで四コマ、明日は夕方まで三コマの計七コマ、間に一時間ずつの休憩が入ります。休憩が長いじゃないかとご不満に思われた方もいるかもしれませんが、私が喋《しゃべ》りっぱなしにするのではなく、一時間の休み時間には、みなさんにレポートを書いて頂きます。だからブラック企業みたいなもので、正確には休み時間ではありませんね（会場笑）。四五分で書いて頂いて、残りの一五分で私がチェックをして、次の講義の冒頭にみなさんへお戻しします。きちんと内容を把握されているか、そこを見ながら進め方を按配していきます。

私はこれまで、ファシズムについては『ファシズムの正体』（インターナショナル新書）で、イタリア・ファシズムを中心に論じています。そして日本におけるファシズムの先駆け、本家イタリアのファシズムよりも早かった政治思想の持ち主、高畠素之《たかばたけもとゆき》（一八八六〜一九二八）を正面から扱った『高畠素之の亡霊』（新潮選書）という本も書きました。この本は、自分でいうのも何ですが、日本の国家社会主義思想を扱ったものの中では最高の水準に仕上がっているという自負があります。とりあえず、この二冊を読んでいただければ、イタリアのファシズムと日本の国家社会主義についての見取り図が頭に入ると思います。

そんなふうに、なぜ、いま私がファシズムについて考察しているかといえば、新自由主義的なグローバリズムが拡大すればするほど、個人はアトム化されて孤絶し、そんな国民を救済するという名目で国家の力が強大になって、ファシズムを呼び込む可能性が高いからです。新自由主義は文字通り「自由」に価値をおきます。自由を追求すれば、格差は当然広がり、人びとは階層によって分断され、社会は崩れていきます。例えば、規制緩和や労働市場の柔軟化によって、賃金が下がったり、雇用が奪われたりして社会不安が増大しますよね？　そこで失業や貧困や格差などを回避するために、国家機能を強め、人びとを動員し、社会を再編しようとする中でファシズムが出てくる可能性は高い。

これは戦前のヨーロッパで起きたことと相似形です。独裁が生まれ、排外主義が跋扈《ばっこ》し、多様な意見が圧《お》し潰《つぶ》されるかもしれないけれども、それでも新自由主義的グローバリズムの弊害を克服する、あるいは当面はしのぐことができる合理性や魅力をファシズムに感じる大衆が出てきてもおかしくない。

私は、そんなファシズム、国家社会主義が持つ誘惑について考察したかったのです。この誘惑する力を知っておくことは、ファシズムに対する耐性をつけるワクチンとなるはずだからです。

『わが闘争』、日本への紹介

では、しばしばファシズムとイコールで考えられているドイツのナチズムって一体何でしょう？

これ、実はみなさんが、あまりよく理解していないことなのです。ジャーナリストや有識者と話していても、「あ、この人、ナチズムをナショナリズムと勘違いしてるな」なんて思うことは多いんですよ。「あれは極端な形のナショナリズムでしょう」とか「行き過ぎたドイツ民族主義がナチズムですよね」とか考えている人は多いんだけど、違うんですね。

ナチズム、つまりナツィオナールゾツィアリスムス Nationalsozialismus というのは——字義通りに訳せば「民族社会主義」となるけれども——、民族主義ではなく「人種主義」なのです。つまり、民族を超えています。すなわち、「スウェーデン人やノルウェー人は同じアーリア人種なのだから」といったふうに、ナチズムには人種主義という形でのインターナショナリズムがあるわけです。アーリア人はそもそも人種名ではないのですが、オカルティズムなどと結びついて、ヒトラーは人種として捉《とら》えています。その人類に冠たる優秀なアーリア人種の中でも、最も純粋で偉大なのがドイツを構成するゲルマン民族だ、というわけです。

ノルウェーのキスリング首相はヒトラーと親友で、ナチスの親衛隊の将校たちと金髪のノルウェー美人とを結婚させて、優秀なアーリア人種を作る「人間牧場」を作ったりもしました。ノルウェー人は他民族だけれど同じアーリア人種だから、ヒトラーとしてもそれを歓迎したわけですね。ナチズムの人種主義は民族やナショナリズムを超えるインターナショナリズムだというのは、そういうところにもあらわれている。

そんなナチズムの思想について、分かりやすい本があるかなと思ってちょっと調べてみました。宣伝大臣ゲッベルスに関する本も、外務大臣リッベントロップに関する本もあるけれども、みなさんにまずお薦めしたいのはアメリカの歴史家ティモシー・ライバックの『ヒトラーの秘密図書館』（文春文庫）。ヒトラーの蔵書にはどんな書物があって、どうやって英米の優生思想がナチズムに入ってきたのかを辿っています。これはたいへん面白い本です。ヒトラーの思想、ナチズムの源流はドイツにあったわけではなく、英米の思想の流れを汲んでいることがこの本を読むと分かる。

でもね、例えば私が教えている同志社大学神学部のよくできる学生たちに訊いても誰一人、肝心のヒトラー自身の著作『わが闘争』（第一巻は一九二五年、第二巻は二六年刊）を読んでいないんだな。今日集まっているみなさんの中で、『わが闘争』を読んだことがある人いますか？（一人挙手）お一人だけでしょ。あれを読むのは、言ってみればタブーになっている。生理的嫌悪感から、触わるのもイヤだ、という人もいるでしょう。しかしそんな本を、ナチズムとは何かを知るためには、やっぱり一度は踏み込んで読んでおかないといけない。

戦前の日本でも、『わが闘争』は何種類か翻訳が出たのですが、きちんと読まれていないんだよね。後でまたゆっくり確認していきますが、ヒトラーは『わが闘争』の中で日本人を劣等民族と見なしています。しかし、日独伊三国同盟に波風が立たないようにという政治的配慮から——内務省が命令したわけではなくて出版社の自粛によって——、そのあたりの記述は割愛して翻訳がなされている。

もっとも、戦前に『わが闘争』を読み込んで、ヒトラーの日本蔑視を問題にした人物もいました。極右の思想家の蓑田胸喜《みのだむねき》（一八九四〜一九四六）です。彼は国体明徴運動にかかわって、天皇機関説を唱えた美濃部達吉《みのべたつきち》に貴族院議員を辞職させる上で重要な役割を演じたりしました。終戦の五ヶ月後に彼は首を吊って自殺するのですが、極右の中でほぼ唯一ドイツ語が読めた。

蓑田は『わが闘争』を原語で丁寧に読んで「これはけしからん」と、自分が主宰する「原理日本」誌に反駁《はんばく》文を書き、さらにドイツ大使館まで抗議に行った。もっとも、そんなことをしたって大使や公使は出て来ません。文化アタッシェ（担当官）が出て来て、蓑田が燃え上がって「ヒトラー総統は悪くない。誰か日本人が総統に嘘を教えたんだ。日本人の中に日本の裏切り者がいる。日本の敵は日本の中にいる」と口角泡を飛ばすのへ、「ご意見ありがとうございます。ちゃんと本国に報告しますから。追って回答します」と言って帰した。これ、私は身に覚えがあるけど、面倒くさいクレーマーが役所へ来たときの典型的な対応だよね（会場笑）。

余談ですが、『学生を戦地へ送るには――田辺元《たなべはじめ》「悪魔の京大講義」を読む』（新潮社）で取り上げた哲学者・田辺元（一八八五～一九六二）のことも、蓑田胸喜は攻撃したことがあります。すると、田辺から「ご指摘どうもありがとうございます」って手紙がきて、蓑田は攻撃をやめるんです。他はみんな、蓑田をガン無視したのに、田辺だけは返事をくれたということで、「うん、あいつはなかなか礼儀正しい」（会場笑）。そのへん、やはり田辺の方が人が悪い気がしますね。

ヒトラーの著作権

『わが闘争』の完訳は戦後になってから、いまの角川文庫版の基になった翻訳が一九六一年に黎明書房から刊行されています。これは小さな教育関係の出版社ですから、ひっそり出た感じでした。それが角川文庫に入るとなると意味が違いますよね。

角川歴彦《つぐひこ》さん、KADOKAWAグループの会長に聞いたことですが、彼が現役の編集者時代、一九七三年にこの文庫版を出そうとしたときには、さまざまな方面からの非難がすごかったそうです。イスラエル大使館からも西ドイツ（当時）大使館からも「やめてくれ」と強く言われた。しかし、ドイツならいろんな問題もあるだろうが、日本で出版をやめるとなると、かえってヒトラーを神聖視し、タブー化することになる。そう考えて、圧力や批判を押し切って出版した。これは正しい考え方ですよね。この角川文庫の、質の高く入手しやすい翻訳があるから、われわれはヒトラーの思想に直に触れることができ、検討することができるんだ。

では、ドイツ本国ではどうなっていると思う？　アドルフ・ヒトラーにももちろん著作権はあります。大ベストセラーである『わが闘争』の印税振込用に特別口座を持っていたくらいです。

戦後は、著作権をはじめとするヒトラーの財産はすべて、彼が住んでいたミュンヘンのあるバイエルン州が管理してきました。つまりバイエルン州が認めないと『わが闘争』は出版できない。事実、同州は復刊を認めなかったから、ドイツには戦前に出た古書しかなかったんです。ところが、ヒトラーが死んで七〇年たって、二〇一五年一二月三一日に著作権が消滅し、パブリック・ドメインになったので、誰でも――ネオナチでも歴史修正主義者でも――『わが闘争』を刊行できるようになった。

そんな事態を受けて、ヒトラーの著作権が切れた直後に、バイエルンの現代史研究所から詳細な批判的な註釈が付いた『わが闘争』が刊行されました。私もドイツから取り寄せましたが、二分冊になっていて、それぞれが卓上版大英和辞典なみの大きさ、ぶあつさ、重さです。つまり、持ち歩きができないようになっている。みなさんに順番に回しますので、実際に触れてみて下さい。手首、捻《ひね》らないようにね（会場笑）。

ウンベルト・エーコのファシズム論

では、ナチズムやファシズムが危険だと言いますが、いったい何がどういうふうに危険なのでしょう?

そのあたりについて優れた考察をしたのがウンベルト・エーコ(一九三二〜二〇一六)です。エーコは何を書いた人?

受講生A プラハの何とか……。

そう、『プラハの墓地』(東京創元社)。これは最近の小説ですね。他には?

受講生B 『薔薇《ばら》の名前』。

『薔薇の名前』(東京創元社)は、既に学者として高名だった彼が初めて書いた小説で、世界中でベストセラーになりました。読まれた人も、ショーン・コネリー主演で映画になったのをご覧になった人もいるでしょう。一四世紀の修道院を舞台にして、サスペンス小説の形を借りながら、いろんな知識を詰め込んでいます。『プラハの墓地』もお薦めですよ。こちらは一九世紀のヨーロッパを舞台にして、ナチのホロコーストとも関わっていく悪名高い偽書「シオン賢者の議定書」を扱っています。ここでのエーコは完全に史実に即しながら、たった一人だけ創造した人物を入れているんです。これは作家のいたずら心でもありますが、すごい腕がないとできない技です。

彼は哲学者としての顔もあり、そっちの方面での代表的な著作は、ポストモダン思想と非常に関係のある『記号論』（岩波書店、のち講談社学術文庫）。これはいい本ですが、個人的な思い出もあります。私がまだ同志社の学生だった頃、神学部の藤代泰三《ふじしろたいぞう》先生から「佐藤君、アルバイト頼めますか？　私がエーコの『記号論』に赤鉛筆で線を引いた箇所をカード化してほしいのですが」と頼まれたことがあるんです。私はそのバイト代で、外交官試験用の通信教育の代金が支払えたことを覚えています。

藤代先生は私の夢をかなえるためのお金を援助してやろうと思ったのと同時に、私がマルクス経済学とか実存主義などは勉強するんだけど、分析哲学や記号論にまるで関心を寄せないから、カード作りの作業を通して、視野を広くしてやろうという考えもあったんだと思う。実際、その後ウィトゲンシュタインなどに関心を持ったのは、この作業のおかげでしょう。

そのエーコが『永遠のファシズム』（岩波現代文庫、和田忠彦訳。原著は一九九七年刊）という本で、ファシズムやナチズムに共通する危険性を分析しています。

まずは、この本に収められた論文を段落ごとに読んでいきたいと思います。ヨーロッパの思想系の文章は、徹底した訓練がなされていて、ひとテーマがひと段落になっています。もし仮に二行で段落が変わっていたら、二行でテーマが変わっているという意味です。だから段落ごとで読むのは、書き手の論理を追うためには非常に重要なんですよ。

日本で翻訳するとき、「ここ、段落短いからくっつけちゃおう」とか「段落長いから分けよう」とか編集されることがあるんだけれど、本当は良くない。段落の分け方にも、著者の考え方が反映しているわけですからね。私はヘーゲルなりカントなり、あるいはハーバーマスなりを本格的に読まなきゃいけないというときは、まずドイツ語版を横に置いて、日本語版の編集過程で手を入れていないか、段落の切り方をチェックします。

百科事典を引け

では、『永遠のファシズム』に収められている「移住、寛容そして堪えがたいもの」という論文の「2　不寛容」を読みます。一番前の右端の人から順番に読んでいきましょう。

「2　不寛容

ふつう原理主義と教条主義は、緊密に連関した概念であり、不寛容のもっとも明白な形式であると考えられている。ためしに『ロベール小辞典』と『仏語歴史辞典』という最良の辞書を二冊引いてみると、「原理主義」の定義には、ただちに「教条主義」を見よとある。つまり原理主義者はすべて教条主義者であり、逆もまた真なり、と考えるよう仕向けられているのだ。」

まず、この箇所で、覚えておかないといけないことがあります。単純なことですが、何かについて知るときには、標準的な辞書あるいは辞典を読むこと。エーコくらいの大知識人でも、それをやっているわけですね。

いきなりウィキペディアを参照したらダメです。いや、ウィキペディアが完全にダメだと言っているわけじゃない。その問題に関する知識が自分自身にある場合は、ウィキペディアを見ても構わない。あるいは、その問題についてよく知っている人がいて、ウィキの記述を見て「大丈夫だよ」って言ってくれるのなら、ウィキペディアでも構わない。

そうじゃないときは必ず、プロの編集者の手が加わって、専門家が書いたもの——つまり百科事典にあたってください。百科事典は、建前としては義務教育修了者だったら分かる記述になっています。ただ残念ながら、現在の百科事典はそこまでの親切さがなくなって、高校修了くらいの知識を前提にした記述になっている。

特に数学、あるいは物理、化学、生物、地学、さらに社会学、統計学などに関する項目については、義務教育段階の知識だけでは百科事典を理解できない。高校レベルまで理解してないと無理でしょう。その意味においても、意外と高校レベルって重要だし、高度なんだ。しかし受験産業の発達によって、文系・理系を早く分け過ぎている。その後遺症は大きいんです。

お薦めは、社会人になっても、高校レベルの教科書を揃えておくことです。英語だったら、英検の2級用教本がいい。今の学校教育の英語の教材は、会話が中心になって、単語数が少なすぎるから、読解力がつかない。さらに積み増したいなら、『東京大学教養英語読本』（全二冊・東京大学出版会）が文系・理系のバランスもよく、うまくできている教科書です。国語、特に現代文の読解が弱い人は、出口汪《ひろし》さんの『現代文講義の実況中継』（全三冊・語学春秋社）を丁寧にこなしていけば、論理の力がついて読解力が急に上がりますよ。

数学は、いろんな本がたくさん出ています。数学に抵抗感がなくて、数ⅡBまでやった人は、芳沢《よしざわ》光雄さんの『新体系　高校数学の教科書』（全二冊・講談社ブルーバックス）がいい。

ただ、これは大学数学へのつながりを意識しているので、特に〈極限〉の所なんか難しいかもしれない。もう少し易しいものなら、長岡亮介《りょうすけ》さんの『長岡の教科書』シリーズ（旺文社）。これは数Ⅰから数Ⅲまで全部入っています。

理科は、講談社のブルーバックスから「現代人のための高校理科」として『新しい高校物理の教科書』、『高校化学』、『高校地学』、『高校生物』と出ていて、これは社会人も対象にしていて非常に分かりやすく、かつ最新の知識まで入ってるからお薦め。社会科に関しては、これはもう山川出版社の『もういちど読む山川世界史』、『もういちど読む山川地理』、『もういちど読む山川倫理』、『もういちど読む山川政治経済』。この四冊で高校レベルの知識は完璧に身につきます。

ちなみに今、理系の学生が哲学と政治経済に詳しいんですよ。その代わり、歴史は全然知らない。そして文系の学生は哲学や政治経済をほとんど知らない。この原因は大学センター試験です。センター試験に社会科があるけど、日本史、世界史は覚えることが多すぎる。だから、どこの理系クラスも倫理と政治経済で受けろとアドバイスしてきたんです。倫経の教科書は薄くて覚えることが少ないからね。その結果、理系の学生の方が文系よりも、哲学と政治経済に詳しくなっています。面白い現象だよね。

エーコはこんな人

では次の人、私が配った紙の「エーコ」の項を読んでください。『世界大百科事典（二〇〇七年版）』（平凡社）のコピーです。

「エーコ　Umberto Eco（１９３２―）イタリアの美学者、記号学者。トリノ大学で美学を専攻し、観念論を排した新しい見地から学位論文《トマス・アクイナスにおける美学的問題》（１９５６）を著す。これは中世美学研究に貴重な寄与をなしたが、傾倒する中世トミズムをはからずも歴史的に相対化する結果となった。以後ジョイスへの関心を軸に〈秩序〉の崩壊した現代における美学的問題の考察へ向かい、１９６２年《開かれた作品》を発表、〈渾沌〉をめざす前衛芸術の詩学を、情報理論を活用して意義づけ、折からの新前衛派運動における理論的支柱となる。さらにマス・メディアも含めて文化一般を統一的観点から捉える方法として記号論に到達し、《不在の構造》（１９６８）、《内容の形式》（１９７１）を経て《記号論》（１９７５）に体系化を果たす。近年は記号論の立場からテキストと読者の関係を追究し、また処女小説《薔薇の名前》（１９８０）を発表している。（林和宏）」

次の人、今度は小学館の『日本大百科全書（ニッポニカ）』のコピーも読んでみて。百科事典は癖があるから、二つ比べた方がいいんです。ちょっとお金がかかるけれども、年間一万五〇〇〇円くらいかな、小学館が運営している「ジャパンナレッジ」という辞書・事典検索サイトがあります。これはかなりの数の百科事典や辞書類が見られるし、吉川弘文館の『国史大辞典』があるかと思えば『会社四季報』なんかもある、本当に便利なサイトです。私はこれを使っているから、あまり出版社の校閲部に迷惑をかけていない方の筆者だと思うな。名にし負う新潮社校閲部ではそんなことはないけれど、ゲラの校閲疑問を見て、「これ怪しいな?」と思って、「校閲さんから疑問が出た箇所、勉強になるんで元資料も見せてください」って頼むと、ウィキペディアのコピーをどかっと寄越す出版社もあるからね。校閲部だけを頼ってはいられないわけです。

じゃ、『ニッポニカ』の「エーコ」を読んでください。

「エーコ Umberto Eco［1932―2016］イタリアの評論家、美学者、記号論者、小説家。トリノ大学で美学を専攻。『トマス・アクィナスにおける美的問題』(1956)、現代芸術の新しい傾向を「開かれた作品」と規定し、ジョイスの文学を実作に則して論じた『開かれた作品』(1962)を著し、新前衛派(63年グループ)に加わり、サングイネーティ、アルバジーノ、バレストリーニらとともに反リアリズム文学を唱え、『クインディチ』誌の反体制運動にも参加した。哲学分野では『不在の構造』(1962)、『内容の諸形態』(1971)、『記号論』(1975、英語版1976)などがある。1971年からボローニャ大学教授となり、長編小説『薔薇の名前』(1980)を出版して、世界的に話題を集めた。ほかに長編小説『フーコーの振り子』(1988)、『前日島』(1994)、自伝的な要素も加えた『バウドリーノ』(2000)などがある。［河島英昭］」

この二つの説明を比べて、どういう違いがある?

受講生C　『ニッポニカ』のほうが読みやすいですが、ずいぶん簡略化してあるような気がします。

まさに読みやすいのと同時に、どこの大学の先生をやったとか、どんなものを書いたとか、外形的なことを重視していますね。文学の方においては、反リアリズムという形で位置付けてる。

『世界大百科事典』では、思想的な関係性に強い関心を持ってるし、文学的には新前衛派運動だという。反リアリズム、新前衛派、どちらの見方もできるんですね。切り口によって違ってくるんです。だから、『世界大百科事典』しか読んでないと、エーコがボローニャ大学の教授だったことは分からない。『ニッポニカ』しか読んでいないと、トマス・アクィナスの研究をしていたけれど、そこから離れてきたとか、ジョイスの影響を受けたとか、そういったことは全然分からない。でも、二つ読むことによって、1＋1が2ではなく、3とか4とか、もっと立体的な知識になるでしょ？

エーコの論文をひと段落だけ読んだけれども、ここでわれわれが何を勉強したかというと、未知の問題に出会ったときは百科事典を引くことが重要だということ。百科事典は高校卒業レベルの知識がないと読めないこと。高校卒業レベルの知識を身に付けるためには、どんな参考書を使えばよいかということ。みなさんとこうして顔を直接突き合わせる講座だと、そういうことも説明できるわけです。というか、そんなことを伝えるのはこういう講座でしかできないんだよね。

原理主義と教条主義

エーコのテキストに戻ります。「原理主義」が出て来ました。原理主義って英語だと何て言う？

受講生D　ファンダメンタリズム。

ファンダメンタルって、「基礎」という意味だね。基礎になることがあって、それを揺るがさないという考え方だ。では、『ロベール小辞典』や『仏語歴史辞典』で原理主義とイコールとされている「教条主義」は、英語で何て言うかな？

受講生D　ドグマティズムですか。

そう。だから、「ファンダメンタリズム＝ドグマティズム」と辞典には出てくるというけれども、実は違うものなんだよね。

ファンダメンタルというのは、どんな宗教にもあるし、どんな組織にもあるものです。例えば、編集者にもファンダメンタルズはある。作家とのやり取りについて外部に言わないとか、自分の会社内のあれこれについて外部の商業媒体に原稿料が発生する形で漏洩《ろうえい》しないとかね。こういうのは編集者のファンダメンタルズの一つです。その域を外れる編集者がいる出版社は、ファンダメンタルが壊れているってことになる。

　では、ドグマティズムって何？　ドグマ、つまり教条という「絶対に正しい」ことが上から降ってきて、それを信奉するわけですね。だから本来、ドグマは単数形であり、基本的にカトリック教会にしかないんです。カトリック教会においては、ローマ教皇が教皇の座から教義と道徳について述べることに過ちは絶対にない、ということになっている。

　これ、プロテスタントや正教の場合は違うのです。もちろん、自分が「正しい」と考えていることはある。ドストエフスキー（一八二一〜八一）は自分の考えが正しいと思って、『カラマーゾフの兄弟』を書いている。しかし同じ正教でも、トルストイ（一八二八〜一九一〇）の「正しさ」は異なってくる。では、どっちが本当の正教徒なのかというと、それは分からない。自分にとって、絶対に正しいものはある。しかし、他の人にも絶対に正しいものがある。その上の裁定ができるのは、それこそ神様だけで、人間はそんな裁定などできない、というのが正教の考え方であり、プロテスタントの考え方です。だから、ドイツ語ではドグマでなくて、ドグメンと複数形になります。

　そんな違いがファンダメンタリズムとドグマティズムにはあるんです。ドグマティズムは、もともとはカトリック教会もしくはカトリック教会に類似した団体にしかありません。でも、カトリック教会関係以外で、ドグマを持っている組織はあるよね。どこ？　ヒントは政党です。「これが絶対に正しい」というドグマを持っている政党は？

受講生E　公明党？

公明党もそれに近いところがあると思う。ただし、公明党の場合はドグマじゃなくて、ドグメンになるでしょうね。ドグメンだから、沖縄の県知事選挙（二〇一八年）では公明党の支持母体である創価学会が対立候補を支持しろと言っても、学会員の三割が玉城《たまき》デニーさんに投票したし、実際デニーさんの当選会見では創価学会の三色旗を振っている人がいた。七割の人しか従わないとなると、これはもうドグマじゃないですよね。ところが、そういうことが絶対にない政党があるでしょ？

受講生E　共産党。

そう。共産党においては、ドグマが党の中央から出てきたら、それは「絶対に正しい」となる。共産党の本質を知るために読むべき小説は、倉橋由美子さんのデビュー作の『パルタイ』（このタイトルはドイツ語で「党」という意味です。主人公は恋人から入党を勧められます）、そして田辺聖子さんの芥川賞受賞作『感傷旅行（センチメンタル・ジャーニィ）』（こちらは共産党員に恋をする女性が主人公）。この二冊を読むと共産党がどういう組織か、よく分かりますよ。小説以外だと、筆坂秀世《ふでさかひでよ》さんの『日本共産党』（新潮新書）。筆坂さんは共産党のナンバー4の立場にいて、セクハラで失脚した人ですが、彼が共産党を離れてから、党の意思決定の仕方について書いた興味深い本です。

要は、共産党って本来は反発しあってる筈のカトリック教会と一緒なんですよ。状況はよく分からないけれど、党が言っていることは絶対に正しいんだ。なぜならば党が言っているから。そんなふうに、みんなが党の意見に倣《なら》う金太郎飴組織です。これが共産党のある意味での面白さですね。

ともあれ、原理主義と教条主義はちょっと違うものだと考えてください。

不寛容はどこから来るのか

『永遠のファシズム』を続けましょう。

「だがたとえこれが真実だとしても、逆にだからといって、不寛容な人間がすべて原理主義者であり教条主義者であるとは言えまい。たとえ現時点でさまざまな原理主義の形態に直面し、教条主義の事例がいたるところに見受けられるとしても、不寛容の問題はもっと根深くおおきな危険をはらんでいる。

歴史用語における「原理主義」は〈聖書〉解釈に結びついた解釈法の原理である。西洋近代の原理主義は十九世紀合衆国におけるプロテスタントの環境のなかで生まれ、とりわけ当時の科学がその真実性に疑問を抱いていたように見える宇宙論の認識に関して、聖書を字義通りに解釈しようとする決意によって特徴づけられた。そこから、あらゆる寓意的な解釈に対する、とくに、たとえば隆盛をほこるダーウィニズムによって起こった聖書テクストへの信頼をむしばもうとするあらゆる教育形式に対する、しばしば不寛容な拒否が生まれたのである。」

原理主義は近代的な現象であり、昔からあったわけではないんです。ダーウィニズム、つまり進化論に対する反動で登場したんですね。人間がサルから進化したなんて、とんでもない。人間は神様が創られたんだと。しかし、こういう主張は全くナンセンスで、カテゴリーが違うわけです。聖書は科学の書ではない。あくまで聖書ができた時代の世界像、自分たちの見えた世界について書いているのです。

みなさんも、俵屋宗達《たわらやそうたつ》の描いた風神と雷神の屛風絵《びょうぶえ》を知っているでしょ？　あれはつまり、風神が袋から風を出して嵐を起こしている。雷神が太鼓を叩くと雷が起きる。今のわれわれからみるとナンセンスですが、雷という現象、大風という現象を四〇〇年前の人たちは、そういう表象で見たわけですね。現在のわれわれは、雷は静電気だし、風は気圧の差で起きると思っているけれども、今から四〇〇年未来の人類は全く別の解釈をしているかもしれない。

こういうのを「生活の座」、ドイツ語で Sitz im Leben《ジッツ・イン・レーベン》と呼びます。人は、それぞれの「生活の座」から見えたことでしか物事を考えられない。聖書だって、聖書が成立した時代の「生活の座」を無視して、普遍的なドクトリンとして読むこと自体が間違いなんです。

読み手変わって、先へいきましょう。

「この原理主義的な字義解釈の形式は古来から存在し、かつてはカトリックの神父たちのあいだで、字義の絶対信奉者と、聖アウグスティヌスのような柔軟な解釈学の支持者との論争となって展開した。しかし近代の世界において原理主義者であるためには、真理は聖書解釈によってあたえられることを認めざるを得ず、狭義の原理主義はプロテスタント以外ではありえなかった。逆にカトリックの世界では解釈を保証するのは教会の権威であるから、プロテスタントの原理主義は伝統主義の形式を帯びるほかない。イスラムとユダヤの原理主義の本質についての考察は（専門家に任せることにして）措《お》くとしよう。」

カトリック教会における真理は、聖書と伝統にあるわけです。そして、どちらが重要なのかと言えば、伝統になる。なぜなら、伝統の中で聖書は決められていくから。そしてその伝統は教会によって保全されている。そこにはドグマがある。だから、原理主義《ファンダメンタリズム》にならないんです。原理主義というのはまずテキストありき、なんです。だから、世界の成り立ちはすべてテキスト（聖書）に書いてある通りだという原理主義はプロテスタントから出てくるわけ。

ちなみに、イスラムの原理主義もむろん、近代的な現象です。プロテスタントの「聖書のみ」という考え方が、イスラムの方へ移って出てきた現象なんですよ。

「原理主義は必然的に不寛容なのだろうか？　解釈学の分野においてならそうだが、政治の領分ではかならずしもそうではない。選ばれた者たちだけが「聖典」を正しく解釈する特権を有すると考える原理主義の一派を想像することは可能だが、そうした一派はいかなるかたちにせよ勧誘最優先の態度を支持することはないから、信仰の共有を他人に強制することも、あるいはその信仰に基づく政治社会の実現にむけて闘うことも欲することはない。」

原理主義というのは、「正しい原理を持ってるのは自分たちだ」と考えるエリート主義でもあります。そして、「エリートである自分たちが真理を保全している」ということで充足してしまう傾向が強い。だって、これを全員に拡大しようなんて頑張ったら、全員がエリートになるというか、エリートが一人もいなくなるじゃない？　エリート主義者というのは、自分たちの基準を人に押し付けないんですよ。だから、原理主義は実のところ、外へ対して広がる原動力にはなりにくい。すなわち、「信仰の共有を他人に強制することも、あるいはその信仰に基づく政治社会の実現にむけて闘うことも欲することはない」。こういう発想を自分の頭できちんと考えることができるのが、エーコの強靭さですね。

例えば、「ＩＳ＝原理主義」とか、「原理主義者は他人に自分たちの真理を強要する連中だ」とか、そんなふうに言う人が多いけれども、それはいかに理屈に合わないか、論理を無視しているかというのが、エーコの指摘によって分かるわけです。

ポリティカル・コレクトネスと不寛容

では先へ行きましょう。

「ところが「教条主義」は宗教的・政治的立場であると理解されている。宗教原理は、政治活動のモデルであると同時に国家の法の源とならなくてはならないからだ。原理主義と伝統主義が原則として保守的であるのに対し、教条主義者のなかには進歩主義者や革命派と気脈を通じる者がいる。原理主義的ではない教条主義者によるカトリック運動がある。それは全面的に宗教原理から着想を得た社会の実現をめざして闘うものだが、聖書の字義通りの解釈を強要することはないし、テイヤール・ド・シャルダンの神学理論をすんなり受け入れることすらありうるかもしれない。」

テイヤール・ド・シャルダン（一八八一～一九五五）は独自の進化論を唱えたカトリックの神父です。北京原人の研究でも知られた人物だね。

カトリックにおける教条主義《ドグマティズム》とはどういうことか？　例えば、「マリア無原罪の懐胎」というのがあります。「すべての人間には罪がある」というのがキリスト教の考え方だけれど、マリアは罪なきイエスを産んだのだから、彼女だけは罪がないんだと。そこから議論を進めていって、二〇世紀の半ば、一九五〇年にローマ教皇によって「マリア被昇天の宣言」がなされました。このドグマは何かというと、他の人間たちはまだ寝ているだけなんだけれど、マリアは罪がないから、もう天国へ行っていると。だから天国はイエス・キリストとマリアしかいない、完全に孤立した母子家庭です（会場笑）。ドグマはカトリック教会において絶対なので、それを前提として、例えばラテンアメリカの女性は虐《しいた》げられていて、マリア様の慈愛によって彼女たちを解放しないといけないとか、女性解放の神学でマリア論というのがすごく重要になってもいるんです。

カトリック教会の中には、「堕胎は絶対に認めない、母性を大切にしろ」というような主張をする人たちもいます。彼らも、マリアが無原罪であって昇天している、ということは認めている。だから、教条主義は保守思想とも結び付くし、進歩的な思想とも結び付くことができる。エーコが指摘しているのは、そんなポイントです。では、なぜ原理主義や教条主義は不寛容とつながるのか。

続きを読みましょう。

「微妙な差異がもっと繊細な問題を生む場合もある。アメリカにおける「ポリティカリー・コレクト（PC）」現象がそうだ。あらゆる差異、宗教的、民族的、性的な差異の認識と容認を促進するために生まれたものが、原理主義の新たなかたちになりつつある。日常言語をおよそ儀礼的な様態でよそおい、精神を傷つけるような字義について研究する。そうして盲人を「目の見えないひと」とよぶ繊細さを持ちあわせさえすれば、かれを差別することだってできるし、なにより〈政治的に正しい〉規則に従わない人びとを分け隔てすることができる。」

PC、ポリティカル・コレクトネスが、実は不寛容になりうるんだよ、と。ここ、どういうことだと思う？

ある雑誌が、「LGBTの人たちをそんなに保護する必要はないんじゃないか？」という特集を組んだとします。すると、それはLGBTに対するとんでもない差別だとPCの観点から反発を生む。しかも、「その雑誌の特集には変なやつが論文を載せていて、「LGBTの権利を護るなら、痴漢の権利も擁護しろ」などと言っているらしいな。そんな雑誌が存在すること自体、絶対に許されない、すぐにつぶしてしまえ」。そんな主張をするリベラル派の人がいるとする。あるいは、そんな主張を掲げる新聞があるとする。これは両刃の剣だよね。あるいは、「そんな雑誌は直ちにつぶせ」と言って、実際につぶれたら、同じ人が「検証もしないでつぶすなんて、ふざけてる」と言ったりもする。こういう人たちには、「自分たちは政治的に、PC的に正しい」という基準があって、それに外れるものは全部間違いなんだ、という一種の思い上がりがあるんです。おれは寛容だけれど、おまえは寛容性がなくてLGBTを差別している。おれはそんな不寛容なやつは認めないからな。そんな寛容＝不寛容の原理主義が働いているわけだね。

この論文は一九九七年に書かれたものですが、そこでエーコは既に、ポリティカル・コレクトネスを声高に主張する人間は、自分たちは非常にリベラルで寛容だと思っているが、PCという新たな原理主義を振り回すことによって極めて不寛容になりうるんだ。例えばマイノリティーの権利を護ろうとする人たちでも、ものすごく不寛容になって、全体主義的になりうるんだ、ということをすでに批判しているわけです。

エーコの指摘することは、今のみなさんの持っている常識的な感覚からそれほど外れていないでしょう？　LGBTならLGBTをもちろん差別してはいけない、しかし細かな議論が必要なところもあるだろう、でも触れたら何を言われるかわからないから黙っていよう。そんな微妙なところを、もう二〇年以上も前にエーコは見通していた。哲学者のセンスを持つと同時に文学者のセンスがある彼ならではの知性と感性ですね。

保守的だと自称する不寛容な人たちがいる一方で、リベラルだ、寛容だ、と自認する人びとの思考も非常に硬直化し、教条主義的になってきて、他者を裁断する方向になってきている。例えば最近、ある作家の方が公の場でこういうことを言っておられた。文学は猛毒を薬に変えて読者に差し出すものであり、その調合の専門家が作家だ、と。この中に村田沙耶香《さやか》さんや柚木麻子《ゆずきあさこ》さんの小説を読んだことある人はいるかな？　彼女たちの小説、例えば村田さんの『地球星人』（新潮社）にせよ、柚木さんの『伊藤くん A to E』（幻冬舎文庫）にせよ、猛毒ですよ。にもかかわらず素晴らしい小説です。それが平気で両立するのがすぐれた文学でしょう？

猛毒を薬に変えないと文学ではない、という議論は昔からあったのです。それはプロレタリア文学の理論であり、社会主義リアリズムの理論でした。世の中を解放し、進歩を主張していく。そういう文学にだけ、文学としての価値がある。そんな社会的な効用性で文学の価値を測る。こういう意見には、私は違和感があります。

毒と薬という二分法で、薬しか意味がないというのは、PC的には正しいかもしれないけれども、実は言論の規制、表現の制限にあたる危険な言説だと思う。でも、こういう言説を述べ、それを支持する人たちは、自分は非常にリベラルだと思っているのでしょうね。

そんな現象を目の当たりにすると、われわれがまさに今、「不寛容はどこから生まれるか？」という難しい問題に直面していることが分かりますね。エーコはさらに踏み込んでいきます。

縄張り意識と幼児的全能感

次、行きましょう。

「では人種主義はどうだろうか。ナチスの人種主義はもちろん全体主義だった。みずからは科学的であると喧伝《けんでん》したが、民族理論に関して原理主義的要素は皆無だった。イタリアの北部同盟のような非科学的人種主義は、似非《えせ》科学的な人種主義と同じ文化的根源をもたないが（実際いかなる文化的根源ももってはいない）、それでも人種主義であることに変わりはない。」

北部同盟（現在は単に「同盟」と改称）というのはイタリアの政党で、リベラルな方向だと目されたりもするのですが、イタリアの中でもラテン系ではなく、北部に住んでいる白人たちを優先する発想の政党なんです。一種の人種主義ですね。

次、エーコが本質に入っていくよ。

「では不寛容は？　原理主義、教条主義、人種主義――三者の差異と類似性にそれは還元されるだろうか？　過去には人種主義者的ではない不寛容のかたちがあった（たとえば異端者の迫害、あるいは敵対者に対する独裁者の不寛容）。不寛容は、ここまでわたしが考察してきた現象すべての根源に位置する、はるかに根深いなにものかである。」

はい、今の箇所にあった「人種主義者的ではない不寛容のかたちがあった」、「敵対者に対する独裁者の不寛容」というのも実例が身近にあるね、日本に比較的近い国に。どこ？

受講生F　韓国？

いや、韓国はそこまでいってないな。韓国のお隣、北朝鮮ですね。北朝鮮は不寛容だけれど人種主義ではない。金正恩《キム・ジョンウン》体制に敵対するものへの不寛容です。だから、ナンバー2だった張成沢《チャン・ソンテク》は銃殺され、死体は火炎放射器で徹底的に灰にさせられた。あれなんか人種が違うわけじゃない、むしろ金一族ですよ。ただ独裁者に対する目障りなものということで消されちゃった。

あるいは、イスタンブールにあるサウジアラビア総領事館に行ってみたい人いるかな？総領事館内で、反体制派ジャーナリストのジャマル・カショギさんが殺害されましたね。彼の首を絞めて殺して、みんなで「こんなの、音楽聴きながらじゃないとやってられねえよな」とか言いながらバラバラに切断して、酸の入った桶《おけ》につけて溶かしちゃった。これ、あまり寛容な感じはしないよね？（会場笑）でも、ここにも人種主義はないんですよ。

今の世の中で起きるいろんなことは、不寛容から出てきているわけです。それは人種主義とか原理主義とか教条主義などだけに還元できるものではない。さっき言ったように、リベラル派のポリティカル・コレクトネスからだって、不寛容はいくらでも出てくる。

だから、不寛容の罠《わな》というのは、われわれの周辺のあちらこちらに存在しているわけです。そこに気づいておかないと——今日のテーマに戻ると、ただ「ナチズムは異常だった」ってことで済ませてしまうことになる。いまの日本でも、自分たちの身の回りで、不寛容さにおいてナチズムを小型にしたような出来事はいくらでも起きるのです。

次を読んでみて。

「原理主義、教条主義、似非科学的人種主義は、ひとつの〈教義〉を前提とした理論的な立場である。不寛容はあらゆる教義の、さらに前提として置かれる。」

エーコに言わせると、不寛容は理屈より前にあると。どういうことでしょうか？

「この意味で、不寛容は生物学的な根源をもち、動物間のテリトリー性のようなものとしてあらわれるから、しばしば表面的な感情的反応に起因する。わたしたちが自分と違う人びとに堪えられないのは、わたしたちが理解できない言語を話すからであり、カエルや犬や猿や豚やニンニクを食べるからであり、入れ墨をするからだ……といった具合に。」

不寛容の根源は、どうもわれわれが群れをつくる動物で、テリトリーを意識するからじゃないかと。こちらの縄張りへ入ってくるものは面白くねえ、そんな感情から生じるんじゃないかというわけだね。

それから、違う言葉を使うやつも苦々しい感じがする。ＬＧＢＴとか、聞いたこともない変な言葉を使うやつらは気に食わねえと。ＬＧＢＴかなんか知らないが、そんなのひと昔前だったら、変態だろ、なら変態って呼べよ。「変態を擁護するやつは考えられない。きっと、そいつも変態だな」とか「なら、痴漢とか、こっちの変態も無視せず、守ってやったら満足だろ」とか、そんな表面的な反発が、どうも不寛容の根源じゃないか。とすると、これは結構、根深いものだよとエーコは言っているわけです。「墨が入ってたって人間性に変わりはないじゃないか」とはならずに、タトゥーを入れているやつらは野蛮で遅れているし、カエルを食うやつはとんでもない、ニンニクを食うやつとは付き合えない、となっていく。これは思想なんかではなく、縄張り意識のような生物学的なところから理解したほうがいい。それがエーコの暫定的な結論です。

続き、読んでみて。

「自分と違うひと、見知らぬひとへの不寛容は、欲しいものをなんでも手に入れたいという本能と同様、子どもにとっては自然なことだ。」

つまり、「僕、面白くない。これ、大っ嫌い。だから、こんな雑誌つぶれちまえ」。これ、子どもだったら、日常的にありうる反応だよね。

山口県の島で二歳の子どもが六八時間行方不明になったのを、ボランティアの尾畠《おばた》春夫さんが見つけたじゃない？　で、発見された子どもが言うには、その間、「怖くなかった」と。北海道大学の発達心理学者が書いていたことですが、二歳ぐらいの子どもって全能感があるから、ちょっと寂しいなとは思っても、必ず助けてくれると信じているんだと。だから暗闇でも怖くならないんだそうです。そんな幼児の全能感をいまだに持っているようなおっさん——いや、おっさんに限りませんね——の評論家たちがいて、欲しいものはなんでも手に入れたいと思い、自分は絶対に正しいと信じて、見知らぬ人や知らない言葉を話す人に不寛容になっている。これは幼児性を脱却していないからだと言っていいかもしれない。

「子どもは、自分の括約筋《かつやくきん》を操れるようになる以前から、他人の所有物を尊重するようにと、少しずつ寛容性を教育される。だれしも成長につれ自分のからだはコントロールできるようになるが、不幸なことに、寛容は、おとなになってからも、永遠に教育の問題でありつづける。なぜなら日常生活の中でひとはつねに差異のトラウマにさらされているからだ。専門家が差異の教義を研究する頻度に比べて、野蛮な不寛容についてさして熱心でないのは、それがあらゆる批評的理解と定義を逸脱するものだからだ。」

だから、教育を常に行ってないと、不寛容はすぐにパーンと飛び出してきてしまう。それぐらい面倒くさいものなんです。

不寛容の土壌

次は少し長く読んでみましょう。

「しかしながら野蛮な不寛容を生み出すのは差異の教義ではない。逆にそれは、あらかじめひろく潜在する不寛容の背景を最大限に利用することによって生じるものだ。魔女狩りを考えてみよう。あれは暗黒時代の産物ではなく、近代が生んだものである。『魔女の鉄槌 Malleus Maleficarum』は、アメリカ発見の直前、フィレンツェのウマネジモと同時代の著作である。ジャン・ボダンの『魔女の悪魔憑依《ひょうい》 La Démonomanie des sorciers』は、コペルニクスの発見のあと著作をものしたルネサンス人の手になるものだ。ここで、なぜ近代世界が魔女狩りのための理論的正当性を生み出すのかを説明するつもりはない。ただこの教義が力を発揮したのは、それ以前に魔女に対して民衆の不信感が存在したからだということを思い出してほしい。古典古代（ホラティウス）にも、ロンゴバルド国王ロータリの法令にも、聖トマスの『神学大全』にも、魔女は出てくる。刑法典がひったくり泥棒の存在を記録するように、日常の現実のひとつとして、魔女の存在は書き留められていた。こうした民衆信仰なしには、魔術の教義が、そして迫害の組織的実施が、流布することはなかっただろう。

十九世紀の途中に出現した似非科学的な反ユダヤ主義が、全体主義の人類学に、そしてジェノサイドという産業として実行に移されるのは今世紀になってからにすぎない。しかしカトリック神父たちの時代から何世紀にもわたって反ユダヤの論争が繰りひろげられていなかったとしたら、そしてゲットーのある場所ならどこでも世紀を越えて存在した貧民たちの反ユダヤ主義がもしも存在しなかったならば、それは生まれなかったにちがいない。反ジャコバン主義のユダヤ陰謀史観は、自分たちと異なる人びとに対するすでに存在していた憎しみを利用はしたが、前世紀初頭において大衆的反ユダヤ主義を創造することはなかった。

もっとも危険な不寛容は、いっさい教義もなしに初発の刺激によって出現するものだ。それゆえ、批判も、理性的議論による抑制もかなわない。『我が闘争』の理論的基盤はかなり初歩的な論証を積めば論破できるのだが、そこに提示されたさまざまな理想はどんな反論にも堪え抜いたし、これからも堪え抜くことだろう。どんな批評にも持ちこたえられるのは、野蛮な不寛容に依拠しているからにほかならない。わたしには北部同盟の不寛容がル＝ペンの民族戦線よりはるかに危険に見える。ル＝ペンはまだしも背後に裏切りものの聖職者たちを抱えているが、ボッシには、野蛮な衝動以外なにもないからだ。

この間イタリアでいままさに何が起こりつつあるか考えていただきたい。一週間あまりのうちに、一万二千人のアルバニア人がわたしたちの国にやってきた。受け入れを表明した正規の公式規範に対し、いずれ対処不能になると流入を阻もうとする人びとの大半は、経済的・人口統計学的論証を駆使している。しかしどんな理論も、日々占領地域を拡大していく匍匐《ほふく》前進の不寛容のまえでは無効でしかない。野蛮な不寛容は、やがてあらゆる未来に人種主義的教義を提供することになる、カテゴリーの短絡に基づくものだからだ。つまり、もしも過去数年イタリアに入国したアルバニア人が泥棒や娼婦になった（事実そうなのだが）とすれば、アルバニア人はみんな泥棒で娼婦になると考えるのである。」

これは日本でもすぐに起こりうることですね。いま、単純労働で日本に入国している外国人が増えている中で、犯罪に走る者は出てくるでしょう。窃盗《せっとう》を犯す者もいれば、あるいは売春に従事する人も出てくると思う。そしたら、そういう形で入国してきた外国人はみんな犯罪者か売春婦だというようなイメージが出てきて、人種主義的な軋轢《あつれき》が日本で生じてくる可能性はあるよね。

そこで留意しておかなくてはいけないのは、間違いなく、われわれの中にも根強く不寛容があるってことです。

繰り返しますよ。ここは新潮社の講座だから言うわけじゃないですが、二〇一八年秋に「新潮45」がLGBT問題をめぐる記事が社会的に問題視されて休刊になった時――今ここではあえて「あの程度のこと」と言いますが――あの程度のことで、あれだけ不寛容な主張をしたリベラル派がいる。一方で、保守派と自称している中にも、ネトウヨに代表されるような不寛容な人たちがいる。これだけ不寛容の土壌があるわけだから、何かごく単純なことが引《ひ》き鉄《がね》となって、不寛容が病理にまでなる可能性はこの日本社会においてもあるんです。

思考は無力だ

続けましょう。

「これが、わたしたち一人ひとりをいつも誘惑しつづけるおそろしい短絡現象なのだ。どこの国でもいいが、その国の人びとを信用してはいけないと家に帰って主張するには、空港でスーツケースを盗まれるだけで充分、というのだから。」

問題は「短絡現象」、物事の単純化なんですね。本来、物事っていうのは非常に複雑です。完全にいい人もいなければ、完全に悪い人もいない。それぞれいろんな事情がある。そこを単純化してしまう。

「さらに恐るべきは、差別の最初の犠牲者となる貧しい人びとの不寛容である。裕福な人びと同士に人種主義はない。金持ちは人種主義の教義を生み出したかもしれないが、貧しい人びとは、それを実践に、危険極まりない実践にうつすのである。

知識人たちには野蛮な不寛容を倒せない。思考なき純粋な獣性をまえにしたとき、思考は無力だ。」

つまり、理屈によって不寛容をつぶすことはできない。なぜなら、不寛容はそもそも理屈で成り立っていないからです。エーコに言わせれば、それは縄張り意識のような生物学的な基盤を持っているからだし、だから不断の教育をして予防し、克服していくしかない。教育というのは、単なる知識じゃなくて、生き方を見せることです。不寛容を克服するには、「こういうことはしてはいけない」「こうすべきなんだ」と絶えず言い聞かせ、行動で示して、感化していく方法しかないんだね。これは教育といっても、教養だけでは駄目で、修養が必要になってくるわけだ。それが間に合わないとどうなるか――。

「だからといって教養をそなえた不寛容と闘うのでは手後れになる。不寛容が教養となってしまってはそれを倒すには遅すぎるし、打倒を試みる人びとが最初の犠牲者となるからだ。」

まさに「不寛容が教義」となってしまったのが、ナチズムであり、スターリニズムです。

「それでも挑戦してみる価値はある。民族上の、宗教上の理由で他人に発砲する大人たちに寛容の教育を施すのは、時間の無駄だ。手後れだ。だから本に記されるより前に、そしてあまりに分厚く固い行動の鎧《よろい》になる前に、もっと幼い時期からはじまる継続的な教育を通じて、野蛮な不寛容は、徹底的に打ちのめしておくべきなのだ。」

エーコは「野蛮な不寛容は、徹底的に打ちのめしておくべきなのだ」と主張しますが、私の場合は「新潮45」の休刊騒ぎのとき、徹底して沈黙を貫きました。言葉が見つからなかったのです。近年のあの雑誌には、沖縄に対するヘイト的な言説が掲載されることがありました。それに対して、私は違和感を持っていた。しかし、それが言論の範囲の中にとどまっている以上は、自分ができることは他の新聞なり雑誌なりで反論するか、あるいは当の雑誌に書かない、ということしかないんです。単純に、自分の文章をその人たちと同じ号には載せたくない。現に最後の二年くらいは——かつては何度か連載した雑誌なのに——一度も寄稿していないんじゃないかな。でもそこまでだよね、われわれ作家にできることは。

つまり、自分が直接攻撃されているものに対しては反論すればいいし、同じ雑誌に載りたくないから書かないということはできるけれども、あの騒ぎのときは、「新潮45」をつぶしちまえとか、あるいは、文学は毒を薬に変えるものだとかといった、そんな言説に対する違和感の方が非常に強かったし、むしろ危険だと思ったんですね。

よし、ではお昼休みにしましょう。二問、出します。新潮社のB5の用箋一枚に収まるように書いてください。

問1　不寛容はなぜ生じるのか？
問2　不寛容を抑制するための効果的な方策とは？

エーコは「教育」と書いていますけど、教育じゃなくてもいいと思いますよ。法律を制定して、不寛容な社会を作ろうとする者は厳罰に処す、とかね。自由に考えてくれてかまいません。全部見て、簡単な講評をメモして戻します。

2　お互いの「耐えがたさ」

みなさんのレポートを拝見すると、よく理解してくださっているようです。不寛容の例として、「私は今、マンションの管理組合の理事長をやっているのですが、みんな本当に不寛容になる時がある」とか、そんな日常の例も面白かった。いつも寛容にふるまって、善人のふりをしているのも疲れるもんね。

ちょっと種明かしをしますと、講義ごとに課題を出して、理解度をチェックしていくやり方は、前に自衛隊の情報学校で講義したときに学んだことなんです。

自衛隊の情報学校から「ヒトコマ五〇分で講義してください」と頼まれて行ったのはいいのですが、私に生徒たちの名前を教えてくれません。情報学校ですから、当の生徒たちはいつも名前を秘匿して活動しますからね、外部の講師なんかに名前は教えられない。

それで見てたら、講義の間じゅう、この人たちはメモを取らないんですよ。メモなしで暗記する訓練ができている。だから、私が挙げる固有名詞や数字を目をぱちぱちさせながら必死に覚えているのが分かりました。五〇分講義して、一〇分の休憩を取る。観察してたら、その一〇分間で記憶の復元をするんですね。この人たちが将来、実地に報告書を作るとき、現場でインターネットを見ることもメモを取ることもできないから、普段からそうやって記憶に定着させるようにしているわけです。それでチェックをしてみると、やっぱり論旨まできちんと理解できている生徒ほど固有名詞や数字も頭に残っていました。

この「五〇分やって、一〇分休む」という区切りは旧軍からの伝統で、ベースになったのは行軍訓練なんだそうです。長距離の行軍訓練では五〇分歩いては一〇分間休憩する。だから、頭の方もそうやっているんだ、と自衛隊の人たちが教えてくれました。

ただ、みなさんは特別な訓練をしているわけではないし、メモも取っていいわけだから、一時間半から二時間の講義をやって、四五分かけてレポートを作ってもらう。そうやって記憶を定着させていこう、という試みです。

これからの講義の進め方ですが、ヒトラーの『わが闘争』をピックアップしながら、ざあっと読んでいこうかと思っていましたが、レポートに表れたみなさんの読解力があれば、もう少しエーコを深読みしていった方が面白いように思います。

「本人」の持つすごさ

以前、新潮講座で『いま生きる「資本論」』（新潮文庫）に纏めた講義をやったときと違うのは、『資本論』読みと『わが闘争』読みでは異なるアプローチをした方がいいんです。どうしてか？

受講生G　『資本論』は内在的論理があるから――。

そうだね。『資本論』は論理の積み重ねがあるから、少しずつ前から読み進んでいくしかない。あるいは、そうやって読んでいけば、だんだん内容がつかめてくる。ところが、『わが闘争』には論理の積み重ねがないんだな。

裏返して言えば、『わが闘争』はどこから読んでも分かる。そして、前後の整合性は何もない。もっとも、ある種の美文家ではある。ヒトラーの演説は聴衆を酔わせたというでしょう？　基本的に『わが闘争』も――もともと秘書に口述筆記させたこともあって――、しゃべり言葉みたいな感じなんですよ。聖書でいうと箴言《しんげん》とか詩篇みたいなものです。どこからでも読める。でも、通読するとなると大変です。読まれた方がいたけど、最後まで読むのはたいへんじゃなかった？

受講生H　ええ。パッチワークのような印象を受けました。

それは正しい印象だと思うな。読み終えても、構成がどうなっていたか、章立てがどうだったか、頭に残らないでしょ？　これはゴーストライターでは書けない本です。本人にしか書けない。

突飛な例だけど、杉良太郎さんに『おまえとおれ』という歌があります。作詞は杉良太郎さん自身で、「そんなに　好きじゃなかったんだよ　初めはさ　それほど　いい女でもない

ないお前にさ　どうかしてたよ　俺も」。こんな歌詞って、絶対にプロの作詞家じゃ書けない〈会場笑〉。最後は「俺しかないんだね　俺しかないんだね　お前には」で終わる。これは〈本人の力〉ですよ。形も流れも奇妙な手触りなんだけど、どうしても訴えたい情熱とか迫力みたいなものが伝わってくる。それと同じで、絶対にゴーストには書けない文章ってあるんですね。

『わが闘争』も明らかにヒトラー本人じゃないと書けません。そういう文章のすごさはあるので、そこを味わうという読み方はできる。だけど、それは五〇ページ読んでも、全巻読破しても大した印象の違いはないんだな。おかしな人からどんなおかしな思考が出てくるか、という面白さでしかない。もっとも、人によったら、読んでいるうちにだんだん憑依されてきて、「うわーっ、気持ちいいな」となって、「状況はよく分かんないけど、ハイル・ヒトラー！」って感じになるかもしれない。この本を読むと、ヒトラーにはちょっと自己啓発セミナーの主宰者みたいなところもあるのが分かります。だから自己啓発セミナーを作るノウハウのために、ヒトラーの手法を学ぶ手はあるね。ウンベルト・エーコを読んでもその手のセミナーは作れないから、エーコよりヒトラーのほうが金になる〈会場笑〉。

アーネスト・ゲルナー（一九二五〜九五）というナショナリズム研究で有名な歴史学者がいます。『民族とナショナリズム』〈岩波書店〉の中で、思想にはレベルの高い思想とレベルの低い思想があり、影響力のある思想と影響力のない思想があると指摘しています。そして、その間に何の関係性もないんだと。

だから、四つのボックスがあるわけですよ。質が高くて影響力がある思想。質が低くて影響力がある思想。質が高くて影響力のない思想。質も低く影響力もない思想。『わが闘争』に表れているのは、質が低くて影響力は極めて高い思想です。

例えば――またこの例で新潮社には悪いけれども――「新潮45」休刊の原因のひとつになった某氏の論文はおおよそこういう内容でした。レトリックなんだけど、脳内の分泌によって電車に乗ると痴漢をやりたくなる人もいます。さぞかしその人は息苦しい思いで生きているでしょう。でもそれは政治が解消する問題じゃないですよね。それはＬＧＢＴでも同じでしょ、と。これは思想としてどれぐらいの質か？　通常なら、質が低くて影響力もないボックスに入るものですよね。それが「新潮45」に掲載されることによって、質が低くて影響力があるボックスに入っちゃったわけです。やはり、雑誌に何を載せ、何を載せないかという編集者による吟味は重要なんだ。

恒真命題への対応

よし、エーコの続きを読みましょう。

「3　堪えがたいもの

いらいらさせられる質問がある。言いよどんだとき、すかさずどうしたのかと訊ねられるときがそうだ。「きみはどう思う?」ここ数日、だれもが（ほんの数人をのぞいて）プリブケ〔ローマにおけるユダヤ人虐殺を指導したとされるナチス戦犯〕事件について同じ考えでいるのに、こう訊ねられる。憤慨や当惑の答えを返すと失望されることはわかりきっている。なぜなら胸の奥でだれもが、憤慨や当惑をやわらげてくれることばや説明を聞きたくて他人に質問しているからだ。

共産党再建派から国民同盟まで、これだけ幅ひろい勢力があるのに、多士済々の面々がこれほどくだらない一般的コンセンサスを得るために口を開くのをみていると恥ずかしくさえある。まるでローマの軍事裁判所がイタリアのほぼ全国民から同意を取り付けたかのようだ。わたしたちはみな正義の側にいるわけだ。」

さっきもチラッと言ったけれども、エーコと同じ状況にわれわれ作家は追い込まれたわけです。新聞記者から「『新潮45』に載った論文をどう思いますか?」とか「『新潮45』が休刊を決めたことについてどう思いますか?」なんて頻繁に電話がかかってくる。ここで期待されてるのは、「けしからん話ですね」「真相をきちんと究明しないまま休刊なんてひどいですね」という答えです。あるいは「自分のところの雑誌が原稿を依頼しておいて、社長が「常識を逸脱するようなものがあった」なんてコメントを出す出版社についてどう思いますか?」と訊かれる。「正解じゃないですか。クライシス・マネジメントとして、ああいうふうに答えないと逃れられませんよ」って真面目に答えても、絶対に紙面には載らない。

こういうのを〈恒真命題〉と呼びます。関数の中にどんなデータを入れても、最初から答えは決まっている。ただ空欄を埋めるためだけに、作家に連絡をしてくるっていうのは取材でも何でもない。

エーコはプリブケ事件（プリブケは終戦後アルゼンチンへ逃げ、一九九五年になってイタリアへ引き渡され、裁判が開かれた〔判決は終身刑〕。このエーコの論考は、プリブケ裁判をめぐってイタリア世論が沸騰する中で書かれたもの）についてのマスコミの反応に怒っているわけです。「こんなの、結論が決まってから、おれに訊いているだけじゃないか」と。そういう質問の発話主体には誠実性がない。また、あらゆる問題がイエス、ノーで答えられるものではない。いくつもの位相が絡《から》み合い、それを理解した上で、イエスなりノーなりが出てくる場合もある。そこを分かろうとしない相手には、ノーコメント。ノーコメントの理由もノーコメント。私が「新潮45」騒動のときに取った態度も同じです。

アナロジカルに考えよう

続く箇所も、少し長めに読んでみましょうか。

「ならばプリブケ事件は、個別の、詰まるところ（悔悛《かいしゅん》しない犯罪者に及び腰の法廷といった）かなり惨めな逸話を越えて、もっと深くわたしたちに関わるものではないというのか？また、わたしたちだって潔白ではない、と示唆してはいないというのか？

わたしたちは現行法に則って事件について論評をつづけている。現行法でなら、おそらくプリブケを終身刑にすることができただろう。しかし法制の範囲では、ローマの軍事裁判所の決定を不可解だと言うことさえできない。恐ろしい犯罪を告白した犯罪者がいたのだから、あらゆる裁判所がなすべき同じやり方で、情状酌量の余地の有無を検討することがもとめられていたはずだ。困難な時代だったことはわかるが、プリブケは英雄ではなく、哀れな臆病者だったのだから、たとえ罪の重大さを秤《はかり》に掛けたとしても、命令を拒否した結果払わねばならない代償を恐れたはずだ。かれが殺したのは五人以上。だがいったん血に酔ってしまえば、ひとは獣と化す。有罪は当然だ。しかし終身刑の代わりに何十年という年月をかれにあたえようではないか。正義は守られ、やがて時効が訪れ、そしてわたしたちは苦渋の一章を閉じればいい。ひとりの老女を殺し、そして軍の正義を持たなかったラスコーリニコフには、そうはしなかっただろうか？

現行法にしたがって行動するよう判事たちに委任したわたしたちが、いまやかれらに道徳的要求や感情をむけている。しかし自分たちは司法の人間であって、人殺しではないとかれらは答える。

反対意見のほとんどもすでに発表された法典の解釈に終始している。プリブケは命令を守るべきだった、戦争状態にある国家の軍法とはそういうものだからと。それはちがう。不当な命令を拒否する権利はナチスの法律でもたしかに認められていた。加えて、ナチス親衛隊（SS）は自警組織だったわけだから、軍法にしたがって判断する必要はなかった。しかし国際協約は報復の権利を正当としている。たしかに、報復に応じることは可能だが、それは宣戦布告された戦争の場合にかぎってであり、かつてドイツがイタリア王国に宣戦布告をしたというわけにはいかない。したがって公的には戦争状態になかった国を不法に占拠したドイツ人たちは、掃除夫に変装した何ものかが一列隊を爆破したからといって嘆くことはできないのだ。

例外的な事件に対して、ひとは現行法を適用することを許せないと感じるとしても、そのために新たな法律を認可する責任を負う決心がつくまでは、こうした堂々巡りをつづけることだろう。」

いくら日独伊三国同盟があったといっても、ナチスの戦争犯罪ということになると、われわれからは遠いよね。日本にも軍国主義政府はあったけれども、特定の民族なり特定の人種を絶滅させようという意図はなかった。

だから、ちょっとアナロジカルに考えてみましょう。

日本の鉱山で労働者を募集します。朝鮮半島は当時日本の植民地でした。その朝鮮半島から徴用という形で炭鉱へ連れて来られた結果、極めて劣悪な状況におかれ、殴る蹴るは日常茶飯事、脱走しようとして殺される人間もいたし、身体に障害が残るような負傷をした人間もいた。それは当時の基準においても逸脱した行為だと言わざるをえない。ただし、朝鮮人以外でも、日本人でもそういう処遇を受けた労働者はいる。

ここで一旦、国家間の条約の話をしますよ。

国家と国家の関係というのは、基本的には条約によって規定されます。特に、その中には〈処分的条約〉という、ゲームのルールをつくり上げる基本的な条約がある。例えば一九五一年のサンフランシスコ平和条約がそうです。サンフランシスコ平和条約の第二条C項で、日本は南樺太《みなみからふと》と千島列島を放棄しました。ところが、千島列島は明治はじめの千島・樺太交換条約によって、南樺太は日露戦争後のポーツマス条約によって、それぞれロシアから得たもので、日本が侵略によって得たものではない。これは明白な事実であり、条約的な根拠もある。

しかも、あの大戦時、日本はソ連と日ソ中立条約を結んでいて相互侵攻を禁止していた。それをソ連は一方的に破って、一九四五年八月九日にいきなり満洲・樺太へ侵略をしてきた。さらに八月一四日に日本は連合国側へポツダム宣言を受諾すると通告したにもかかわらず、翌一五日の玉音放送の後も九月五日までソ連は軍事行動を続け、歯舞《はぼまい》群島と色丹《しこたん》島の占領を行った、という歴史的事実がある。

ところが六年後のサンフランシスコ平和条約によって、われわれは南樺太と千島列島を放棄しました。当初、当時の吉田茂首相は「千島に国後《くなしり》と択捉《えとろふ》も入る」と言明した。そして一九五六年の日ソ国交回復のときに、ソ連は「平和条約締結後に歯舞群島と色丹島を日本に引き渡す」と約束をしています。いま安倍政権は、この原点に立ち返って、「もちろん千島も樺太も問題にしない。四島ではなく歯舞と色丹を返してくれ」という形で日ロ交渉をしているわけですね。

北方領土問題に関しては、歴史に照らしてみたら、われわれとしては言いたいことがたくさんあります。でも処分的条約によって大筋は決まってしまった。ここをひっくり返すとなると、つまりサンフランシスコ平和条約をひっくり返すことになる。そうすると、第二次世界大戦後の国際秩序のゲームのルールが全部崩れてしまう。面白いことに、共産党はそれを主張しているんだけどね。彼らはサンフランシスコ平和条約第二条C項を廃棄して、千島列島返還を要求しろと言っている。それは国際基準で言えば、ルール無視のひどい議論なんです。

歴史的にあの戦争をもう一度考えてみると、国際法的には三つの性格があります。日本は、英米とは五分と五分の帝国主義戦争をした。アジア諸国に対しては、日本が侵略をした侵略戦争です。ソ連との関係においては、われわれが侵略された側になる。だから一つの戦争の中に、対等な帝国主義戦争と侵略戦争と被侵略戦争（防衛戦争）の三つの要素があるわけです。でも、この区分けをいくら理論的に説明したところで、現実においてサンフランシスコ平和条約を覆すことはできない。しかし覆さないからこそ、日本は国際社会から信頼を得られているのです。

さて、一九六五年には、韓国との間で日韓基本条約を結びました。竹島問題は日本と韓国で考え方が違います。あるいは慰安婦に対する個人請求権が、韓国は「残っている」と考えて、日本は「解決済み」と考えている。ところが徴用工問題に関しては、日本も韓国も「解決済みである」としてきました。日本が支払った賠償金の中に、徴用工に対する補償も含まれている――これで一致していたのです。それを今になって、韓国が覆してきたわけですね。

これまでは、次のような解決法が可能でした。法的な義務は、日本企業は負っていない。しかし歴史に鑑《かんが》みて、あるいは人道的な観点から韓国の元徴用工やその遺族の心情を慮《おもんぱか》って、企業が自発的にお金を出すことはできる。そうやって〈和解〉という形で解決してきたのです。ところが韓国の最高裁判所が「日本の植民地体制の下で行われた不法行為だから、これは日韓基本条約における賠償の枠外だ」という判断をしたことによって、日本は政府も企業も義務を負うことになった。すると、日本政府は自国の企業に対して、「そもそも、そんな義務はないのだから、和解もしてはならない」という行政指導をしないといけなくなるわけです。企業がお金を払ったら、韓国の言う義務を政府も認めたことになってしまうからね。すると、元徴用工やその遺族に対して、今までは補償金を払うことができたのに、それが止まってしまう。

しかし強制執行ができるということだから、例えばアメリカの裁判所に訴えて、在米の日本企業の財産を接収するなんてことが、これから始まっていくでしょう。日本としては筋が通らない話だけれども、国際世論は明らかに韓国に同情的になるでしょうし、アメリカには能力の高い弁護士がたくさんいるから、成功報酬が取れるならば、さまざまな議論をうまく組み立ててくるでしょうね。これは近い将来、かなり日本企業の手かせ足かせになってくると思う。当時の基準で行われたことを、いまの基準で裁き直すというのは大混乱のもとになるのです。

エーコが取り上げているプリブケ事件も同じ構造です。現在の基準で戦犯を裁くならば、ヨーロッパは死刑がないから終身刑になる。しかし、当時の基準においてはそうはならない。こういった問題をどう扱うか。エーコはナチスの戦犯の問題を取り上げているのですが、現在の日本が抱えている朝鮮半島からの徴用工の問題とも根っこは同じなんです。こういう構造を類義的に読んでいく力こそが教養の力です。

ヒトラー・タブー

エーコの論文に戻りましょう。

「ニュルンベルク裁判という時代を画する事件から、わたしたちはまだすべての結果を得ていない。厳密な適法性もしくは国際的慣例の範囲からみて、あれは越権行為だった。戦争は管理されたゲームであるという事実にわたしたちは慣れていた。最後には敗北した王が勝者となった従弟を抱きしめたとき、あなたたちならどうするだろうか？　敗者を捕まえ縛り首にするだろうか？　はい閣下、ニュルンベルクを決定した人物は答える。この戦争では忍耐の限度を超えた出来事が起きたとわたしたちは考える。だから規則を変えましょう。しかし忍耐の限度を超えたといっても、それはあなたたち勝者の価値基準に則ったもので、わたしたちの価値基準は違ったのだから、あなたたちはそれを尊重しないというわけか？　ええ、わたしたちが勝利をおさめたからには、あなたたちの価値基準にあった力への賞賛を踏襲して、わたしたちも力を用いよう。あなたたちは縛り首だ。それにしてもこんな裁判が未来の戦争にどんな教訓をもたらすのか？　戦争の封印を解くものは、負ければ縛り首にされることを知るだろう。はじめるまえにそれを考えることだ。しかしあなたたちだって残忍な仕業にでたではないか！　そうだ、しかし負けたと言ったのはあなたたちのほうで、わたしたちは勝ったのだから、あなたたちを縛り首にするのはわたしたちというわけだ。しかしあなたたちはその責任をとらないのか！　責任はとるとも。」

ここはいわゆる「東京裁判史観批判」とも繋がります。ニュルンベルク裁判というのは事後法によって戦犯たちを裁いたわけだからね。

こういうエーコのような視座が出てくるのが、イタリアの面白いところです。知らない人も多いけれど、実はイタリアは日本に宣戦布告しているんですよ。ベニート・ムッソリーニ（一八八三〜一九四五）の失脚後、イタリア政府は一九四五年七月に日本へ宣戦布告しました。だからイタリアはドイツと共に日本の同盟国であったけれども、立場が途中で変わって、連合国側でもあるんです。

そんなイタリアの複雑な立ち位置からすれば、ニュルンベルク裁判をそのまま認めることはできないし、かといって否定することもできない。そんな宙ぶらりんな位置にあるからこそ、エーコのような視座を持つことができるんだ、とも言えます。

ドイツでは、こういう視点は出てこないでしょう。あの国においては、ニュルンベルク裁判にいささかでも疑念を差し挟むと、「歴史修正主義だ」と徹底的に叩かれます。『ヒトラー〜最期の12日間〜』って映画があったでしょ？　その原作が同題で岩波書店から出ていますが（著者は歴史家のヨアヒム・フェスト）、これは日本の感覚からすれば左派リベラル派が書いた本ですよ。ところがドイツでは「歴史修正主義の書物だ」と厳しく批判されました。

なぜかと言えば、ヒトラーにも人間的な悩みがあり、ヒトラーにも私生活があって、身内に見せる優しい側面なども採りあげられているからで、ドイツの文脈では「これはナチズムを美化するものだ」と受け取られたのです。

私は『十五の夏』（幻冬舎）で書いたように、高校一年生のとき、一九七五年の夏にドイツや東ヨーロッパを回りました。そのとき旅行社の人から、「お寺のお守りに気をつけてください。まんじ（卍）が入ってるとナチスの鉤十字と間違われて、入国時に問題になることがあります」と注意された。卍は鉤十字の鏡像になるからね。そんなふうに神経を尖らせているところはいまだにあります。

今日冒頭で、みなさんに『わが闘争』の新しい版を回しましたね。昔の電話帳をぶあつく、重たくした感じで、すごく大きいし、すごい重さだったでしょ？　とても鞄に入れて持ち運びできない。普及を避けるために、わざわざあんな造本にしているんですね。ドイツにおけるヒトラー・タブーがどんなものかを皮膚感覚で知ってもらいたくて、触ってもらったわけです。

介入は革命である

よし、エーコに戻ります。

「わたしは死刑に反対だから、ヒトラーを捕らえたとしても、わたしならアルカトラズ島に送っただろう。したがって、これ以降「絞首刑」ということばは、荘厳な厳罰として、象徴的な意味で使うことにする。さて絞首刑は別にすれば、ニュルンベルクでの議論は一点の落ち度もない。忍耐の限度を超えた振る舞いに対しては、法律を含め、規則を変える勇気を持つべきだ。オランダの法廷がセルビアやボスニアでのだれかの行いを裁くことができるだろうか？　いままでの規則では不可能だが、新しい規則なら可能となる。

一九八二年末、パリで「介入」をテーマに会議が開かれ、法律家、軍人、平和運動ボランティア、哲学者、政治家などが参加した。国際社会にとって堪えがたい何ごとかが他国で起きているとと判断されたとき、いかなる権利によって、どんな分別基準にしたがって、そこでの出来事に介入することが可能となるのだろうか？　合法的な政府がまだ機能していて、それが侵略に対して援助を求めている国家であるという明確な場合をのぞいて、その他の事例はどれも入念な区別を必要とするものだった。だれがわたしに介入を要求しているのか？市民の一部か？　どこまで国を代表するものであるのか、どこまで高潔な意図をもって干渉をするのか、（サグントが教えるような）帝国主義的意図はないか？　かの国で起きていることがわたしたちの倫理原則に反するときは介入するのか？　だがわたしたちの原理はかれらの原理だろうか？　何千年と儀式としてのカニバリズムが行われている国があるからといって介入するのか？　それはわたしたちにとって恐ろしくとも、かれらにとっては宗教的行為ではないか？　白人が自分の有徳の荷を背負い、わたしたちとは違うとはいえ古代からの文明をもつ人びとを従わせたのと同じことではないのか？」

カニバリズムとは人肉食のことだよね。それがある国で宗教儀式として行われていたとしたら、どう介入すればいいのか？　「そんなことはやめろ」と言ってしまう発想の中には、無意識にでも帝国主義的な態度が忍び込んでいるのじゃないか？　これは国家間のことだけではありませんよね。自分の価値基準からしたら許しがたいし、客観的に見て正しいという自信もある、だからと言って、他者に何かを押し付けるのは自分の内部に帝国主義があるからかもしれない。こういう感覚は重要ですよ。

「わたしが同意できると思った唯一の答えは、介入は革命のようなものである、というものだ。それをやってもいいと告げる既存の法律はなく、むしろそれは法と慣習に背いて行われるからだ。その違いは、国際介入の決定は、ヒエラルキーの頂点に、あるいは無秩序な民衆の動向によるのではなく、さまざまな国の人びとと政府のあいだの議論に由来するという点にある。たとえ他人の信仰や儀式、習慣、意見を尊重するべきであるにせよ、なにかが堪えがたいものとしてわたしたちのまえに現れる、ということが決め手となる。堪えがたいものを受け入れるということはわたしたち自身のアイデンティティが問われることだ。なにが堪えがたいものであるかを決定する責任を負うこと、そして行動の後は過ちの代価を支払う準備をすることが必要となる。」

何かに介入するということは、すなわち革命を起こすことなんだ、革命の輸出と一緒だ、とエーコは考えます。他人のことであろうとも、自分にとって耐えがたいことってあるわけですね。その耐えがたいことがある限度を超えたとき、「よし、手を突っ込んで変えちゃえ」と思う。これは革命家の思想ですよね。

悪の凡庸さ

エーコが指摘するように、革命を起こす以上、勝てばその人間の思いどおりになるけれど、負けた場合には全責任を負わないといけない。つまり、他者のやってることに介入するなんてことは、相当の覚悟がないとやってはいけない。

「未曾有の堪えがたい事態が起こるとき、忍耐の限度はもはや既存の法によって定められた限度ではない。あらたに法律を制定する必要がある。もちろん、あらたな忍耐の限度に関するコンセンサスは、可能なかぎり広範囲に渡るものであり、国境を越えるものであり、「共同体」(捉えにくい概念だが、地球が回っているとわたしたちが信じているという事実さえもその基礎のひとつである)によって、ともかくも保証されていることが絶対に不可欠である。そのあと選択が必要となる。」

ここからホロコーストの議論へと進めていきます。

「ナチズムによって、そしてホロコーストで起こったことは、あらたなる忍耐の限度をもたらした。「ジェノサイド」とよばれる大量虐殺なら、過去何世紀にもわたって無数に行われてきたし、そのすべてにともかくも堪えてきた。弱くて野蛮だったわたしたちは、村から十マイル離れたところでなにが起こっているか知らなかったのだ。だがこれは、明らかに合意の(しかも哲学的な)要請によって、「科学」という名のもとに認可(そして実行)されたものであり、惑星モデルとして大々的に宣伝された。傷まなかったのは、わたしたちの道徳意識だけだった。わたしたちの哲学と科学を、文化を、善悪の信仰を総動員させたあげく、ことごとく無に帰そうと目論んだのである。その助けをもとめる声に答えずにいることはできなかった。そして答えられたのは、いますぐだけでなく、五十年経った後でも、そして次の世紀においても、堪えがたいことに変わりはない、ということだけだった。

その堪えがたい事態に対して、ホロコースト否定論者たちの卑劣な会計係は、死亡者が本当に六百万人なのか勘定することで、五百万、四百万、二百万、百万と、まるでその人数いかんによって、うまく商談に持ち込めるかのごとく、膿《うみ》を撒き散らしているようだ。もしもかれらがガスにかけられたのでなく、不注意でそこに入れられたがために死んだのだとしたら？　たんなる入れ墨アレルギーが死因だったとしたら？

しかし堪えがたい事態を認識することは、ニュルンベルクでは、たとえ死亡者がたったひとりで、しかもたんに救助不作為によるものだったとしても、全員が絞首刑を宣告されるべきだった、ということを意味する。あらたに堪えがたいのは、ジェノサイドだけでなく、その理論化である。そしてこの理論化は大量虐殺に雇われた労働者たち（カポ）をも巻き込み、その責任を問うものとなる。堪えがたい事態をまえにしたとき、意志、善意、過ちが取りざたされる。あるのは客観的な責任だけだ。ところがわたしがガス室に人びとを追い立てたのは命令されたからで、消毒のために送りこむのだと実際信じていたからです（と答えが返ってくる）。遺憾ながら、それはどちらでもかまいはしない。いまわたしたちが目撃しているのは、堪えがたさの祝祭なのであり、情状酌量の余地を残したこれまでの法律は効力を失う。だからわたしたちはあなたにだって絞首刑を宣告するかもしれない。」

この問題について真剣に考えたのは、自身もユダヤ人である哲学者のハンナ・アーレントです。『エルサレムのアイヒマン』（みすず書房）という本で、アーレントは「悪の陳腐さ」

という表現をしています。ホロコーストの中心的人物だった親衛隊中佐アドルフ・アイヒマンが一九六〇年になって、潜伏先のアルゼンチンでモサドによって拘束されます。ここでエーコが論じているプリブケ事件をもっと大がかりにしたような騒ぎになりました。

アイヒマンはエルサレムへ身柄を送られ、裁判にかけられましたが、彼の弁明は「私は具体的な局面においてユダヤ人を助けたこともあったし、ユダヤ人問題の専門家の中でも、むしろユダヤ人に対して同情的だった。マダガスカルやパレスチナに移住させられないか真面目に考えて、逃がした人もいた。私はただ、上から言われた命令を忠実に遂行しただけだ。私にはユダヤ人虐殺の責任はない。そもそも、私は責任を持たされていない。私がやったことは、ユダヤ人を収容所に移送する列車のダイヤグラムを作っただけなんだ」といったものでした。

イスラエルの検察は裁判において、アイヒマンを〈ホロコーストを指導した巨悪〉として描き出そうとした。しかし、被告席で弁明を繰り返す彼の姿は、悪の陳腐さを首からぶらさげたような小役人にすぎなかった。それをアメリカの「ザ・ニューヨーカー」誌から派遣されたハンナ・アーレントは、傍聴記の中で「悪の陳腐さ」と呼んだのです。

彼女は「政治とは子供の遊び場ではない」と書いています。服従と積極的な支持とは、政治においては、変わりがない。あなた（アイヒマン）の上司は、われわれユダヤ人がユダヤ人であるという理由だけでこの世に存在してはいけないと考え、あなたはそれを実行した。だから、われわれユダヤ人はあなたと一緒には存在したくない。あなたが死刑を言い渡され、執行される理由はそれだけだ。いわゆる「目には目を、歯には歯を」の応報刑以上の罪が、あなたにはない。それ以上でもそれ以下でもない。あなたの犯した悪はおよそ陳腐なものだ。そんなことをアーレントは『エルサレムのアイヒマン』に書いて、同胞であるユダヤ人共同体から大顰蹙《だいひんしゅく》を買いました。

たしか『エルサレムのアイヒマン』がヘブライ語に訳されたのは、ようやく今から十数年前ですよ。それまではイスラエルにおいてはタブー視されていた本なんです。

ちなみに『ナチズムとユダヤ人　アイヒマンの人間像』という昔の本が角川新書から復刊されています。保守派の論客の村松剛《むらまつたけし》氏が「サンデー毎日」からエルサレムへ特派されて、ハンナ・アーレントと一緒にアイヒマン裁判を傍聴したレポートです。村松さんって、単に保守派の論客と見られているけれども、ナチズムについて日本人がエルサレムの法廷の中で考えた、重要な記録ですよ。

お互いの耐えがたさの間で

エーコに戻ります。

「この行動規則（これは未来の堪えがたい事態のためにも有効であり、どこに堪えがたいことが存在するかを日々決定するようわたしたちに強いるものだ）を受け入れるべく、社会は多くの決定にそなえ（それが厳しいものであっても）、一致してあらゆる責任を引き受けなければならない。プリブケ事件における不明瞭な要素として不快にさせられるのは、自分たちがその決定からいまだにとても遠いところにいることに気づいているからだ。老人も若者も、しかもそれはイタリア人のみにとどまらず、だれもが手を引いてしまった。法律があるのだから、このあわれな男の始末は法廷に任せようと。

当然のことながら、今日、ローマの判決が下されたあとでは、堪えがたさを定義する連帯能力はまたいっそう遠ざかったと言えるかもしれない。とはいえ、以前はもっと遠かったのだけれど。そのことがわたしたちを苦しめるのだ。（告白はしないまでも）それが連帯責任であるとみずから明らかにすることだ。

そうしてはじめて、誰がために鐘を鳴らすのか、と自問するのをやめることにしよう。」


もうここまで来たら、やはり「新潮45」休刊をめぐる騒動で考えてみましょうか（会場笑）。

ＬＧＢＴの権利の保護や、それを行政がサポートすることが、さる女性の代議士やさる男性の評論家にとっては耐えがたいことだったわけだね。だから、彼女や彼はその問題に介入したわけです。それに対して、彼女や彼の論考が「新潮45」に掲載されたことを耐えがたいことだと考えるリベラル派の人たちがいた。

さて、自分にとって耐えがたいことがあった場合、どういう形で介入すればいいのか？お互いの耐えがたさの間でどういう折り合いをつけるのかという議論がなされないままに、〈力と力の均衡〉という発想になっていって、一つの歴史ある雑誌が休刊になった。

つまり、ウンベルト・エーコがここで提起した問題、一九九七年に提起した問題は、日本では今なおアクチュアルかつ答えが出ていない問題なのです。われわれに必要なのは、左でもなければ右でもない、歴史修正主義でもなければ、いわゆるポリティカル・コレクトネスを主張するようなリベラルでもない、エーコのような強靭な思考力から学んでいくことです。

彼の思考力を見習いながら、これからいよいよヒトラーのテキストに向かっていきましょう。

ヒトラーと『わが闘争』

最初に、ヒトラーとはどんな男だったか、『わが闘争』とは何かを百科事典で見ておきましょう。まず、平凡社『世界大百科事典』のヒトラーの項。

「ヒトラー　Adolf Hitler（1889—1945）ドイツの政治家。ナチス（ナチ党）党首（1921—45）、第三帝国の総統（1934—45）。オーストリアのブラウナウに税関吏の息子として生まれる。小学校卒業後、実科学校に進学、成績不良のため中退。1908年ウィーンに居住し、その前後に2度、造形美術大学を受験して失敗する。定職につかず、両親の遺産や孤児年金を支えに芸術家気どりの生活を送り、のち肉体労働や絵葉書を描いて生計をたてる。13年ミュンヘンに移住。14年第1次世界大戦が勃発すると、バイエルン軍に志願して従軍。戦功により、第1級鉄十字勲章を授与される。大戦後も、バイエルン軍にひきつづいて勤務し、兵士に反社会主義的、国粋的な政治思想を注入する任務に従事した。1919年ドイツ労働者党（ナチスの前身）に入党。21年党首に就任し、党指導の全権を掌握する。ベルサイユ条約の廃棄、激烈な反ユダヤ主義を唱えて注目をひく。23年11月ミュンヘン一揆を企てて失敗、党は解散され、自身は禁固刑に処せられる。24年末に釈放。25年2月ナチスを再建し、あらたに北部・西部ドイツに党勢を拡大する。経済恐慌が深刻化する中で30年9月の国会選挙で107議席を獲得し、一躍第二党の地位に進出。31年ブリューニング内閣に反対し、右派勢力とハルツブルク戦線を結成。32年7月の国会選挙で第一党の地位を確保したが、ヒトラーは、パーペン内閣への入閣を拒否。32年12月シュライヒャー首相によるG・シュトラッサー入閣の画策の失敗後、33年1月30日大統領ヒンデンブルクにより首相に任命される。」

戦前のドイツでは貴族出身でない人間、あるいは高等教育を受けていない人間が首相になることは考えられませんでした。だから誰もがヒトラーの首相就任を、三〇いくつも乱立している政党間の一時的な妥協の産物にすぎず、どうせ長続きはしないと思っていたんだ。ところがそうはならなかった。

「1933年3月5日の国会選挙でナチスは647議席のうち288議席を獲得し、同年3月23日の授権法により議会政治を排除、5月以降、政党、労働組合の解散を強行し、ナチスによる一党支配を確立した。34年6月レーム、シュライヒャー、G・シュトラッサーなど潜在的な敵対者を粛清（レーム事件）。同年8月大統領ヒンデンブルクの死後、〈総統にしてドイツ国首相〉として、党首、政府首領、国家元首の地位を一身に結合、また国防軍の最高指揮官として軍からの忠誠の宣誓をうける。35年一般兵役義務を再び導入、また軍拡経済により大量失業の克服に成功する。対外政策ではヨーロッパ東部にドイツ民族の〈生存圏〉樹立の政策に邁進し、その手はじめに38年オーストリア、ズデーテン地方を併合、39年3月チェコスロバキアを軍事占領する。同年8月独ソ不可侵条約締結後、9月ポーランドへ侵攻。40年6月フランスを征服、41年6月ソ連と開戦しウクライナの広大な地域を占領し、彼の〈生存圏〉構想は一時、成功したかにみえた。だが43年2月スターリングラード攻防戦、5月北アフリカ戦線での敗北後、戦況は悪化。この間、占領地で残虐な民族抑圧政策を実施、ユダヤ人絶滅に着手。44年7月20日ヒトラー暗殺の陰謀がおきるが、奇跡的に助かった。45年4月29日ソ連軍包囲下のベルリンでエバ・ブラウン Eva Braun と結婚、翌30日ともに自殺。その遺言においても、反ユダヤ主義と〈生存圏〉樹立の必要を強調した。

［思想、性格］《わが闘争》（1925―26）から《第二の書》（1928年夏執筆完了。ただし刊行されず、第2次大戦後に草稿が発見され、61年に公刊）の執筆の間に世界観を確立した。その根底に〈自然〉の意志をすえ、その意志は生物界に普遍的に働くとみなした。ヒトラーは、生物の〈自己保存衝動〉をもっとも根源的な欲求ととらえ、この衝動にもとづく闘い、強者による弱者の支配・駆逐を〈自然〉の摂理として肯定し、この論理を人間界の個人と人種の双方に適用した。このような社会ダーウィニズムの世界観から、個人・民族間の平等、民主主義、議会主義、人道主義、国際平和を否認し、卓越した個人による独裁的統治、反ユダヤ主義を唱え、また人種の〈自己保存衝動〉を充足する基盤として〈生存圏〉の樹立を主張した。ヒトラーは、友人との親密な交際、家庭生活での団欒《だんらん》の体験を欠き、個人生活の内容は貧弱であったが、自己の目標達成のための緻密な策略と聴衆を酔わせる演説の

才能をもちあわせていた。(中村幹雄)」

では、今度は『ニッポニカ』を読んでみて。

「ヒトラー Adolf Hitler [1889―1945] ドイツの政治家。第三帝国の総統兼首相、ナチスの指導者。

青壮年期 オーストリア・ハンガリー帝国の税関吏の子として4月20日ブラウナウ(現オーストリア)に生まれる。若くして両親を失い、ウィーンで画家になろうとして失敗し、同市の公営施設を定宿として、絵を描いて売ったり、両親の遺産に頼ったりして生活した。その間に下層社会や大衆の心理について体験したことが、のちに政治活動をするうえで役だった。オーストリア・ハンガリー帝国内の民族闘争に巻き込まれてドイツ民族至上主義者となり、国際主義的なマルクス主義を憎み、ユダヤ人とスラブ民族を憎むようになった。オーストリアで兵役につくことを嫌って1913年春にドイツのミュンヘンに逃れ、第一次世界大戦が始まるとドイツ軍に志願兵として入隊し、とくに伝令兵として功をたてて一級鉄十字章を受けた。軍隊内の戦友愛や規律、団結の精神が人生の規範となるべきだと考えるようになった。ドイツ革命(1918~1919)ののちにミュンヘンの軍隊内で、軍人のための政治思想講習会に出席して民族主義思想を固め、1919年9月、ドイツ労働者党(後の国家社会主義ドイツ労働者党、すなわちナチス)という国家主義と社会改良主義を結び付ける小党に入党した。

ナチス党首　雄弁の才能をもっており、いつも演説会で聴衆を熱狂させた。そして精力的に宣伝活動を行って党の勢力を拡張し、1920年3月末には軍隊を退いて政治活動に専念した。1921年7月には党内独裁者となり、軍部や保守派と結んで強大なドイツの再建、ベルサイユ条約の打破、民主共和制の打倒と独裁政治の確立、ユダヤ人排斥を説いたが、そのほかに中産階級の保護、社会政策の充実、民族共同体の樹立を訴えて、中産階級を中心とする国民各層の支持を確保し、大衆集会を頻繁に開いて党勢を急速に拡大した。1923年11月8日から9日にかけて、ミュンヘンで一揆を起こした（ヒトラー一揆）。しかし、頼みとしていたバイエルン軍部と官僚の支持を得られずに失敗し、翌1924年12月20日までランツベルク獄中にいた。

出獄後、党を再建し、合法運動によって民主共和制を内部から征服しようとした。『わが闘争』（1925〜1926）を出版して、東ヨーロッパを征服して生存圏を東方に大拡張するプランを示した。また党内のいろいろな傾向を巧みにまとめ上げて、国民の各階層、とくに中産階級の支持を確保し、1930年9月の総選挙に大勝してナチスを第二党に躍進させた。連立内閣への誘いを断ってナチスの独裁支配を要求し、1932年春の大統領選挙では36・8％（1340万票）の支持を得たが、ヒンデンブルクに敗れた。しかし同年7月の総選挙ではナチスが37・3％を得て第一党となり、支配勢力各層の有力者が彼を支持するようになったので、1933年1月30日、首相に任命された。保守派と一般国民の支持の下に反対派を弾圧し、一党独裁体制を確立した（第三帝国）。

総統　1934年8月にはヒンデンブルクの死とともに大統領を兼ねて「総統兼首相（総統

と略す)」Führer und Reichskanzler と称した。民主共和制時代に蓄えられたドイツの生産力や技術をフルに活用し、支配勢力の支持を得て国力を発展させた。失業者に職を与え、工業を再建して繁栄をもたらし、軍備を大拡張し、国力を発展させたので、外交上で矢つぎばやに成功を収める基礎ができた。ドイツはヨーロッパ第一の強国となった。「ドイツ労働戦線」「歓喜力行団」その他の勤労者団体の努力によって国民の生活水準もいちおう向上し、社会習慣の近代化も行われたので、国民の広範な支持が生まれた。しかし厳しい弾圧と統制、各種の奉仕活動、準軍事訓練、絶え間ない募金活動が日常生活を圧迫し、重苦しい不快感を与えたため、政府に対する民衆の小さな反抗が至る所で起こり、政治的無関心と個人生活への退却などの現象もまた広がった。

第三帝国の前期には、保守帝政派を外相に任じて、支配勢力主流の要求する比較的協調的な外交政策を展開したが、国力が強化されるにつれて強硬外交を主張する者が国内で増大し、ついに1939年9月ドイツ軍をポーランドに侵入させて、第二次世界大戦に突入した。彼は作戦に干渉し、その指令は対フランス戦においては効果をあげた。独ソ戦では、1941年末にソ連軍の反撃を受けて戦線が混乱したとき、退却を禁ずることによって敗北を小規模にとどめたが、1942年11月~1943年1月のスターリングラードの戦いにおける敗北の前後から、現実を無視した指令を出して敗戦を重ねた。1944年7月20日に将軍たちや保守政治家が反乱を起こしたが、大戦末期に至るまで、一般民衆の個人的人気はいちおう保っていた。1945年4月30日、ベルリン陥落直前に自殺した。[村瀬興雄]

二つの百科事典で読むと履歴がだいたい頭に入りますね。では、『わが闘争』の項も読んでみてください。まず『世界大百科事典』。

「わが闘争　Mein Kampf　ナチス党党首ヒトラーの代表的著作。上・下2巻。1923年11月ヒトラーは、ミュンヘン一揆を企てて失敗、ランツベルクの要塞に禁錮《きんこ》刑に処せられ、この期間に口述により執筆を開始。上巻は25年、下巻は26年12月に刊行された。上巻は自叙伝、下巻はミュンヘン一揆までのナチスの歴史というスタイルで記述が進められ、政治、外交、戦争、社会、宗教、教育、芸術、新聞、宣伝、スポーツなど多角的に問題が論じられている。しかし、この書物の中心眼目は、ユダヤ人排斥ならびにヨーロッパ東部におけるドイツ民族の〈生存圏〉樹立という二つの基本目標を設定し、かつ歴史を人種間の生存をめぐる闘争と強者による弱者の征服の過程とみなす社会ダーウィニズムの世界観によって、この二大目標の実現を正当化したところにある。本書は、33年1月ヒトラー政権成立までに、ドイツ国内でほぼ28万部が刊行され、同年末に150万部、第2次世界大戦が勃発した39年に500万部、43年には984万部と飛躍的増大をみせた。（中村幹雄）」

最初はそれほどの売行きでもなかったのが、ヒトラーが政権を奪取して以降、結婚のときに『わが闘争』を贈るとか、誕生日に『わが闘争』を贈るとか、豪華版が出るとか、そんな感じになって一〇〇〇万部近くになったんだね。では、『ニッポニカ』も読みましょう。

『わが闘争　Mein Kampf　ドイツ語　ヒトラーの主著。ヒトラー一揆（ミュンヘン一揆ともいう）のあと、彼は獄中で本書の口述筆記をさせ始め、出獄後、１９２５年7月に上巻、26年12月に下巻が、また30年に合巻普及版が発行され、１９４３年までに９８４万部が発売された。本書で、彼は自分の前半生と初期ナチス運動について述べ、自己の世界観、現代大衆社会への批判、ナチス党の政策を主として説明し、また議会民主制反対、指導者中心の独裁制樹立、反ユダヤ主義、社会福祉の拡充、中間層と農民の保護、党の上部組織による下部の厳格な統制（指導者原理）を説いた。外交上では、イギリス、イタリアと組んでフランス、ソ連（当時）と戦い、東ヨーロッパにゲルマン民族の大帝国を建てることを要求した。その後字句の改訂は行ったが、論旨は組織論上の1か所を除いて、まったく変更しなかった。［村瀬興雄］」

宗教経典に近い

では早速『わが闘争』のテキストを読んでいこう（以下引用はすべて角川文庫版、平野一郎・将積 茂《しょうじゃくしげる》訳による）。上巻の「序言」を読んでください。

「序言

一九二四年四月一日、わたしは、同日付のミュンヘン国民裁判所の判決によって、レヒ河畔のランツベルクの要塞《ようさい》拘置所で禁固刑に服さなければならなかった。

それと同時にわたしは、絶え間ない数年の活動の後に、多くの人々から要求されており、またわたし自身からいっても運動に役だつと感ぜられる著作に、はじめて取りかかることができるようになった。そこでわたしは二巻の書において、われわれの運動の目標を明らかにするだけでなく、われわれの運動の発展の姿をも記そうと決心した。この方がどのような純理的な論文からよりも、学ぶところが多いであろう。

　さらにそのさいわたしは、わたし自身のおいたちを、第一巻と第二巻の理解に必要であり、またユダヤ新聞がつくりあげたわたし個人に関する不当な伝説を破壊するのに役立つかぎり、述べておいた。

　わたしはここでこの著作を、無縁の人々にではなく、心からこの運動に従い、知性がさらに心から啓蒙《けいもう》を求めているこの運動の信奉者に、向けているのである。」


　つまり、このテキストは「この運動」の内部用テキストであり、一般の読者に向けられていないとはっきり書いている。これは非常に重要なポイントで、つまり『わが闘争』は宗教経典に近いのです。あらかじめナチスに対する信仰がある人、ナチス理論を信奉してる人を前提として書いてるから、めちゃくちゃなことが書けるんだ。これは今の日本にだって、月刊何とかとか、特定の読者層をターゲットとしている雑誌があるでしょ？　そこで書いている分には問題にならない。でも、広範な人たちを相手にしている雑誌で書くと、同じ内容でも大問題になってしまう。ヒトラーが『わが闘争』で自分の考えを剝《む》きだしで書けるのは、ターゲットをしぼり込んでるからですね。

「人を説得しうるのは、書かれたことばによるよりも、話されたことばによるものであり、この世の偉大な運動はいずれも、偉大な文筆家にでなく、偉大な演説家にその進展のおかげをこうむっている、ということをわたしは知っている。
けれども教説を規則的、統一的に代弁するためには、その原則的なものが、永久に書きとどめられねばならない。それゆえ、この両巻を、わたしが共通の事業に加える礎石たらしめんとするのである。

レヒ河畔ランツベルク
要塞拘置所にて
著　者」

ヒトラーは自著の中でさえ、書かれた言葉は大したことがないんだと明言しているわけです。元来、口語の人、しゃべりの人なんですね。

土地への執着

角川文庫版の上巻は「I　民族主義的世界観」が当てられています。今度は第一章の冒頭「生家にて」を読んでください。

「生家にて
今日わたしは、イン河畔のブラウナウが、まさしくわたしの誕生の地となった運命を、幸福なさだめだと考えている。というのは、この小さな町は、二つのドイツ人の国家の境に位置しており、少なくともこの両国家の再合併こそ、われわれ青年が、いかなる手段をもってしても実現しなければならない畢生《ひっせい》の事業と考えられるからだ！

ドイツ・オーストリアは、母国大ドイツに復帰しなければならない。」

ここ、原文では「ドイツ・オーストリア」みたく中黒は入っていないんです。ドイツ語だとドイチェエスタリッヒ、つまりドイツオーストリアって一つの単語にしています。ドイツとオーストリアは同じドイツ民族の単一国家であるという考え方ですね。裏返していうと、オーストリアとドイツは民族自決権の原則で言えば、いま現在も一つの国であっても構わないのだけれども、絶対にそれだけはやらないのは、第二次世界大戦のトラウマですよ。ドイツが強くなり過ぎるからね。いまの段落、もう一度頭から読んでください。

「ドイツ・オーストリアは、母国大ドイツに復帰しなければならない。しかもそれはなんらかの経済的考量によるものではない。そうだ、そうだ。たといこの合併が、経済的に考えて重要なことでなくても、むしろそれが有害でさえあっても、なおかつこの合併はなされなければならない。同一の血は共通の国家に属する。ドイツ民族は、自分のむすこたちを、共通の国家に包括することすらできないかぎり、植民政策の活動への道徳的権利をもちえない。ドイツ国の領域が、ドイツ人の最後のひとりにいたるまでも収容し、かれらの食糧をもはや確保しえなくなったときにはじめて、自国民の困窮という理由から、国外領土を獲得する道徳的権利が生ずるのである。そのときに鋤《すき》が剣になり、戦いの涙から後世のために日々のパンが生育してくる。だからわたしには、この小さな国境の町が、大使命のシンボルであるように思える。しかし、なお別の観点からしても、この小都市は、今日注意をひきつけるようにそびえている。百年以上も前に、この見ばえのしない町は、全ドイツ国民に痛く感動を与えた悲劇的災禍の舞台として、少なくともドイツ史の年代記に、永久に記録さるべき特権をもったのである。わが祖国が極度に屈従していた時代に、この地で、ニュールンベルクの書籍商人で、頑迷なまでの「国家主義者」であり、フランスぎらいであったヨハネ・パルムが、不幸の中でも熱愛したドイツのために倒れたのである。かれは、共謀者――むしろ主謀者であるが――の名をいうことを、頑強に拒否した。さればレオ・シュラーゲターのごとくである。いうまでもなく、かれもちょうどシュラーゲターと同じように、ある政府官吏によって、フランスに密告されたのである。ひとりのアウグスブルクの警察署長が、この悲しむべき名誉を獲得し、そしてゼヴェリン氏の新ドイツ国家当局に手本を与えたのである。」

いきなり内輪の話（会場笑）。あいつは可哀そうだったとか、あいつは口割らなかったとか、これは内輪向けだから、そういうゴシップみたいなのを喜ぶ読者を想定しているわけです。でも、同時にこれは弱小政党を率いるヒトラーが天下を狙う時期に世に問うた著作であることも忘れてはいけません。

この箇所のポイントは、「同一の血は共通の国家に属する」ということよりも、「ドイツ国の領域が、ドイツ人の最後のひとりにいたるまでも収容し、かれらの食糧をもはや確保しえなくなったときにはじめて、自国民の困窮という理由から、国外領土を獲得する道徳的権利が生ずる」というところです。

民族が一体化しても、もう駄目だとなったら外に出ていくしかないんだ。国内手続きを出尽くすまでやった後は、侵略をする――こういう理屈なんですね。ちなみに「土地が足りない」というのは、第一次世界大戦でドイツが領土を失ったことと絡み、ヒトラーにとってはすごく重要なテーマなのです。

原節子が演じた役

土地に関して知っておいてもらいたい映画があります。日独合作の『新しき土』（一九三七年）って知ってる？　これはナチス・ドイツの宣伝相ゲッベルスが主導して、日本の情報局の協力の下に東和（現在は東宝の子会社）と一緒に作った映画で、撮影当時一六歳の原節子が主演しています。

まず冒頭、富士山が映る。すごい地震が起きて、なぜか浅間山が噴火している。これは富士山が噴火しているイメージ（会場笑）。そんな地震を起こす活火山のそばで、土地が乏しくて、段々畑を耕すしかない農家がある。そんな厳しい自然の国の貧しい農家にすごく頭のいい少年がいた。

この少年は頭の良さを見込まれて東京の家に預けられます。預けた先の家の父親が草創期ハリウッドでスターになった早川雪洲《せっしゅう》。その家には五歳年下の女の子がいて、これが原節子。雪洲は二人を結婚させて家を継がせる予定なんです。

ところが、少年が長じて帝国大学に入って、ドイツへ留学したら、こともあろうに自由恋愛思想に染まってしまい、親が決めたいいなずけとではなく、自分が好きになった人と結婚するんだと、ドイツからジャーナリストの女性を恋人として連れて帰ってくる。この恋人のジャーナリストはナチス親衛隊の妹で、金髪碧眼《へきがん》の筋骨隆々とした典型的なナチス美人。主人公よりぐんと背が高い（会場笑）。もちろん、いいなずけの原節子はすごいショックを受ける。主人公の男は小杉勇というやはり当時のスターが演じています。

東京らしき街でのロケーションがあるんですが、電車に乗ると、鎌倉の大仏の横を通って、その後金閣寺が出てきて舞妓さんが歩いていて、屋敷の裏へ行くと厳島《いつくしま》神社の鳥居が出てくるという不思議な東京（会場笑）。ヨーロッパ人が思う日本のイメージ、それこそ現在の金閣寺あたりの土産物屋で外国人相手に売っている商品に溢れているようなオリエンタリズムは既に全て入っています。

で、原節子は、小杉勇に好きな女性ができて、それと結婚したいというのだから、女としてそれに従うのは当然だ、と思う。そして、持っている花嫁衣裳に袖を通し、それを羽織って浅間山へ登っていき、火口に身を投げて自殺しようとする。小杉勇は飛び込む直前の原節子を抱きかかえて救い出します。

それを知ったドイツ人女性は、「日本人も血と土地、そして名誉をとても大切にし、それらを守るためには命も惜しまない、我々ドイツ人と同じ崇高な精神を持った偉大な民族だ。あなたはいいなずけと一緒になるべきです」と身を引いてドイツへ帰国。その後、原節子と小杉勇は結婚し、満洲に渡って新しい土地を開拓している、ってラストになる。二人の間には新生児が産まれていて、その赤ん坊を耕したばかりの地面に寝かせ、小杉勇が「お前も土の子になれ」と語りかけます。

ヒトラーが『わが闘争』の中で日本人を劣等人種と書いていますが、実は日本人はアーリア人種と同じ精神、同じ気構えを持っている人種である。それだから日独伊三国軍事同盟は不可欠であり、同盟を結ぶ相手とするに相応《ふさわ》しい、ということを宣伝するプロパガンダ映画です。一〇〇〇円で買えるＤＶＤが出てますから、みなさんぜひ見てみてください。

この映画で分かるように、ドイツが日本と共通点を見出したのは、何より〈乏しい土地〉でした。だから日本の満洲経営もラストで喧伝しているわけですね。

ヒトラーの生い立ち

『わが闘争』に戻ると、ヒトラーは、自分たちはやれるだけのことはやったけれども、もう国民に食べさせる食べ物もない。ならば弱肉強食で周囲に出ていく。強い者が勝つんだ。こういう論理を冒頭から出しています。論理としてはナンセンスなんだけど、こういう論理自体は内部に入ってしまえば、すごい力を持つわけですよ。

続きを読んでください。生い立ちの部分ですから、ちょっと長く行きましょう。

「このドイツ的殉教の光によって美しく照らされたイン河畔の小さな町に、血統はバイエルン人、国籍はオーストリア人であるわたしの両親が、前世紀の八十年代の終りに住んでいた。父は義務に忠実な官吏であり、母は家政に専念し、ことにわれわれ子供たちにいつも変わらぬ愛情深い世話をしてくれた。この当時のことは、わたしの記憶にはあまり残っていない。というのは早くも数年後、父はイン河を下って、パッサウで新しい地位につくために、この好ましい小さい国境の町を、もう一度離れねばならなかったからである。かくしてドイツ国内にきた。

しかし、オーストリア税関吏の運命は、当時よく「さすらい」だといわれていた。父は、まもなくリンツへ移り、ついにそこで恩給生活にはいった。もちろん恩給生活は、この老人にとって「休息」を意味するものではなかった。貧しい日雇農夫のむすこであった父は、若いころ早くも家にいることに耐えられなかった。まだ十三歳になるかならないのに、当時小さかった若者は、リュックを背負い、故郷ヴァルトフィールテルから歩きつづけた。「世故にたけた」村人のとめるのも聞かずに、かれはヴィーンへ向かった。そこで手工業を学ぼうとしたのだった。それは前世紀の五十年代のことだった。道中で使うことのできる三グルデンの旅費だけをもって、未知の世界へはいろうとした。痛々しい決意である。だがこの十三歳の子供が十七歳になったとき、かれは職人試験をすませたが、満足しなかった。むしろ反対だった。長い年月にわたるそのころの困窮と、いつまでも続くみじめな状態と悲惨さとが、いまや手仕事をまたまた放棄して、なにか「もっとりっぱなもの」になろう、という決心を固めさせた。かつては、この村の貧しい青年には、牧師というものが、人間として到達することのできる最高のものと思えたのだが、ところが視野をいちじるしく拡大させる大都市の中では、国家官吏の地位が最上のものに思えた。困窮と悲憤のため、まだなかば子供でありながら「老成した」おとなの不屈な粘り強さで、この十七歳の青年は、新しい決心にこりかたまった。――そして官吏になった。ほぼ二十三年後に、その目的が達せられた、とわたしは思っている。そしてまたこの貧しい青年が、何ものかになるまでは愛する故郷の村に帰るまい、とかつて約束した誓いの前提は、みたされたように思えた。

さて目的は達した。だが村では、かつての小さい子供のことを思い出しうるものは、だれもなかった。そして村は、かれ自身にとって、親しみのないものになってしまった。だからかれは、五十六歳でついに恩給生活にはいったとき、この隠退生活で「無為者」として日を過ごすことに耐えられなかった。かれは上オーストリアの市場町ラムバッハの近郊に土地を買い、それを管理して、長く働き続けた一生を終え、ふたたび祖先のもとへ帰ったのである。」

父は「さすらい」だった、とありました。ドイツ人であるにもかかわらず、土地と結びつくことができず、漂泊を続けざるをえなかった。そんな落魄《らくはく》した人間の思い――これをずいぶん強調していますよね。そこにヒトラーの歴史認識の基があるんだな。

歴史の本質を見分ける

では、同じ第一章の少し先、「歴史教育」の所を読みましょう。

「歴史教育

いわゆる中等学校での世界史の教育は、もちろん現在でもなお非常にひどいものである。

歴史教育の目的が、決して歴史上の日付や事件の暗記や棒読みをすることではなく、いつあれやこれやの戦争があったかとか、将軍が生まれたとか、あるいはそのうえ（たいていはたいして重要でない）ある君主が先祖代々の王冠を頭にいただいたとかいうことを、子供が正確に知っていてもいなくてもどうでもよい、ということを知っている教師はまことに少ない。いや実際神に誓って、そんなことは重要でない。

歴史を「学ぶ」ということは、歴史的な事件としてわれわれの目に見えるものを、実際にひき起した原因としての力を発見し、見いだすことである。

読書や学習の技術というものはまた、次の点にある。すなわち、**本質的なものを保持し、本質的でないものを忘れること。**

わたしがかつて幸いにも、歴史についてひとりの教師を得たことは、その後のわたしの全生涯に対して多分に決定的な影響を与えた。かれは教えるときにも試験のさいにも――歴史をそのようなものと考えている教師はまったく少ないのだが――この視点に熟達させることを知っていた。リンツ実科学校にいた当時のわたしの教師レオポルト・ペッチュ博士の中に、この要求が真に理想的な状態で具体化されていた。老人でまったく親切であったが、しかしキッパリした態度で、かれは特にまぶしいばかりの雄弁で、われわれをひきつけたばかりでなく、真に人を感動させることができた。いまもなお、わたしはこの白髪の人を思いだすと、かすかに感動する。かれはわれわれに火をはくような口調で、しばしば現在を忘れさせ、魔術のように過去につれもどし、無味乾燥な歴史の追憶を、数千年のかすみの衣からいきいきした現実につくりあげるのだった。そのときわれわれは、しばしば強い情熱に力づけられ、しかもときどきは涙を流して聞きいったものだ。

この教師は現代から過去を解明し、また過去から現代に対する因果関係をひきだすことを知っていたので、幸福もそれだけ大きかった。さらにまたかれは、他の教師以上に、当時われわれを息もつかせずに駆りたてていた時事問題のすべてについて、説明してくれた。われわれの小さい国家主義的熱狂が、かれにはわれわれを教育する手段となった。つまりかれは、一度ならず国家主義的名誉感に訴え、それだけで他の手段を用いるよりもはるかに早く、われわれ悪童どもを手なずけることができたのだった。」


はい、「読書や学習の技術というものはまた、次の点にある。すなわち、本質的なものを保持し、本質的でないものを忘れること」と言っています。むろん問題は、何を本質とするか、何を本質でないとするかという基準ですよね。

最近私が注目している若手に古谷《ふるや》経衡《つねひら》さんという評論家がいます。この人の『愛国奴』（現在は『愛国商売』として小学館文庫）という小説が抜群に面白い。古谷さんはネトウヨ的な世界から出てきた人ですが、この小説ではネトウヨの世界を完全に脱構築して笑い飛ばしています。小説といっても、彼自身がネトウヨにいわば参与観察した末に書いた社会人類学的作品とも読めます。

『愛国奴』のメインの登場人物は二人。一人は新進の歴史家。その人は山形県の優秀な公立高校を出て、東京の名門私立大学の大学院の博士課程まで行って、専門領域は戦前日本陸軍の研究。非常勤講師でどうにか食べていきながら、三六歳のとき、半自費出版として某零細出版社に持ち込んだ『日本陸軍軍閥入門』を刊行します。印刷部数一二〇〇部に対し、実売わずか七八冊。出版に際して工面した借金約二〇〇万円がほぼそのまま残るという大失敗で、ノイローゼ状態になる。

このまま学問研究を続けても、どうしようもない。そこで、真珠湾攻撃はコミンテルンの陰謀だとか、広島の原爆はナチスが造ったとか、トンデモ論の「真実の近現代史」というブログを立ち上げたら、けっこう熱烈なファンが五〇〇人くらいできて、勉強会を組織してひと月二〇〇〇円ずつ取ると、月に一〇〇万円の収入を得られるようになった。

もう一人の方は、エコノミストを自称しているが経済学の教育を体系的に受けたことは一度もなく、韓国に一度も行ったことがないんだけれども、ネット空間で得た情報だけで「韓国経済は五年以内に崩壊する」とかいったことを書いて、経済私塾を作っている。四三歳のこの人も自分の信者を集めて、毎月の会費を集めるビジネスをやっている。

この両者はすごく仲が悪い。どうしてかというと、向島《むこうじま》に「よもぎチャンネル」というテレビ局があって、もともと商品の広告だけをやっているテレビなんだけど、平日の夜に二時間だけ、右翼っぽい番組を放送している。そこの社長は特に右でもないけれども、そういった小さいマーケットにニッチ市場があるからという理由で、その番組を放送しているわけ。出演者はテレビに出ると、出演料を貰うのではなくて、逆にお金を払わないといけない。この二人の人物は三〇分ずつ出ているんですが、そこに懸賞を出して論文を募集している警備会社が登場して、五分のＣＭを入れる。そのＣＭのためにどっちの時間が削られるかで、せこい内ゲバが起きてくる……という世にも馬鹿馬鹿しい物語です（会場笑）。

これは一〇〇パーセントの作り話では書けません。やっぱりリアルな現実から作っているんだろうなと思って、古谷さんと会ったときに「すごい構想力だけど」って訊いたら、最初はノンフィクションで書いていたんだけども、訴訟リスクがあるから小説のスタイルに変えたんだって。

この登場人物たちのように〈真実の歴史〉や〈真実の経済〉をビジネスにするコツはどこにあると思う？　ヒトラーが言うように、「歴史や経済を知るには、本質的なものを保持し、本質的でないものを忘れることだ」と思い込ませることです。あなたたちがずっと本質だと思ってきたものは果たして本質かな？　ネットの世界で調べてごらん。ネットにこう書いてある。広島の原爆はナチスが作った。この世の中は今もコミンテルンが支配している。韓国人は糞を食っている。そんなのは偏見だ、陰謀史観だといくら反論しても、「違う、真実はネットの中にしかない。本質的なことは既存のメディアにはないんだ。だって、やつらはコミンテルンによって支配されてるからね。こっちが本質なんだよ」。こういう人たちの一種の病理を見事に描いています。

あるいは、元日航の客室乗務員だった人が書いた、日本航空123便がなぜ御巣鷹《おすたか》山に落ちたかをめぐる本があります。実は自衛隊がミサイルを撃って落としたんだ。しかも、墜落場所に自衛隊がやってきて、生存者たちを火炎放射器で全部焼き殺したんだと。実際に子どもが、飛行機の後ろにもう一機、追いかけるように飛んでいたのを見たって作文に書いてあるとか、そんなことを根拠にして、ミサイル攻撃説を打ち出した。河出書房新社から出てベストセラーになりましたね。それで、ＪＡＬで長くパイロットをやっていた杉江弘さんが宝島社から本を出して、これはあまりにひどい、ボイスレコーダーとフライトレコーダーの解析を全くやっていない、と反論した。そしたらそれに対する反応は何だったと思う？　「ボイスレコーダーやフライトレコーダーは捏造《ねつぞう》されているんだから、それをベースにした主張自体が陰謀だ」と。しかも、実はいわゆるリベラル派の中に、このミサイル攻撃説を支持する人が多かった。ここにこそ本質がある、というわけです。

何を本質とし、何を本質としないかという基準がきちんとしていないと、陰謀史観にも近づくし、他の意見を聞かなくなりますから、ちょっと怖いことになる。

時間になったけど、もう少し読みましょうか。

「大好きな科目、歴史

わたしはこの教師のおかげで、歴史が大好きな科目になった。

もちろんわたしも——かれから望まれたのではないが——そのころすでに若き革命家になっていた。

こういう教師のもとでドイツ史を学ぶことができたもので、国民の運命がかくも不利な方法で支配王家の影響にさらされている国家に対して、敵対しないものがあろうか？

過去と現在を通じて、恥ずべき自己の利益のために、幾度もドイツ民族の利害関係を裏ぎった王家に対して、最後までだれが忠誠をつくし得ようか？

このオーストリア国家がわれわれドイツ人を愛していなかったばかりか、むしろ一般にまったく気にもかけなかったのではないか？　ということを、われわれは小さいときからよく知っていたのだ。」

『わが闘争』は口述だけれど、段落の長さが二行で終ったり、延々と続いたり、ばらばらでしょう？　ヒトラー自身の中では統一が取れているんでしょう。やっぱりヒトラーが喋ったことがかなり忠実に生かされている感じがしますね。はじめに言ったように、ゴーストライターでは書けない、奇妙で偏頗《へんぱ》なオリジナル性を感じます。

では、この休み時間にみなさんにやっていただきたい問題は――

問3　「介入は革命のようなものである」とエーコは述べているが、これをどう考えるか？

ちょっと難しいですが、なぜ介入は革命のようなものになるのか、自分の言葉で考えてみてください。

問4　ヒトラーは「国外領土を獲得するための道徳的な権利がある」と言っているが、その「道徳的な権利」とはどういうことか？

これは難しくない。いまテキストを読んだところに出ています。

3　性も健康も国家が管理する

休み時間に受講者の方から、「そもそも、不寛容というのはどこから来たのか？」という質問を受けました。これは面白い質問です。

実は、寛容よりも先に不寛容があったのです。〈寛容〉はプロテスタントとカトリックの戦争から生まれたんですね。お互いに徹底的に不寛容で、ひどい殺し合いを始めて、でもどちらも根絶やしにするほどは殺しきれないから、「そうか、併存しないといけないのか」という形で寛容になった。さんざん戦争を経た挙句、もうこれ以上は戦うことができないんだと悟って、ようやく最終的に寛容という姿勢に落ち着いたわけです。最初から「お互いに寛容でやっていこうぜ」なんてやっていたわけではありません。つまり、寛容というのは歴史的に言って〈棲み分けの論理〉なのです。

あともう一つ、さっきの〈介入〉や〈本質〉、〈ポリティカル・コレクトネス〉なんかの話にも近づくけど、〈普遍的な価値観〉という問題があります。普遍的な価値観の信奉者は、その価値観に反する人を認めないから、不寛容に陥りやすい。ある国においては小児割礼をやってる、女性割礼をやってる、あるいはエーコはもっと刺激的な例を挙げて、宗教的な理由で人肉食をやってる、そういうものを認めるべきか、認めるべきじゃないか——これは今のところ、結論は出さずにおきましょう。『わが闘争』を読んでいく中で、まだいろんな問題が出てくるからね。

では、引き続き「第一章　生家にて」から「ワーグナー崇拝」を読んでください。

「ワーグナー崇拝

こうした学校でわたしに与えられた歴史的な考え方は、その後も決して忘れなかった。世界史は次第に現代の歴史的行動、すなわち政治に対する理解を深める無尽蔵の源となった。わたしはそのさい「学ぼう」とするのでなく、教えてもらうのだった。

わたしはたいそう若いときに政治的「革命家」となったが、芸術的にもまたそうであった。上オーストリアの地方都市には、当時比較的悪くない劇場があった。ほとんどすべてのものが上演された。十二歳のときにわたしははじめて「ヴィルヘルム・テル」を見た。それから二、三か月後「ローエングリーン」を見たのが、わたしがオペラを見た最初である。わたしは一度でひきつけられた。バイロイトの巨匠に対する若者の感激は、とどまるところを知らなかった。なんどもわたしはかれの作品にひきつけられた。そして地方での上演がひかえ目であったため、その後印象を高められる可能性があったことは、今日特に幸運だったと思っている。

これらはすべて、特に生意気ざかり（わたしにはただ非常に苦しいときだったが）をすぎた後に、父がわたしに選んだような職業に対する深い嫌悪を確かめたのだ。わたしは官吏としては決して幸福になれないだろう、ということをますます確信した。そして実科学校でのわたしの絵の素質が認められてからは、わたしの決心はいっそう固くなった。

これについては、懇願されようが脅迫されようが、変わることがなかった。

わたしは画家になるつもりだった。そして決して官吏にはならないつもりだった。

ただ年が進むにつれ、だんだんと建築について興味がでてきたことが、特色として認められた。

わたしはそのころ、これはわたしの絵画家としての才能の当然の補足だと思い、わたしの芸術家としてのわくがこうして広くなっていくことを、ただ内心で喜んでいた。

いつかそれが変わるだろうということを、わたしは予感しなかった。」

自分は革命家の道、政治の道以外にも、絵画の筆にも特別な才能があり、建築についても才能がある。ワーグナーに感銘を受ける感受性を持ち、そういう特別な自分は実にドイツ的な精神を体現した優秀な人間なのだ、とアピールしているわけです。

みんなユダヤ人だった

では、飛ばして、次は「第二章　ヴィーンでの修業と苦難の時代」の「ユダヤ的詭弁《きべん》」を読みましょう。

「ユダヤ的詭弁

社会民主党の新聞が圧倒的にユダヤ人によって指導されていることに、わたしは次第に通暁した。しかしわたしはこの状態に、特別の意味を負わせなかった。他の新聞の状態も同じようであった。おそらくは一つだけ異様なことがあった。わたしの受けた教育と理解力が及ぶかぎりでは、真に国家主義的と称される新聞でユダヤ人が関係しているものが一つもなかった、ということである。

そこでわたしは我慢してこの種のマルクシズムの新聞記事を読もうとしたが、それに応じて嫌悪感が無限に大きくなってくるので、今度はこの総括的な悪事製造者をもっとくわしく知ろうとした。

発行人をはじめとして、みんなユダヤ人だった。

わたしはどうにか手に入る社会民主党のパンフレットを買って、その編集者の名前をしらべた。ユダヤ人だった。わたしはほとんどすべての指導者の名前に注意した。議会の代議士を問題にしても、労働組合の書記を問題にしても、また組織の議長、街頭の扇動者を問題にしてみても、そのほとんど大部分が、同様に「選ばれた民族」に属しているものたちであった。同じような不愉快な現象はいつも生じていた。アウステルリッツ、ダーヴィット、アドラー、エレンボーゲン等の名は永久に忘れないだろう。いまや一つのことがはっきりした。すなわち、数か月来わたしは、ある政党のちょっとした代表者たちと激しい論争をたたかわしてきたが、その党はほとんどもっぱらある異民族の手で指導されていた、ということである。なぜならユダヤ人はドイツ人にあらずということを、内心幸福な満足感を覚えてわたしは決定的に意識していたからである。」

ネット空間で、政治家や論壇人やタレントなどを指して、「誰それは朝鮮名何とかだ」「あいつもこいつもみんな朝鮮人だ」とか、そんな形で垂れ流している連中はヒトラーと同じことをやっているのが分かりますね。これもユダヤ人、あれもユダヤ人だ、ドイツの国がドイツ人によって統治されてないじゃないか。メディアにいるのは全員ユダヤ人じゃないか。「マスゴミを牛耳っているのは半島や大陸」「在日認定」みたいなことを言い散らかす病理現象と同じです。

「だが、わたしはいまや、わが民族の誘惑者を完全に知った。

労働者というものが、よりりっぱな知識やよりすぐれた説明に屈しないほど頑迷ではないという確信をうるためには、わたしの一年のヴィーン滞在でもう十分だった。わたしは次第にかれらの独自の教説の通になった。そしてそれを、わたしの内心の確信のために闘うときの武器としてふりむけた。

ほとんどいつもわたしのほうが勝った。

時間と忍耐というきわめて困難な犠牲をはらった後にだけ、大衆を救う見込みがあった。

しかしユダヤ人は決してかれらの意見を変えようとはしなかった。

当時のわたしはまだ子供のようだったから、かれらの常軌を逸しているような教説をはっきりさせてやろうとして、わたしの狭い交際範囲で舌をかみ、のどをからして演説し、かれらが狂ったようなマルクシズムの有害さを確信することができるに違いないと思っていた。だがわたしはまさに反対のものに到達したのだった。ちょうど社会民主党の理論とその実現の破壊的作用についての洞察が深くなることだけが、かれらの決心の強化に奉仕するかのように思われたのだ。」

憎きはユダヤ人、フリーメイソン、共産主義、コミンテルン、という図式が完成しています。ヒトラーはこの図式で一九四五年の敗戦まで突っ走り、数百万人のユダヤ人を虐殺し、ドイツを崩壊させることになります。けれど、この図式を支持する多くの大衆がいたのです。

比喩と非論理のアジテーション

「かれらと争えば争うほど、ますますかれらの詭弁がわかってきた。最初かれらは相手の愚鈍さを考慮に入れる。だがもはや逃げ道がみつからないとなると、簡単に自分をバカに見せるのだ。なにをやっても役に立たないと、かれらは正確に理解することができないとか、あるいは即座に他の領域に飛躍したり、放棄したり、わかりきったことをいい、しかしそれが受けいれられるやいなや、ふたたび本質的に違った材料を引き入れ、さてふたたびつかまえられると回避して、そしてくわしいことは何も知らないという。そういう使徒を攻撃しても、いつもくらげのような粘液で手をつかみ、くらげのような粘液が指の間をすべり抜けると、次の瞬間にはふたたび合流して結合する。しかしかれらが周囲から観察されると同意せざるをえなくなり、そして少なくとも一歩自分の意見に近づかせたと思うと、次の日はかえって逆になって驚きが大きい、というような実際ムダなことにぶつかる。ユダヤ人はきのうのことは何も知らず、あたかも何事も起らなかったし、しなかったかのように、かれらの古い不法なことを幾度も話し続ける。そしてそれに憤慨して論駁《ろんばく》すると、驚いたふりをして、かれの主張が正しかったことは前日にすでに証明されているということ以外まったく何も思い出すことができないのだ。」

ユダヤ人に対する比喩として、「くらげ」を持ち出してきています。粘液だらけのねばねばして気持ち悪いもの、切っても切っても甦ってくるもの、とらえどころのないもの、害をなすもの、そんなイメージを出してくるだけで、実証例がないでしょ？　こういう議論をして、こういったことがあった、という具体性がまったく欠けています。あるのは口調だけ。これもヒトラー話法の特徴です。

「わたしは幾度もつっ立ったままでいた。かれらの口達者と嘘の手ぎわと、どちらのほうをよけいに驚いたらいいのかを人々は知らなかった。

わたしは次第にかれらを憎みはじめた。」

はい。ここは一文ずつ改行していっていますが、論理連環がありませんよね。ポンポンと進んでいくだけで、ユダヤ人を次第に憎み始めたその理由はどこにあるのか、よく分からない。極めて不明解で論理性が欠けているけれども、イメージを挙げて、速い口調でごまかしながら畳みかけて、感情を刺激する文章、つまりアジテーションの力です。

「これらのすべてには、ただ一つだけよいことがあった。社会民主党のもともとの担い手や少なくとも宣伝者がわたしの目に触れるにしたがって、わたしの民族愛が成長せざるをえなかったことである。この誘惑者の悪魔のような老獪《ろうかい》さによって、われわれの犠牲にされたものたちを、だれが呪うことができようか？　この種族の詭弁的な嘘に打ち勝つことが、わたし自身にもどんなにむずかしいことであったか！　だが、真実を口先でゆがめ、いまいったばかりのことばを如才なく否定し、次の瞬間にはそれを自分に利用するような人間には、そのような勝利の結果がいかに無益であったことか。

そうだ、わたしはユダヤ人を知れば知るほど、ますます労働者を大目に見なければならなかった。

わたしの目から見れば、最も重い罪は労働者にでなく、労働者に同情し鉄のような正義感で民族の子に、かれにふさわしいものを与えてはいるが、しかしながら誘惑者と有害者を壁にたたきつけることを努力するに値しない、と考えているすべてのものにあるのだ。」

論拠なしでどんどん進んでいくのだから、エーコの言う「短絡現象」ですらないですね。こういう口調のしゃべりなり、文章なりにいかに気をつけなければいけないのかが分かります。そして、こういうしゃべりや文章は、いまの私たちがよく触れるものでもあります。

「ユダヤ人問題」に開眼する

では、今度は同じ第二章ですが、ページを少し前に戻ります。ヒトラーの発想がいかに異常かを際立たせるために、まず「ユダヤ的詭弁」の項を読みましたが、そもそも彼はユダヤ問題についてどういうふうに考えていたのか。「ユダヤ人問題」というところです。

「ユダヤ人問題

「ユダヤ人」ということばがはじめてわたしに特別な考えを起させたのがいつであったか、を語ることは、今日では不可能でないとしても、困難である。父の家で、父の生存中に、このことばを聞いたことがあったかどうか、思い出せない。年老いた父はこの名称を特別に強調することは、すでに文化的に時代遅れだと考えていたらしい。かれはこの上もなく強固な国家主義的心情をもっていただけでなく、わたしにもその影響がおよんだが、かれは生存中に多少とも世界市民的な考え方をするようになっていた。

学校でもまた、わたしが受けついできたこの像を変えることができるような誘因は見つからなかった。

実科学校で、わたしは一人のユダヤ少年と知りあった。かれはわれわれ一同から用心深く扱われていた。けれどもただかれが無口であったし、こちらもいろいろの経験で知恵がついていて、特別に信頼しなかったからである。わたしも、また他の連中も、それでどうするという考えもなかった。」

ヒトラーの話は、とにかく具体性に欠けているんだね。学校で出会った一人のユダヤ人少年の話でさえそうなんです。ユダヤ人少年の顔が見えてこないでしょう?

「十四、五歳のときにようやく、わたしは、いくらか政治的な話に関連して、ユダヤ人ということばにしばしばつきあたった。これに対してわたしは軽い嫌悪を感じ、宗教上の口論がわたしの前で行なわれるときにはいつも、不愉快な感情をおさえることができなかった。

だが、当時はこの問題をわたしは、それだけのものとしか見ていなかった。

リンツにはユダヤ人はほんのわずかしか住んでいなかった。幾世紀もの間に、かれらの外見はヨーロッパ化し、人間らしくなっていたので、実際わたしはかれらをドイツ人だとさえ思っていた。こう考えることの不合理さが、わたしにはほとんどわかっていなかった。というのは異教徒ということだけが唯一の区別の徴表だと思っていたためである。このためにかれらが迫害されたのだと思っていたので、かれらの不利益になるような発言に対して、わたしの反感はしばしば嫌悪となるほどだった。

組織的な反ユダヤ団体の存在について、わたしはまだ何も知らずにいた。

こうしてわたしはヴィーンへ来た。

建築の領域でのおびただしい印象にとらえられ、自己の運命の重圧におしひしがれて、最初のころはこの巨大都市の民族が、内面的にどんな分類構成をもっているのかについて、見る目をもっていなかった。ヴィーンはこの数年の間に、二百万人の人口のうち二十万人近くのユダヤ人を数えていたにもかかわらず、わたしはユダヤ人が目につかなかった。わたしの目もわたしの意識も、最初数週間は、たくさんの価値あるものや回想におそわれて成長しなかった。次第に平静をとりもどし、興奮させられていた像がはっきりしはじめたとき、はじめてわたしは、自分の新しい世界を徹底的に見まわし、そしてそこでユダヤ人問題にぶつかったのである。」

最初は大都会のおのぼりさんで興奮していたけれど、だんだん冷静になって頭がまともになってきたら、今まで見えなかったユダヤ人問題が見えてきた、こういうふうに言っている。

世の中が追いついてきた？

中山忠直《ただなお》（一八九五〜一九五七）って知ってる？　戦前の極右の思想家で、日本人とユダヤ人の同祖説を唱えたジャーナリストなんですが、『日本人の偉さの研究』というベストセラーを書いています。

タイトル通り、日本人はどうして偉いかを説明しているんだけど、たとえば「砂糖や肉を摂るのをやめて摂取カロリーを減らす、そうすれば日本人はますます強くなる」、「粘り気のある米を食べて、便器が和式で踏ん張るからバネの力がつく、それによってヤンキーどもをぶっ飛ばすことができる」（会場笑）、そんな形で日本人の偉さを賞揚してベストセラーになった。一九三一年に初版が出て、三八年に戦時体制版というのが刊行されたんだけど、この戦時体制版の序文が面白い。国会図書館のデジタルライブラリは戦時体制版じゃないから、それを読めないんだけどね。

中山はその序文で、「この本を出した時は、みんな西洋かぶれで、私の言うことをまともに聞かなかった。今世の中がだんだんまともになってきて、私の考えがかなり受け入れられるようになってきた」みたいなことを書いている。ヒトラーと似ているよね。「みんな冷静になってみたら分かるだろ、おれの言ってきたことが正しかっただろ」というわけですね。『わが闘争』でもヒトラーは、私が運動を始めた頃は、世の中は私のことを異常人と見ていたけれども、だんだん世の中がまともになってきた、だから少しずつ私は受け入れられてきたんだ、という認識を持っています。こういう類の人たちは大抵そんな思考回路を持っている。

でも、中山は戦時体制版の序文で、一九四〇年に予定されていた東京オリンピックに浮かれる日本人を批判もしています。そんなオリンピックは開催されない、なぜなら戦争という名の「血のオリンピック」が始まるからだ、と。これは実際、そうなりましたからね。奇妙な時代には、こういう奇妙な人間の予言が当たることってあるんですよ。

そんなことも頭に入れながら、『わが闘争』の「ユダヤ人問題」を続けましょう。


「わたしは自分がかれらを知った経緯を特に好ましく感じた、と主張しようとするのではない。わたしはまだユダヤ人の中にただ宗教しか見ていなかった。だから、人間的寛容さから、この場合にもまた、宗教的に闘争を拒否する態度を堅持した。したがってまずなによりも、ヴィーンの反ユダヤ主義の新聞が打ち出している論調は、大民族の文化的伝統に値しないように思っていた。わたしは中世のある種の事件を思い出すと気がめいり、好きこのんでくり返されるのを見たくなかった。この種の新聞は一般に一流新聞として通用していなかったので——それがどこに由来するのか当時わたし自身には十分にわからなかった——わたしはそれをいまいましい嫉妬の結果と思いこんで、たといそれが誤った見解であるにしても、根本的な見解の違いからくる結果であるとは思わなかった。」

かつてのおれはユダヤ人問題ってそんなに深刻なものではなく、宗教の違いぐらいだ、と思っていたと。反ユダヤ新聞も二流以下くらいに目されていて、ユダヤ人にやきもちを焼いているんだろうと思い込んでいた。しかし、あの頃のおれは間違っていた、とヒトラーは言うわけだね。反ユダヤ主義こそ正しいことだとまだ気づいていなかった、と反省してみせる。

「わたしが見るところでは、ほんとうの大新聞がこれらすべての攻撃に答える形式は、無限に品位のある形式であり、わたしにとってはそれ以上尊敬に値すると思われたものにはまったく言及せず、簡単に黙殺したことによって、わたしのこの意見は強められた。」

こういう独特な歪んだ思考が、ほんの数年後には全ドイツで喝采を浴びるようになるのです。『わが闘争』第一巻の刊行が一九二五年、ナチスが政権を取るのは八年後の一九三三年のことでした。

二〇歳のころ

そんなヒトラーのものの見方、考え方はどういうふうにできたのか、さらに前へ戻ります。第二章の初めの方、「悲惨な数年」の項のおしまいのところ、「わたしはそのころ、むやみと」から読んでください。

「わたしはそのころ、むやみと多く、しかも徹底的に本を読んだ。わたしの仕事の暇な時間を、休みなく勉強に向けた。それによって数年でわたしは今日もなお養分をひきだしている知識の基礎をつくった。

しかしこれだけではない。」

その次の項目へ移ってください。

「世界観の形成

この時代のわたしには、世界像と世界観が形成された。それがわたしの目下の行動の固い基礎になった。かつてわたしがつくりあげたものに、それ以上学ぶべきものはなく、変更すべきものもなかった。

逆であった。

わたしは今日、一般にすべての創造的思想というものは、そのようなものが一般に存在するかぎり、早くも青年の時代に原則として現われるということを固く信じている。わたしは長い生活経験の結果として、非常な徹底さと用心の中においてだけ通用しうるおとなの英知と、無尽蔵の豊かさで思想と理念をぶちまき、その数が多いためすぐには消化されえない青年の独創性と、を区別する。青年の独創性は、建築材料や未来の計画を供給し、そこからより賢明なおとなが石をとりだし、切り、そして建物を建てるのである。それはいわゆるおとなの英知が、青年の独創性を窒息せしめないかぎりである。」

このへんは、ヒトラーが言っていることは比較的正しいと思うんだ。みなさんも自分の二〇歳のころを思い出してみて。そのころ、どういう生活してた？　どういう本を読んでた？　何を考えてた？　どういう人と付き合ってた？　どういうものが今の自分の種火になってる？　あのころの好みや思考は、今どの程度変わってる？

二〇歳前後に好んだもの、考えていたことって、その後よほど大きな事件に遭遇していない場合は、実はあまり変わらないんじゃないかな。だから、インテリジェンスの世界においても、政治家を分析するときに、その政治家が大学を卒業しているなら卒業論文なり修士論文なりを探すのです。それを読めば、いまの彼や彼女の考え方の基本形がおおよそ摑める。そこから大きく外れることはないんだね。ヒトラーも二〇歳のころから最期まで持ち続けた彼独自の世界観を、まったくの独学で、手作りでつくりあげていった。こういう独学者の危険性、というものはあるんです。

われわれはなぜ大学あるいは高校に行かないといけないのかというと、独学によって極端な方向へ進むことを矯正できるからです。学校で教師に教えられることで、個性が矯《た》められたり、オリジナリティが潰されたりするかもしれない。しかし極端な発想や思考に走らずにすむのです。ヒトラーは制度化された学問の訓練を受けずに、自己流に本を読んでいって、その中で自分の世界像を組み立てていった。独学の怖さを知るために、ヒトラーの独学術というか読書法を見ていく意味はあります。

ヒトラーの読書法

という前振りをして、第二章の「読書法」の項を読んでみましょう。

「読書法
もちろんわたしは「読むこと」を、いわゆる「インテリゲンツィア」の大部分のものとは、おそらくいくらか違ったものとして理解しているのである。」

ヒトラーは、いわゆる知識人とは別の、独自の読書法を編み出した、という自意識を持っているわけですね。ここは面白いから、長めにいきましょう。

「際限もなく多く「読む」人、一冊一冊、一字一字読む人々を、わたしは知っている。けれどもわたしはかれらを「博識」ということはできない。かれらはもちろん多量の「知識」をもっている。だがかれらの頭脳は、自分にとり入れたこの材料を分類したり、整理したりすることを知らない。かれらには、本の中から自分にとって価値あるものと価値なきものを選別する技術が欠け、さらにあるものはいつも頭の中に保持し、あるものはできるなら無視するというように、どんな場合にも無用なやっかい物を引きずっていくことをしないという技術が、欠けている。その上、読書というものは、それ自身目的ではなく、目的のための手段である。第一に読書は、各人の素質、能力を引き出し、骨組みを充実させるために助力すべきものである。だから読書は、各人が自己の職業に――これが原始的なパンかせぎであろうと、あるいは比較的高級な使命を満足するためであろうとまったく同じなのだが――必要な道具や資材を供給すべきである。しかし第二に、読書は一般的な世界像を媒介すべきものである。だがいずれの場合にも読書は、その時々に読んだ内容が、本の記述の順序や、あまつさえ読んだ本の順序に従って記憶にとどめられるのでなく、モザイク様の石のように、一般的世界像の中でそれらに与えらるべき地位に場所を占め、そして読者の頭の中にこの像を形成する助けとなることが必要である。そうでない場合には、覚えこんだがらくたから錯綜した混乱が生ずる。それは無価値であるだけでなく、他方においてその不幸な持ち主をうぬぼれさせる。というのは、かれは実際に大まじめに「教養がある」と信じ、人生に関して何か理解しており、知識をもっていると信じているからである。であるのに、かれはこの種の「教養」が新たに増すにつれ、世の中の実際にますます遠ざかり、サナトリウムでか、あるいは「政治家」として議会で生涯を終えるにいたるのがまれでないのである。

そうした頭をもっているものは、決してかれの混乱した「知識」の中から、時代の要求に適合したものを引き出すことができない。というのはかれの精神的重荷は、生活の線にそって整理されておらず、かれが読んだ書物の順序にそって、またその内容がかれの頭の中に入ってきた順序にしたがって、場所を占めているからである。もしも運命がかれの毎日の生活の要求にしたがって、かれにいつもかつて読んだものを正しく適用するよう警告するならば、運命はもう一度本とページ数とを述べなければならない。そうでない場合は、このあわれなやつは、永久に正しいものを見いだすことができないからである。しかし運命はそうしないから、この九倍もりこうなやつは、危機的なときにはいつも極度にあわて、けいれんを起さんばかりに同じ場所をさがし、そしてもちろん非常に確実にまちがった「処方箋」をつかむのである。

もしそうでないなら、人々は病理学的素質のかわりに、やくざのような卑劣さをもっているのだ、と信ずる以外に、最高の地位にいるわが教養豊かな政府の英雄の政治的行為を理解することができないのである。

しかし、正しい読書技術をもっているものは、どんな本、どんな雑誌やパンフレットを読んでも、有用であるかあるいは一般に知っておく価値があるという理由で、長く記憶すべきだと考えるすべてのものにただちに注意するだろう。こうした方法で得られたものが、あれこれの問題について、すでにどうにか頭の中にある観念像の中で意味ある場所を見いだすやいなや、それが誤りを正したり、その像の正確さや明瞭さを高めてくれるのである。いま人生に、突然なんらかの検討や解決を要する問題があるとするならば、こういう方法で書物を読んでいるなら、ただちに既存の観念像の規準をとらえ、そこからこの問題に関係している過去十年間に集められた個々に役立つものをすべて引き出し、問題を解明したり、解決したりするまで検討したり、新しい検分をしたりするために、知性を提供するのである。読書は、その時にのみ意義と目的をもつのである。

たとえば、そうした方法で必要な手がかりをかれの知性に提供しない演説者は、その見解がいかに正しく、また現実にかなっていても、抗弁のさいにむりやりに自分の見解を弁護しうるほどの立場には決して立ちえないのである。すべての討論のさいに、記憶が侮蔑的にかれを見すてる。かれは、自分自身で主張していることを証明する根拠も、反対者を反駁する根拠も見いだせないのだ。それも演説者の場合のように、なにはさておきただかれ個人の恥をさらすのであるかぎりは、まだ我慢しうる。だが、運命がそのように博識家ではあるが無能力者を国家の指導者に任命したならば、さらに悪くなる。

わたしは若いときからずっと、正しく読むことに努力してきた。それと同時にさいわいにも記憶力や理解力がよかった。」

読書のポイントは何より記憶力なんだと。自分にとって役に立つことを記憶し、不必要なことはさっさと忘れて、利用すべきはすぐに利用して、誰々はこう言っているとか、その説はもう否定されたとか、その場でハッタリをかますことができる、それがおれの読書法の神髄だと自慢しているわけです。

「そしてその意味ではヴィーン時代はわたしにとって、得るところも多く、価値のある時代であった。日々の生活経験は、いろいろの問題をつねに新しく研究しようとする刺激になった。ついには現実を理論的に基礎づけ、理論を実際で試そうという姿勢をとったため、わたしは、理論の中で窒息してしまったり、現実の中で浅薄化されたりすることからまぬがれたのである。

このようにして、この時代に、社会問題以外に二つの最も重要な問題について、日常生活の経験から、その最も徹底的、理論的な研究に対して、心を決め、刺激されたのである。

そのころ、もしもこの問題にまったく没頭しなかったならば、わたしはマルクシズムの教説と本質に一度も沈潜するときがなかったであろう。」

ところが、この読書の仕方は、実はレーニンとすごく似ているんですよ。ヒトラーが蛇蝎《だかつ》のごとく嫌う共産主義者の読書法と一緒なんだ。

両者とも、知識なんて革命に役立つ形で使っていけばいいだけだ、と思っているわけです。知識のための知識はいらない、革命のために有機的に使えるものだけが必要なんだ、と確信しています。これは類推ですが、当時のドイツ社会民主党ってマルクス主義政党ですから、ヒトラーは彼らと議論しているうちに、マルキシストたちの本の読み方を密輸入したんだと思うな。この部分、作者を隠したら、マルキシストが書いたのか、ヒトラーが書いた文章か、きっと分からない。

でも、共産主義やナチズムや革命と関係なくても、一般向きの読書法指南でも似たことを書いているものはあるよね。正確に知識を増やしていったり、体系的に深めていったりする必要はなく、自分の生活の役に立つような読書をしましょう、というような読書法は、ヒトラー型であり、レーニン型なんです。知識には知識の内在的な論理があるから、都合のいいように解釈して、実人生へ引っ張ってくるという読み方はテキストの暴力的な破壊になるし、テキストが持つ歪みが自分自身に跳ね返ってくることもある。いろんな意味で危険です。テキストを読むときは、テキストの論理を内在的に汲み取っていかないといけない。

民族はこうして滅ぶ

ここまで読んだら、次は少し難しい命題に行きましょうか。

先へ飛んで「第十章　崩壊の原因」の「民族は敗戦で亡《ほろ》びるか？」を読んでください。

「民族は敗戦で亡びるか？

つまり、軍隊の敗北は国民および国家のそのような徹底的壊滅にいたらねばならないものだろうか？　壊滅が戦争に負けた結果であるというのはいつからはじまったことなのか？　いったい、民族は敗戦それ自体によって滅亡するものだろうか？

これらに対してはきわめて簡単に答えることができる。民族が軍事的な敗北によって、自己の内面的な腐敗、臆病、無節操、要するに無資格であることの報いを受けるのであるなら、答えはイエスである。もしそうでなければ、軍事的な敗北はある民族がかつて存在したことの墓碑となるよりも、むしろ未来のより大きな興隆の刺激となるだろう。」

軍事的な敗北は、「何を、今に見ていろ」という不屈の精神を持てるのであれば、むしろ発展の基盤になる。しかし、戦争で負けて臆病になったり腐敗したり無節操になったりするのであれば、そのとき民族は本当に滅びる、というわけです。

「歴史はこの主張の正当であることに対して、無限に多くの例証を提供している。残念なことに、ドイツ国民の軍事的敗北は不当な破局ではなく、永遠的な因果応報による正当な懲戒である。われわれにとって、この敗北は当然すぎるほど当然のことである。敗北は、おそらく明白でありながらもほとんどの人の目につかずにいたり、あるいは人がこわいためにダチョウの流儀にならって、見ようともしなかったような、そういった内面的な堕落現象全体の中でももっとも大きく、しかも外面的なものであるにすぎない。」

「ダチョウの流儀」というのは、駝鳥って怖いことがあると、身を伏せて頭を地面にすりつけて対象を見えないようにするんだね。みなさんもきっと、トラックが突っ込んで来ると目をつむっちゃうでしょ。視界から消えると怖いものがなくなる、という例で使っています。

「人々はとにかく、ドイツ民族がこの敗北を迎えた際におこった随伴現象に注目すべきである。多くのサークルで、きわめて恥知らずにも祖国の不幸に対してまさしく喜びが表わされたのではなかったか？　だが、実際にそのような罰に値する人でなくて、だれがこんなことを喜ぶだろうか？　しかり、さらに進んでは、ついに前線を浮き足立たせたようなことが自慢されなかっただろうか？　そしてこのことはおよそ敵によってなされたのではなかった。

否、否、このような恥をドイツ人は自分で頭からひっかぶったのである！　ドイツ人が不幸にあったのは不当だなどといえようか？　だが、さらに、いつからかれらは引っ返して、戦争の責任はやはりわれわれお互いにあるなどというのか？　しかも、十分承知のうえであり、良心に反してだ！

否、そしていま一度否という。ドイツ民族が敗北を受けとめた態度の中にきわめて明白に見うけられることはわれわれの崩壊の真の原因は、二、三の陣地での純粋に軍事的な失敗や攻撃の不成功などとはまったく違ったところに求めなければならない、ということである。なぜなら実際に戦線そのものがうまくいかなくて、その戦線の失敗によって祖国の災難がもたらされたのであれば、ドイツ民族はきっと敗北をまったく違ったふうに受けとったであろう。そしてもしそうであれば、人々はそれ以来生じている不幸を歯を食いしばって耐えたか、あるいは苦悩に打ちひしがれて嘆いたことだろう。またそれならば偶然のいたずら、あるいは運命の意志によって勝利者となった敵に対して、激しい憤激が心に満ちただろう。さらにまた、国民はローマ元老院と同じように、いままでの犠牲に対する祖国の感謝の念、および国家に絶望しないようにとの願いをこめて、打ちひしがれた軍団を迎えたに違いない。そして降服条約すらも知性の力によってのみ署名されたにすぎず、他方心臓はすでに将来の反抗を夢見て高鳴っていたはずである。」

獅子身中の虫

次の項も読み進みましょう。

「『三人に一人のドイツ人は反逆者』

ただ運命にだけ返礼すべきものである敗北は、以上のように受け入れられるべきだったろう。その場合には、人々が笑ったり、踊ったりはしなかっただろう。また臆病を自慢したり、敗北をたたえたりはしなかったであろうし、戦っている部隊を侮辱したり、軍旗や帽章をどろで汚なくすることもしなかったに違いない。だがなによりもまず、一人の英国士官レピングトン大佐に、『ドイツ人の三人に一人は反逆者である』といった軽蔑的な言葉をいわせたような、驚くべき現象は起らなかったに相違ない。否、こうしたペストが、五年このかた他の国々からわれわれに対して与えられていた尊敬を根こそぎ溺死《できし》させた、あの致命的洪水にまではんらんすることはけっしてなかっただろう。

敗戦がドイツの崩壊の原因であるなどという主張が嘘であることは、以上の点からきわめてはっきりと知ることができる。否、この軍事的崩壊はそれ自体、すでに平和な時代からドイツ国民をおそっていた病状と、病原体の全体から生じた結果にすぎなかった。これは倫理的、道徳的中毒および自己保存衝動の衰弱から生じ、そしてまたすでに多年にわたって国民と国家の基礎をくつがえしはじめていたそれら中毒や衰弱の諸前提条件から生じた、だれの目にも明らかな最初の破局的結果であった。」

ヒトラーの言っていること、既視感ない？　「日本人の敵は日本人なんです。中国や韓国におもねる政治家たち、マスコミ、ジャーナリスト、彼らこそ日本の敵なんです」なんて言う人たちと同じことを書いていますよ。こんな国になり果ててしまった日本をどうすればいい？　教育基本法を改正しただけでは足りない。もっと道徳をきちんとやらないといけない。今の体たらくは、戦後日本の「倫理的、道徳的中毒および自己保存衝動の衰弱から生じ」ているんだ。道徳教育を強化し、愛国心を強化し、日本の中に日本の敵がいる状況を改めなくてはいけない。そんな主張をするおじさんやおねえさんたちと『わが闘争』の主張はまったく同じですね。

重要なのは、なんで「敵は自分たちの中にいるんだ」という論理展開になるのか、ということです。何度も言うように、ヒトラーは実証的な話は何もせず、すべて印象論で強引に、口調で押していってますね。印象論に印象論を積み重ねていくところに彼のレトリックの特徴があります。

性を国家が管理する

同じ第十章の「早婚」を読みます。

「早婚

結婚も、それ自体を目的とするものではありえず、種と人種の増加および維持という、より偉大な目標に奉仕しなければならない。これのみが結婚の意味であり、課題なのである。」

これ、〈女は産む機械〉だという主張ですよ。こういう言説をする政治家は日本にもいますが、ナチズムのままの発想だと考えていい。ファシズムではないんです。ファシズムのイタリアでは女性参政権も主張したし、軍隊に女性将校も登用したし、わりあい男女同権なんです。同胞であれば、ジェンダーの差はなく、機会は均等に与えられる。

しかしナチズムにおいては〈女は産む機械〉であり、すなわち何よりも重要なのは生産性である。結婚は恋愛の成就などではなく、「種と人種の増加および維持という、より偉大な目標」に向かわないといけないんだな。裏返して言うと、子育て支援は最優先にしないといけない。そんな現代的な課題に触れてもいます。

「しかし、このような前提からすれば、結婚の正当性は、それがこの課題を満足させるやり方からだけ測ることができる。この点からしてすでに、早婚は正しいのである。なにしろ、若い夫婦だけが健全で、抵抗力のある子孫を生むことができる能力をまだ与えられているからなのである。もちろん、早婚が可能なためには、それがなくては早婚がまったく考えられないような、社会的前提条件の全体が必要となってくる。したがって、このただ非常に小さな問題の解決だけでも、社会的見地からする徹底的な処置なくしては行なわれえないのである。この処置にどんな意味があるかは、いわゆる「社会主義的」共和国が、住宅問題の解決ができぬだけのことによって多くの婚姻をまったく阻止し、そのため売春に手を貸しているような時代には、もっともよく理解できるに違いない。」

まず、ちゃんと若い人たちが住宅を確保して結婚できるようにしないといけない。風俗みたいな性産業は規制して、無駄なセックスをさせないようにする。生産につながるセックスだけを奨励する。さらに、子ども手当みたいなことも考えないといけない。

「家族とその養育の問題に考慮をほとんど払わない俸給分配についての、わが国の不合理なやり方は、以上と同じく、非常に多くの人々にとって早婚を不可能とさせる原因である。」

しかし、子どもを産まない・産めないような高齢者に金を払う必要はない。〈生涯現役〉というのはナチスの思想ですが、生涯現役って言い替えると、働けなくなったら早く向こうの世界に行っていただくことだからね。そのかわり若い世代には社会保障を充実させて、早婚を促進するように、子育て支援も充実させる。同時に、有効なセックスのために、売春などは厳しく取り締まる。

「だから、売春のほんとうの克服はただ社会関係の根本的な改革によって、現在一般的に行なわれているよりも、もっと早く結婚できるようになって、はじめて近づきうる問題である。これがこの問題を解決する、まず第一の前提条件である。」

ナチスは性病予防を非常に重視しました。梅毒のせいで子どもの生産に障害が生じるといけないから、徹底的に健康診断をして梅毒が広まらないようにする。不特定多数との性交渉も梅毒の源泉になるし、売春によって子どもを作らないセックスが増えるといけないから、セックスを生産と結び付けるために性の管理をしていく。これもナチスの思想の中で重要な部分です。

国家が性の管理をすることはどれぐらい怖いことか、すぐれた文学者はその辺の危険性をよく分かっています。例えば窪美澄《くぼみすみ》さんに『アカガミ』（河出文庫）という小説がある。超少子化社会を改善しようと国家がアカガミというお見合いシステムを作り、そこに応募すれば、出産した子どもを含めて生活は国家がすべて支援します、という世界の話。妊娠した場合には補助金がもらえるのだけど、生まれた子どもが障害者だったら、支援は打ち切られる。あるいは先ほども触れた村田沙耶香さんの『地球星人』では、恋をしてセックスをして子どもを作るって素晴らしいことだという価値観が奨励され、その価値観と相容れない人間は社会から弾かれて、逃亡して、やがて食糧がなくなって最終的に人肉食をしないといけなくなる。実際に日本において、少子化が深刻な社会問題になり、国家が出産に介入していこうとしている時期に、こういうディストピアを描くというのは、やはり才能のある小説家の敏感な感性ですよ。子育て支援というと、みんな歓迎するけれども、もしかしたらそれはナチス的で、ディストピアへの道ではないのかと彼女たちはどこかで気づいているわけです。ぜひ、読んでみてください。

健康は誰のものか

梅毒対策も同根です。性病を防止しましょう、それに国家が取り組みます、この運動を社会で拡大していきましょう、風俗に対する規制を強化しないといけません。そんなスローガンが今あったとしても問題ないと思うでしょ？　比較的、スーッと呑み込めますよね。でも、そこにもやはりナチスとの類似性がある。結局、性病予防の目的は何？　健全な家族があって、子どもを生み育てて、社会に役立つ人口を維持し、増大させていくことだよね。これはいいとか悪いとかいうことじゃなくて、実はナチスの思想とほぼ同じなんだと知っておかないといけない。

少し戻って、梅毒対策のところを読んでみましょう。

「課題としての梅毒克服

だから、人々はあらゆる宣伝の手段を利用して、梅毒の問題は国民の真に唯一の課題であると思えるように示すべきであり、けっしてそれも一つの課題だなどと思い込まれるように示してはならない。この目的のためには、梅毒の害悪がもっとも恐るべき不幸であるということを、十分にしかもあらゆる手段を利用して、全国民が、まさしくこの問題の解決に、すべてのことが、つまり自分たちの未来も、破滅もみんなかかっているという確信に到達するまで、人々の頭にたたき込まなければならない。

このような、必要ならば幾年もかかるほどの準備の後にはじめて、全国民の注意力と、したがってまた決意が非常に強く呼び起されるだろうし、その結果いまやきわめて困難で、犠牲に満ちた処置をも、おそらく理解されなかったり、あるいは急に、大衆の意向から見捨てられてしまうといった危険を冒すことなく、採用することができるのだ。

なぜなら、この病毒感染を真剣に攻撃するためには、巨大な犠牲、および同様に大きな苦労が必要だからである。

梅毒に対する闘争は、売春制度との闘争、偏見や旧習に対する闘争、いままでの考え方や一般的な意見に対する闘争、その中でも以上に劣らず、あるサークルにおける嘘っぱちのねこかぶりに対する闘争を必要とする。」


ナチスは血液検査や健康診断をすごく重視しました。現在のわれわれには梅毒って、リアリティがかなり低いでしょう？　感染初期なら抗生物質を二〇日間くらい飲んでいれば治せる、ごく普通の病気になったからです。しかし『わが闘争』執筆当時のドイツにおいて、梅毒を克服することは、健康な労働者を確保するためにも、人口を増やすためにも、喫緊の課題でした。梅毒予防の後、ヒトラーは何に関心を持ったと思う？　がん撲滅なんです。それでがん検診を熱心に始め、がん撲滅の国民運動を組織します。肺がんが喫煙と関係することを明らかにしたのもナチスで、禁煙運動も始めることになります。

そして、ナチスはがん細胞をユダヤ人のアナロジーで考えました。人間の身体の中のがんは、人種の中におけるユダヤ人と同じである。早期発見して除去しないといけない。そういう発想になっていきます。これは草思社文庫から出ている『健康帝国ナチス』に詳しいのですが、胚芽パン、無着色バターなどはナチス時代に奨励されたものなんです。では、どうして健康に気をつけないといけないの？　なぜならば、ドイツ国民の身体はヒトラー総統のものだからです。身体の自己処理権は各自にはない。自分の身体、そして自分の子どもたち、すべてはアーリア人種であるドイツ人の繁栄のために必要なものだし、アーリア人種を率いていくのは総統である。だから健康でなくてはいけないし、子どもを作らないといけない。

かつてヒトラーがいた場所

さらに売春制度に対してヒトラーはどう主張していたか？　続いての項に入りましょう。

「売春制度との闘争

これらのものと抗争する権利、それも単なる道徳的にすぎぬ権利のための第一の前提は、次の世代の人々の早婚を可能にすることである。まったく、晩婚の中にのみ、人がどのようにこじつけようと望みのままだが、とにかく、人類の恥であるに変わりはない制度を保存するように強いる原因が見出される。この制度は、その他の慎しみ深い性質のために、好んで自己を神の「似姿」と見なしている被造物には、まったくもって似合わない制度といえよう。」

ナチスは「性的に放埒《ほうらつ》なことはいけない、家族制度を重視しろ、梅毒が広がるような不特定多数とのセックスはいけないし売春制度をやめろ」と主張しましたから、カトリックもプロテスタントも、「ナチスはいろいろと問題はあるけれど、モラルにおいてはわれわれと共通性があるんじゃないか」と勘違いしたのです。それに対して社会民主党や共産党の系列は、フリーセックスや自由恋愛を奨励するし、家族形態に関しても「夫婦という形式以外にもあるんだ」という立場だし、「女性には子どもを作らないという選択も当然ある」と主張するから、教会はすごく反発するわけです。保守的なモラルと結びつく面においても、売春や梅毒との闘争を打ち出したのはナチスにとって政治的に大きな意味を持ちました。

「売春制度は人類の不名誉であるが、だが、それを道徳的説教や、信仰深い意志などによって取り除くことはできない。この制度の制限、および最後的な撤廃には、無数の先行条件全体を除去することが先決である。その第一は、しかし、人間の本性にかなった、とりわけ男子の早婚の可能性を作り出すことであるに変わりはない。なぜなら、女子はまったくのところ、この点では元来、受動的部分にすぎぬからである。」

基本的にナチスの考え方は、女性が仕事をすることには後ろ向きで、女性の本分は家庭にとどまって子どもを作り、子育てをする、つまりアーリア人種を増やすことなんだというものです。女性はあくまでも受動的な存在であると見ていました。

「一部の人々が、今日すでにどれほど正道を踏みはずしているか、いや、理解しがたいほどにまでなっているかということは、いわゆる「上流」社会の数少なくない母親たちが、自分たちの子供のために、「痛い目にあって、すでに思い知っている」夫を見つけたことに感謝している、と語るのを聞くことによっても知られるであろう。多くの場合、そのような夫の不足はほとんどなく、むしろ逆なくらいであるから、もちろん、あわれな娘たちはこのような若気の道楽から落ちついた夫を幸運にも見つけるだろう。そして、子供たちはこの賢明な結婚の明白な結果なのであろう。その上、なお可能な限りの産児制限が続行され、そしてもちろん、すべて生まれればどれほど惨めなものでも育てられるに違いないので自然の淘汰《とうた》が妨げられるにいたることを考慮に入れれば、事実上、なぜ、このような制度は一般になおも存続するのであるか？　またどのような目的をもっているのか？　という問題だけが残るのである。これでは、それは売春そのものとまったく同一ではないだろうか？　後世に対する義務は、もはや全然なんの役割も果たさないのか？　あるいは究極的な自然権だとか、自然の義務を維持するのに、このような犯罪者的に無思慮であるやり方をとるのであっては、どんな呪いが子供や、そのまた子供にかけられるか判らないだろうか？

文化民族は以上のように堕落し、また次第に破滅してゆくのである。」

つまり、売春制度があることによって家庭が壊れていき、子どもの数も減っていく。あるいは家庭内が不和になって子どもに悪影響を与える、とヒトラーは主張します。

ここで考えてみて。なぜ、他の政治家と比べて、ヒトラーは梅毒や売春にこんなにこだわるんだろう？　それは彼自身が、こういう世界を目の当たりにしてきたからです。ヒトラー自身が社会の最底辺で蠢《うごめ》いていたからですよ。両親の死後、ウィーンに移り住み、美術学校の入試に落ちつづけていた二〇歳前から五、六年ほどの青年ヒトラーの生活は惨めなものでした。消息不明の時期もあります。

マルクス主義を信奉しているのは組織された労働者です。売春せざるを得なくなる人たちやその周辺にいる人たちは、実は組織労働者の家庭からはあまり出てきていない。ヒトラーがかつて目の当たりにし、『わが闘争』で是正し、救済しようとしているのは、労働運動が見捨て、教会も見捨てた都市部の社会の底辺のさらに底辺にいるような人びとです。そこにはかつてヒトラー青年自身もいた。彼はおよそ見込みのない画家志望者で、貧しくて、誰からも見向かれもせず、毎日腹を空かしていて、ブルジョワたちがシュニッツェルかなんか食べながらワインを飲み、ザッハトルテとかをデザートで食べて(ヒトラーは最後に至るまでチョコレートケーキが大好きでした)、ダンスを踊っているわきを、今日もひとかけらのパンさえ手に入れられずに飢えながら街をさまよい歩いた。ひもじい胃袋を抱えて周りを見回すと、目に入るのは彼と同じかそれ以下の境遇で、飲んだくれ、売春し、買春し、その結果梅毒で体も頭も崩れていく人間たちです。ヒトラーはそんな場所で独自の世界観をたった一人で作りあげながら、徒手空拳で社会階層を這い上がっていきます。

だから、ヒトラーは社会の最底辺にいる人たちの気持ちは、他人事でなく、自分の皮膚感覚でよく分かるんだ。ヒトラーは彼らを憎んだ一方で、彼らの側にも立った。

逆に言えば、そういう立場の人たち、普段は選挙に行かない人たちがヒトラーに投票しに来る。本当に俺たちのことが分かっている男が出てきた。と同時に、社会的なモラルは維持しないといけないと考える中産階級の共感も得るわけです。彼らからは、ヒトラーは家庭を大切にして、売春や性病を止めてくれる男だと思われました。

スポーツと性欲

では「早婚」の次の「健全な身体にのみ健全な精神が」を読んでみましょう。

「健全な身体にのみ健全な精神が

第二にはしかし、教育と訓練とで害悪の総体を取り除かなければならない。だが、これらについては今日、一般にはほとんど気にかけられてはいないのである。なによりもまず、いままでの教育に精神的教授と身体的鍛練の間の平衡がとり入れてゆかれなければならない。今日、ギムナジウムと呼ばれるものは、ギリシアの模範を侮辱するものである。わが国の教育では、結局のところ、健全な精神は健全な身体にのみ宿りうるものであるということが、完全に忘れさられている。個々の例外を除いて、国民大衆に注目するとき、とくにこの命題は無条件の妥当性を保っているのだ。」

ギムナジウムというのは、文法や数学を重視する、エリートを育てる学校です。ヒトラーには、そういうものに対する敵意がむき出しにありますね。社会の底辺にいる人びとへのある種の共感とは正反対です。でも、この箇所でヒトラーの教養の水準が極めて低いことが分かるんです。「健全な身体にのみ健全な精神が宿る」なんてギリシャの格言はありません。日本でもよく誤解されているんだけど、これは接続法、仮定法なんです。「健全な身体に健全な精神が宿ればいいのに」が正しい訳。しかし実体においては残念ながらそうなっていないよね、という意味です。

「戦前のドイツにおいては、一般的にいってこのような真理がもはや考慮されなくなった時期が存在した。人々は身体をまったく不当に扱い、「精神」の一面的な鍛練によって、国民が偉大になるためのより確実な保証がえられると思いこんだのだ。しかし、それは思い違いであって、人々が考えていたよりもずっと早く、この誤りは報いられることになった。ボルシェヴィズムの波が、空腹と打ち続く栄養不良とによって退化した住民の住んでいるところ、すなわち中央ドイツ、ザクセン、およびルール地方に、この上ないよい地盤を見出したのもけっして偶然ではない。これらすべての地方では、いわゆるインテリからも、このユダヤ的疾病に対する真剣な抵抗が見出されなかったが、それはまったくインテリ自身が、たとえ困窮のせいというよりは、むしろ教育のせいであるとしても、肉体的にすっかり退化していたという簡単な理由からなのである。わが国の上流階層における、もっぱら精神主義的な教育態度は、精神より拳骨が万事を解決するような時代には、なにかやりとげることなどいうに及ばず、自己の階層をただ維持するだけのことも不可能にしたのである。虚弱な身体はしばしば、人間の臆病さをもたらす第一の原因となるものなのだ。

純粋に精神的な教授を過度に強調し、身体的鍛練をおろそかにすれば、まだあまりにも若すぎる年頃から性的観念の芽ばえを促すことにもなる。スポーツや、体操によって鉄のような鍛練がなされた青年は、もっぱら精神的な食物を食べさせられて、部屋の中に閉じこめられていたものよりも、官能的満足の要求に負けることは少ない。合理的な教育はこの点を考えなければならない。さらに、そうした教育は、健全な青年男子が女子にかける期待は若い時から堕落してしまった弱虫の期待と違ったものであるだろう、ということを見落してはならない。」

部屋の中にいて勉強ばかりしてるとスケベな妄想ばかりするようになる。身体をガンガンと鍛えると、精力善用で健全な性欲になるから、もっとスポーツをさせろ。そんな話です。もちろん、科学的な根拠はまったくない（会場笑）。

「だから全教育は、青年の自由時間をかれらの身体の有益な鍛練に使うようにすることに、その目標を向けなければならない。青年は、その年頃にぶらぶらとさまよい歩いたり、街頭や映画館に足を向けたりする権利はない。かれらはきまった毎日の仕事のあとは、若い肉体を鍛え、強固にして、将来かれの生活ぶりがあまりにも弱々しい、などと思われないようにしなければならない。そのために準備し、遂行し、かじをとり、導いてやることが、青年教育の課題であって、いわゆる知恵をもっぱら詰め込むことが課題なのではない。教育は、自分の身体を処理することが、各個人だけに関する事柄であるかのような観念をも取除かなければならない。後世を犠牲にして、そしてそれとともに人種を犠牲にして、罪を犯すような自由は決して存在しないのである。」

教育が終わった後の自由時間だって、街をふらついて喫茶店に行ったり、映画館に行ったりする権利はない。その代わり、学校や仕事の後はちゃんとジムに通って体を鍛えて、筋肉をムキムキつけていけと。自分の身体を処理することは個人の権利ではない。身体は、国家のため、人種のためにあるものなのだから、健康でいないといけない。

勉強ばかりしていると卑猥《ひわい》な人間になるから、身体をよく動かして健全な性欲を養い、セックスは家庭の中で行って子どもを作るようにしろ。子どもをたくさん作る男や女が、いい国民である。ただしそこには条件がある――という話になっていきます。

誰が「生き残る」のか

この先の「不治者の断種」の項を読んでください。

「不治者の断種

この処置を実施したのち、はじめてこの疾病そのものに対する医療上の闘争を、結果についていくらかの希望をもちながら、実行することができる。しかし、その際にも中途半端な方法は問題とはなりえないので、ここでも、もっともきびしい、そしてあくまで徹底した決意をしなければならない。不治の病人に、絶えず他の健康な人々に感染する可能性を許しているのは中途半端である。これは、一人に苦痛を与えないために、百の他人を破滅させるような人道主義と一致する。欠陥のある人間が、他の同じように欠陥のある子孫を生殖することを不可能にしてしまおうという要求は、もっとも明晰な理性の要求であり、その要求が計画的に遂行されるならば、それこそ、人類のもっとも人間的な行為を意味する。その要求は幾百万の不幸な人々に不当な苦悩を免れさせるだろうし、そして結果として、一般的な健康増進をもたらすだろう。この方向に断固進もうと決心することは、性病の拡大に対しても堤防を築くことになるだろう。なぜなら、この面では、必要ならば、不治の病人を無慈悲にも隔離しなければならぬに違いないからである――不幸にもそれにかかったものに対する野蛮な処置も、しかし、同時代および後世の人々にとっては祝福である。百年の一時的な苦痛は数千年を苦悩から救いうるし、救うだろう。」

感染症にかかって治療の見込みがない人間は、伝染の可能性があるから殺しちまったほうがいい、ということだね。伝染の可能性がなくとも、労働能力がなくなった者は、社会的貢献がないのだから殺しちまったほうがいい。遺伝的に何らかの問題がある人間に関しては、子孫を作らせないように断種して、働かせるか殺してしまったほうがいい――という考え方です。精神障害者も殺してしまったほうがいい。無慈悲なようだが、それが全体にとっては極めて人道的なのだ。こういう考え方は、相模原の障害者施設「津久井《つくい》やまゆり園」での大量殺傷事件にすぐ繋がっていきますね。合理性や生産ということだけで考えていくと、ここへ行き着く可能性がある。そんな思想が既にここで芽生えている。

これは生命観の問題です。言うまでもなく、人間の生命というものは生命として存在しているだけで意味があります。そして、なぜ意味があるのか、ということは言えないのです。「そうなっているから、そうなんだ」としか言えない。これは論理学でいうところのトートロジー、同語反復です。最も重要な事柄は、実は理屈では説明できない。最も重要な事柄は、かならずトートロジーになる。だがナチスにおいてはトートロジーがない。ある意味において、そこには冷徹な合理性があるんです。その根っこにあるのは種族の繁栄、生存本能、生き残りのための思想です。われわれは「生き残り」という言葉はものすごく慎重に使わないといけません。なぜかと言うと、生き残るためだったら、どんなことでも強要されたり、許されたりしてしまうからね。

「梅毒や、その案内人である売春に対する闘争は人類のもっとも巨大な課題の一つである。それが巨大なのも、そのさい、各々の問題そのものの解決が問題なのではなく、まさしく随伴現象としてこの疾病のきっかけをつくるような、害悪全体を取り除くことが問題だからである。なぜなら肉体の病気は、この場合ただ倫理的、社会的、人種的本能の病気の結果にすぎないからである。」

つまり、売春婦も殺してしまったほうがいい、ということになる。継続的に売春をする習慣のあるものは処理してしまったほうがいい。それによって性病の防止にもなるし、安定した家庭を保全するためにも有益だから。そんな発想です。

「だが、この闘争が怠惰やあるいはまた臆病のために戦い抜かれなければ、その場合には三百年たった後の民族を注視したらよいだろう。けっして最高の神を冒瀆《ぼうとく》しようと欲しなくても、神の似姿などはもはや、ほとんど見ることはできないだろう。」

こういった主張は非人道的に見えるかもしれないが、三百年先の未来を見据えて、いま断固こういった処置を取らないといけない。神学者の中でも、ドイツのルター派の神学者エマヌエル・ヒルシュなどはこういう政策、特にユダヤ人との混血を阻止するなんて政策を実際に支持しています。

ここで第二章へ戻って、「大衆の心理」を読んでみましょう。

「大衆の心理
大衆の心理は、すべて中途半端な軟弱なものに対しては、感受性がにぶいのだ。

女性のようなものだ。かの女らの精神的感覚は、抽象的な理性の根拠などによって定められるよりも、むしろ足らざるを補ってくれる力に対する定義しがたい、感情的なあこがれという根拠によって決せられるのだ。だから、弱いものを支配するよりは、強いものに身をかがめることをいっそう好むものである。大衆もまた哀願するものよりも支配するものをいっそう好み、そして自由主義的な自由を是認するよりも、他の教説の併存を許容しない教説によって、内心いっそう満足を感ずるものである。かれらはまた、たいていそれをどう取扱うべきかを知らないし、しかも容易に見捨てられていると感ずるものである。かれらは破廉恥な精神的テロや、かれらが人間的自由をシャクにさわるほど虐待されていることにも気がつかないのだ。かれらは全教説のうちにひそむ狂気に決して気づかないのである。そのようにしてかれらは、目的のはっきりしているこの傍若無人な力や残虐さを見て、いつも屈服しているのだ。」

大衆に対する扇動は可能だ、大衆を操作することは強権的に出ることによって可能だ、と考えているわけだね。

ここまで『わが闘争』の上巻をざっと拾い読みしてきました。具体的な例証なしだし、それぞれの言説はめちゃくちゃなんだけれど、ある種の人びとを――現在の日本に住む人びとでも――惹きつけうる力があるのは分かったでしょう?

人種は国家を超える

じゃあ、下巻「Ⅱ　国家社会主義運動」に入っていきましょう。下巻は各論が少し丁寧になっていきます。まず、「第二章　国家」の「国家はそれ自体目的ではない」から読んでください。

「国家はそれ自体目的ではない

そこで根本的な認識は次のようである。国家は目的でなく、手段である。国家は、もちろん、より高い人類文化を形成するための前提ではあるがその原因ではない。その原因はむしろ文化を形成する能力のある人種の存在にのみあるのである。地球上に幾百の模範となるような国家がありうるとしても、文化を担っているアーリア人種が死滅したならば、今日の最も優秀な民族の知的な高さにふさわしい文化というものは、存在しえないだろう。さらにもう一歩進めて次のようにいうことができる。すなわち、優秀な知的能力と弾力性が、その担い手となる人種がないために失われたとするならば、そのかぎりで、たとい人類が国家を形成したとしても、必ずや人類は滅亡にひんするだろう。

たとえば、今日、地球の表面がなにか構造上の異変によって不穏になり、洋々たる大洋の中から新しいヒマラヤのような山々が生じてくるならば、ただ一回の人類の恐しい破局で文化は滅びるだろう。もちろん、国家は存続せず、あらゆる秩序の紐帯《ちゅうたい》は解け、幾千年の発展の証拠は破壊され、唯一の水と泥濘《でいねい》のみちあふれる大きなしかばねの荒野になるであろう。だが、もしこのおそろしい混乱の中から一定の文化創造力のある人種がただの数人でも生き残るならば、たとえ千年後であろうとも混乱が平静に帰した後に、地上にはふたたび、人間の創造力の証明があらわれるであろう。ただ、文化創造力ある人種、その個々の担い手の最後の一人が滅びてしまうと、地上は究極的に荒廃するだろう。反対に、われわれ自身が、現在の例を見るならば、国家の形成がそのそもそものはじめに、その人種の担い手が創造性に欠ける場合には、この国家は没落を防ぐことはできないのである。太古の大動物が他の動物に屈服し、完全に滅び去ったと同じように、人間もまた、人間の自己保存に必要な武器を発明する特定の知的能力を欠くならばそれだけで屈服するにちがいない。」

ヒトラーは、国家とは人種を保全するための器にすぎないと考えているわけです。重要なのは人種である。裏返すと、人種は国家を超える、と考えています。前にも言ったように、アーリア人種ってドイツ人だけではありませんからね。オランダ人もスウェーデン人もノルウェー人も、そしてイギリス人もアーリア人種なんです。

アーリア人種の国家と連携して、劣等人種であるスラブ人を奴隷化し、有害ながん細胞であるユダヤ人を除去する。こんなヒトラーの反ユダヤ主義、人種主義って、実はかなりの部分がイギリスから来ています。これは冒頭に書名を挙げた『ヒトラーの秘密図書館』できわめて実証的に明らかにされていることです。イギリスと、アメリカの中にあるイギリス系の人種主義が、ヒトラーにかなり大きな影響を与えている。だから、ヒトラーはイギリスに対してはシンパシーが強い。

今は単行本も文庫版も品切れのようですから、『ヒトラーの秘密図書館』の目次を読み上げておきましょうか。どういう流れで『わが闘争』が生まれたかも分かります。これは終戦後に接収したヒトラーの蔵書が研究されないままアメリカ議会図書館にしまわれていたのを、ヒトラーが記した書き込みやアンダーラインに至るまで詳細に点検した本です。

第一章、「芸術家の夢の名残　マックス・オスボルン『ベルリン』　第一次大戦の激戦下、勤勉な働きをみせていた伝令兵。彼の楽しみは、休暇に首都ベルリンを観光することだった」。つまり、ヒトラーの芸術に関するいろんな発想の種本は、マックス・オスボルンの『ベルリン』だった、というような跡付けをしていくわけ。

第二章、「反ユダヤ思想との邂逅《かいこう》　ディートリヒ・エッカート『戯曲ペール・ギュント』敗戦の混乱のなかで、元伍長は自分を導く師に出会った。そして師も、彼に眠っていた扇動の才能に魅入られていった」。

第三章、「封印された『我が闘争』第三巻　アドルフ・ヒトラー『我が闘争』第三巻「あの本が出版されなくてよかった」。後に彼は側近に語る。出版社の金庫にしまいこまれたたま、それは忘れ去られた」。この原稿はいまアメリカの国立公文書館に保存されていて、『続・わが闘争』（角川文庫）という題で翻訳されています。

第四章、「ユダヤ人絶滅計画の原点　マディソン・グラント『偉大な人種の消滅』　アメリカを移民制限に導いたその書は、彼の『聖書』となり、ナチスが政権をとると、ユダヤ人の根絶計画の礎となった」。ユダヤ人根絶の理論は、アメリカ人による移民規制の論理だったんです。第五章、「総統の座右の思想書　ポール・ド・ラガルド『ドイツ論』「本当は、ニーチェはあまり好きではないのです」では誰が、彼の思想の源となり、ナチスドイツの原則となったのか」。

第六章は「ヴァチカンのナチス分断工作の書　アロイス・フーダル『国家社会主義の基礎』　キリスト教への弾圧を続けるナチス。彼らと反共で手を結べると信じた司教は一書をしたため彼に献じたが」。それから第七章、「オカルト本にのめりこむ　マクシミリアン・リーデル『世界の法則』　天才のなすことに理由は要らない――。オカルト本の主張に背を押されるようにして、彼はポーランド攻撃を命じた」。ポーランド攻撃の背後にあったのはオカルト本なんだ。

第八章は「参謀は、将軍よりも軍事年鑑　フーゴ・ロクス『シュリーフェン』　彼の蔵書の半数七〇〇〇冊は、軍事に関わるものだった。詰め込んだ知識で彼は対立する将軍たちと渡り合おうとする」。第九章、「老冒険家との親密な交友　スヴェン・ヘディン『大陸の戦争におけるアメリカ』　彼にとって生涯の英雄だった探検家ヘディン。目下の戦争のさなかドイツを擁護する書を世に問い、彼を感激させる」。そして第十章は「奇跡は起きなかったトマス・カーライル『フリードリヒ大王』　ベルリン陥落前夜。彼はかつてのプロイセン王に身を重ねる。敵国の女王が死に、からくも救われた奇跡の大王に」。

目次を読んだだけでも、ヒトラーの足跡がわかるよね。面白そうでしょ？

人種を三つに分類する

よし、『わが闘争』に戻りましょうか。「国家はそれ自体目的ではない」に続く項を続けて読んでください。

「文化的な高さは人種によってきまる

国家それ自体が一定の文化的な高さを創造するのではない。国家はただ文化的高さの原因をなす人種を維持しうるだけである。そうでない場合には、国家それ自体は幾世紀も同じ国家として存続するかも知れないが、その間に国家が人種の混合を防止しない結果、文化的能力とそれによって条件づけられる民族の一般的な生活像は、とっくにはなはだしい変化をこうむっているであろう。たとえば、今日の国家は形式的な機構としてなおかくも長く、その存在をさもありそうにみせかけることができるが、しかし、わが民族体の人種的な中毒は、今日すでに恐しいまでに現われてきている文化的没落をまねいているのだ。」

最近よく言われる「日本人の文化が失われて、日本人が内側から堕落して劣化している。日本が内部から崩壊しているんだ」っていう発想や言説も極めてヒトラーの現状認識のアナロジーと言えます。

「そのように優秀な人類の存立の前提となるものは、国家ではなく、この目的のために能力を有する民族なのである。」

この民族というのは限りなく人種と置き換えることができます。ある人種が他の人種になることは、遺伝的な概念だから、不可能なわけだよね。

「この能力は、原則的にはいつも存在しているが、一定の外的条件を備えることによってのみ、実際的成就にもたらされねばならないのである。文化的、創造的な才能を与えられている国民、あるいはもっとよくいえば人種は、たとえ不都合な外的環境がこの素質を現実化することを許さない時にも、潜在的にこの有用性を自己の中にもっているのである。それゆえ、キリスト教以前のゲルマン民族を「文化なきもの」、野蛮人と称することは、またたいへん不法なことなのである。かれらは決してそのようなものではない。ただ、北方の郷土の峻厳《しゅんげん》さが、かれらの創造力の発展をさまたげる事情のもとに、かれらを強いていたにすぎないのだ。もしもかれらが、古代ギリシア、ローマの世界がなかったとしても、南の気候のよい広野に来て、劣等民族の素材の中に、最初の技術的手段を獲得していたならば、かれらの中にまどろんでいた文化形成力は、たとえばギリシア人の場合のようにまさしくらんまんたる花を開いたであろう。」

ここでも人種主義が示されていて、ゲルマン民族ならざるイタリア、スペイン、フランス人なんていうのは劣等人種なんですね。ローマ人はラテン人種で劣等だけれど、ギリシャ人はアーリア人種に近いと見ています。このへんは極めて恣《し》意的です。

だから本来、ドイツとイタリアが組むにはかなり知的な操作がないとできないはずなんだけれど、そこはごまかして同盟を結んだ。まして日本と組むとなると、黄色人種はもう一回り劣等だとなっているから、いよいよごまかしようがない。仕方がないから、ゲッベルスが頑張って、大衆プロパガンダとして『新しき土』みたいな映画——ちなみにドイツでの公開タイトルは『サムライの娘』——を作ったりして、徹底的にドイツ国民の日本像を変える操作をしたわけです（日独伊三国同盟は一九四〇年九月に締結）。

それでも、日独の連携はドイツ側の人種偏見があって、ほとんど進まなかった。それに日本の方もドイツを信用しなかった。なぜ？　ゾルゲ事件（ドイツ人リヒャルト・ゾルゲがソ連のスパイ諜報団《ちょうほうだん》を組織して日本で暗躍した。首謀者ゾルゲは一九四一年一〇月に逮捕）があったからですよ。ゾルゲ事件の後遺症で、ドイツの情報はソ連に筒抜けじゃないかという根強い警戒感が日本にはあって、それは日独連携にずっと影を落としていました。

「しかし、この文化創造の原動力自体は、また、北方性の気候からだけ生ずるのではない。ラップランド人を南へつれてきても、エスキモーと同様にほとんど文化らしいものをつくりえないであろう。そうだ、このすばらしい創造的な形成能力は、まさしくアーリア人種に授けられたものであり、かれらがこれを自己の中に眠らせておくか、あるいは目覚めた生活を与えるかは、よい環境がこれを許すかあるいは荒涼たる自然がこれをさまたげるかによるのである。」

人種は三つに分かれる。一つは文化を創造できる人種。次に、文化を模倣する人種。そして、文化を破壊する人種。文化創造人種、文化支持人種、文化破壊人種、この三つに分かれる。日本人は二番目の文化支持人種だというわけ。まあ、ここに入る人種がいちばん多いんだ、とヒトラーは言うんだけどね。文化を創造するアーリア人の影響によって日本人は眠りから醒《さ》め、文化を模倣してきたけれども、自分から何かを創り上げることはできない。アングロサクソンの影響がなくなると、日本人は再びまどろみの中に落ちていくだろう。それがヒトラーの認識です。

また後で読みますが、そこは上巻に書いてあるんです。すでにお気づきのように、これまでのところも、私が苦労して再編成して、ポイントになる項を繋いでいきながら、前後の順番を入れ替えて読んできましたよね？　なぜかというと、『わが闘争』という本は、論理の順番と記述の順番が一致していないのです。そんなことが起きているのは、口述でなされた本の限界かもしれないし、ヒトラーの思考能力の限界かもしれない。『わが闘争』という本は、普通の本のように前から順番に読んでいったのでは、うまく論理が摑めないようになっています。

ともあれ、ここまで読んできただけでも、やはりナチズムというのはヒトラーという個性に倚《よ》りかかっているところが大きいと思うな。だから例えば現代の日本において、システマティックにナチズムが再生されることは難しいかもしれない。つまり、ヒトラーという異常な心理と思考を持ち、異常な言説で大衆を扇動する人間の個人的なカリスマ性によって成り立ったものだからね。論理的にはめちゃくちゃですから、他人には再現不可能なところがある。

それに対して、ファシズムは構築主義だから、再び生まれてくる可能性は非常に高い。そのあたりは『ファシズムの正体』に詳しく書きましたから、そちらは自習してほしい。そしてナチスよりも高度な水準で国家社会主義を唱えた日本人については、『高畠素之の亡霊』を読んでみてください。とはいえ、ここまで読んできたように、ナチズムが、相模原の障害者施設の事件のような病理現象として甦ってくるとか、子育て支援などの中に無意識に入ってくるとか、そういうことは十分ありえます。決して磁力を失った思想ではない、ということを読んでいきましょう。

では問題、

問5　ヒトラーの読書論について説明せよ。
問6　ヒトラーが売春制度との闘争を重視する理由について。

特に後者は重要なテーマです。では、休憩時間という名の復習時間に入りましょう（会場笑）。

4　知性の誤使用としての反知性主義

今日の講義はこれで最後のコマになります。みなさんには、帰宅された後で今日の復習をして、記憶に定着させる作業をして頂きたいのですが、その補助線となる宿題を出しておきましょう。明日の朝、提出してください。

宿題1　日本においてファシズムは可能か？
宿題2　高畠素之のエゴイズム観について説明せよ。
宿題3　高畠素之の悪の認識について説明せよ。

さっき言った『ファシズムの正体』『高畠素之の亡霊』を理解してくれれば書けますが、一晩で二冊を読み上げるのも大変なのでヒントを出しておきます。「1」は『ファシズムの正体』の一五六〜一八四ページを読めば書けます。まず冒頭で可能か不可能かを書いた上で、理由について書いてください。「2」は、高畠素之におけるエゴイズム観と悪に対する感覚を、〈支配〉という文脈で考えることで、これは現在もなお大切だと思います。『高畠素之の亡霊』の一三六〜一四五ページを参照して書いてみてください。「３」は、国際基督教大学の武田清子さんが高畠素之論の中で注目したポイントで、キリスト教を離れても性悪説は高畠に生涯残ったのだ、と。性悪説をベースにして社会や国家を見る視座はすごく重要なのです。性善説を前提に組み立てると、その結果、ソ連や北朝鮮みたいな国家が生まれてくる可能性がある。そういう問題意識です。これは『亡霊』の三八一〜三九八ページを読めば回答できます。いずれも長く書きすぎず、Ｂ５の紙一枚に収めてください。

では、『わが闘争』の上巻へ戻りましょう。人種の分類のところ、「第十一章　民族と人種」の「文化の創始者としてのアーリア人種」を読みましょう。

「文化の創始者としてのアーリア人種

どの人種あるいは諸人種が人間の文化の最初のにない手であったのか、したがってまた、われわれが人間性という言葉ですべて包括しているものの実際の創始者であったのか、という点について争うことはむだな企てである。現代において、この問いを立てるのはより簡単であり、この場合、答えもまた容易に出てくるし、また明白でもあるのだ。われわれが今日、人類文化について、つまり芸術、科学および技術の成果について目の前に見出すものは、ほとんど、もっぱらアーリア人種の創造的所産である。だが外ならぬこの事実は、アーリア人種だけがそもそもより高度の人間性の創始者であり、それゆえ、われわれが「人間」という言葉で理解しているものの原型をつくり出したという、無根拠とはいえぬ帰納的推理を許すのである。」

読めばすぐ分かる通り、完全な無根拠です。だから、これは数学でいうところの〈逆問題〉というやつで、例えば「1」という答えが出ているから、どういう関数だったのかを見つけていく、という作業です。ヒトラーは「明白」とか言いながら、まるっきり無理筋の議論をどんどん展開していきます。

「アーリア人種は、その輝く額からは、いかなる時代にもつねに天才の神的なひらめきがとび出し、そしてまた認識として、沈黙する神秘の夜に灯をともし、人間にこの地上の他の生物の支配者となる道を登らせたところのあの火をつねに新たに燃え立たせた人類のプロメテウスである。人々がかれをしめ出したとしたら――そのときは、深いやみがおそらくもはや数千年とたたぬうちに再び地上に降りてくるだろう。そして、人間の文化も消えうせ、世界も荒廃するに違いない。」

この種の命題は反証不能です。そうでしょ？　ある人が何か思っていることを、外部から否定することはできないから。「はいはい、そうですか」って無視するしかない手合いのものです。

自主検閲がなされた

次、人種を三つに分けるキーワードが出てきます。

「もし、人類を文化創造者、文化支持者、文化破壊者の三種類に分けるとすれば、第一のものの代表者として、おそらくアーリア人種だけが問題となるに違いなかろう。すべての人間の創造物の基礎や周壁はかれらによって作られており、ただ外面的な形や色だけが、個々の民族のその時々にもつ特徴によって、決定されているにすぎない。かれらはあらゆる人類の進歩に対して、すばらしい構成素材、および設計図を提供したので、ただ完成だけが、その時々の人種の存在様式に適合して遂行されたのだ。たとえば、数十年もへぬ中に、東部アジアの全部の国が、その基礎は結局、われわれの場合と同様なヘレニズム精神とゲルマンの技術であるような文化を自分たちの国に固有のものだと呼ぶようになるだろう。ただ、外面的形式――少なくとも部分的には――だけがアジア的存在様式の特徴を身につけるだろう。日本は多くの人々がそう思っているように、自分の文化にヨーロッパの技術をつけ加えたのではなく、ヨーロッパの科学と技術が日本の特性によって装飾されたのだ。実際生活の基礎は、たとえ、日本文化が――内面的な区別なのだから外観ではよけいにヨーロッパ人の目にはいってくるから――生活の色彩を限定しているにしても、もはや特に日本的な文化ではないのであって、それはヨーロッパやアメリカの、したがってアーリア民族の強力な科学・技術的労作なのである。これらの業績に基づいてのみ、東洋も一般的な人類の進歩についてゆくことができるのだ。これらは日々のパンのための闘争の基礎を作り出し、そのための武器と道具を生み出したのであって、ただ表面的な包装だけが、徐々に日本人の存在様式に調和させられたに過ぎない。」

ここがまさに戦前は訳されなかった箇所です。特に次は、日本人が拒絶反応を示す内容になるから。

「今日以後、かりにヨーロッパとアメリカが滅亡したとして、すべてアーリア人の影響がそれ以上日本に及ぼされなくなったとしよう。その場合、短期間はなお今日の日本の科学と技術の上昇は続くことができるに違いない。しかしわずかな年月で、はやくも泉は水がかれてしまい、日本的特性は強まってゆくだろうが、現在の文化は硬直し、七十年前にアーリア文化の大波によって破られた眠りに再び落ちてゆくだろう。だから、今日の日本の発展がアーリア的源泉に生命を負っているとまったく同様、かつて遠い昔にもまた外国の影響と外国の精神が当時の日本文化の覚醒者であったのだ。その文化が後になって化石化したり、完全に硬直してしまったという事実は、そのことをもっともよく証明している。こうした硬直は、元来創造的な人種の本質が失われるか、あるいは、文化領域の最初の発展に動因と素材を与えた、外からの影響が後になって欠けてしまう場合にのみ、一民族に現われうる。ある民族が、文化を他人種から本質的な基礎材料として、うけとり、同化し、加工しても、それから先、外からの影響が絶えてしまうと、またしても硬化するということが確実であるとすれば、このような人種は、おそらく「文化支持的」と呼ばれうるが、けっして「文化創造的」と呼ばれることはできない。」

さっきも言ったように、人種を三段階で分けた場合、日本人は真ん中のカテゴリーにすぎず、文化創造はできない劣等人種だという位置付けになっているから、戦前はここを隠しちゃったわけです。

みなさんの中で、マルコ・ポーロの『東方見聞録』を読んだことある人、何人いる？　何となく知っているでしょうが、日本はチパング島として出て来て、黄金の屋根のある国で、ものすごく豊かで、となっています。それならば、なぜマルコ・ポーロは日本に渡って来なかったのか？　その理由も『東方見聞録』に書いてあります。日本では誘拐ビジネスが横行していて、身代金を払えない場合は、誘拐してきた人間を、ご馳走だと言って親族を集めて宴会しながら食べてしまう。チパング島の野蛮人は人肉ほど旨いものはないと思っているんだ、と。要は、日本人は人喰い人種だって書いている。だから、マルコ・ポーロは日本に行って金儲けをしたかったんだけど、食われるのが嫌で、来日しなかったわけ。

でも、そこに関しては今でも、『東方見聞録』の絵本なんかもあるけれども、すべて削除されている。黄金の屋根の宮殿は出てきても、都合の悪いものは自主検閲して排除しちゃうんだ。でも、諸外国の東洋学者、日本学者は、西洋に初めて日本を紹介した書物『東方見聞録』を必ず読んでいますから、「日本にはカニバリズムがあったらしい」と刷り込まれています。当然、日本人の自意識とギャップが生じるよね。だから、７３１部隊みたいな話が出てきたら、『東方見聞録』があるから、彼らにしたら「あ、日本のやつらなら、やりかねないな」というイメージになるわけです。

これは重要なことで、そんなふうに西洋の歴史に登場してしまったのは仕方がないのだから、そこは知識として知っておかなくてはいけない。日本について悪いことが書いてあるのを、自主検閲で見ないようにしてしまうのは良くないよね。

純血種という物語

「この観点から個々の民族を検討するならば、存在するのはほとんど例外なしに、本来の文化創始的民族ではなく、ほとんどつねに文化支持的な民族ばかりであるという事実が明らかになる。

常に、民族発展の次のような概念が生れる。

すなわち、アーリア種族は――しばしば、ほんとうに奇妙なくらいの少ない人数で――異民族を征服し、そして新しい領域の特殊な生活環境（肥沃さ、風土の状態等）によって刺激されつつ、そしてまた人種的に劣った人間を多量に補助手段として自由に利用することに恵まれつつ、かれらのうちに眠っていた精神的、創造的な能力を発展させる。かれらはしばしば数千年、いや数百年もたたぬ間に文化を創造する。それらの文化は、前にすでに触れておいた、大地の特殊な性質や、征服された人間に調和しながらも、自己の存在様式の内面的特徴を、はじめから完全にもっているのだ。だがついに、征服が自分の血の純粋保存という、最初は守られていた原理を犯すようなことになれば、抑圧されている住民と混血しはじめ、それとともに自分の存在に終末をつける。というのは、楽園での人間の堕落には、相変わらずそこからの追放がまっているに違いないからである。」

純血種神話です。井の頭公園の池の水を抜いて、外来種だけを殺しちまって、在来種は戻すというのをやり出したでしょ。あれ、怖いと思わない？　魚でやってるうちはいいけど、人間になったらどうなる？　生物としては同じなんだからね。ああいった外来種撲滅とか、外来生物の撲滅という発想は、いつ当の生物が人間に代わってもおかしくないんだよね。排外主義って、あらゆる場所に潜んでいるんです。

「千年以上もたった後、抑圧された人種に征服者の血液が残した白味がかった皮膚の色合いの中に、あるいは、支配者が本来の創造者として、かつて創造したにもかかわらず現在は硬直してしまった文化の中に、かつての支配民族による最後の明白な痕跡がしばしば示されている。なぜなら、実際の精神的征服者が被征服者の血の中に消滅するやいなや、人類の文化的進歩のたいまつのための燃料もまた失われてしまったからである！　昔の支配者の血による色合いがこの支配者の記念として、かすかな輝きを保っているように、文化生活の夜もまた、かつて光をもたらしたものたちの残した創造物によってやわらかに照らされている。これら創造物は、すべて昔に戻った野蛮を隅々まで照らしており、そして思慮のないせっかちな観察者にはほとんどの場合、かれがのぞいているのはただ過去の鏡であるにもかかわらず、現在の民族の姿を目の前に見ていると思い込ませるものである。」

植民をしたら植民者同士で結婚をする。地元民とは通婚しないんだ、と。アメリカはそうでしたね。先住民との通婚は禁止されていました。そうして支配していく。あくまで道具として先住民や黒人奴隷を扱っていく。ここでヒトラーが唱えているのはアメリカの思想そのままです。

そのとき天才は登場する

「したがってこのような民族は二度にわたり、いやもっとひんぱんにさえも自分の歴史を通じて、必ずしも前の遭遇を思い起すことなく、自己の過去の文化をもたらした人種と接触することが生じうる。無意識的に、かつての主人の血の余燼《よじん》はこの新しく現われたものにひかれ、強制されてのみはじめは可能だったことが、今や自分の意志で成就されうることとなる。新しい文化の大波は到来し、そのにない手が再び他民族の血液によって滅亡するまでは、継続するのである。

こうした意味を探究し、今日われわれの歴史科学が残念ながらほとんどそうであるような、外面的事実の描出に圧倒されないということが、今後の文化史および世界史の課題であるだろう。

だが、「文化支持的」国民の発展についてのこのスケッチの中にすでに、この地上の真の文化創始者であるアーリア人種自身の生成と働き、および――消滅の姿が現われている。

日々の生活でも、いわゆる天才が世に出るためには特別な機会、いや、しばしば形式的な刺激を必要とするが、民族の生活での天才的人種も事情は同じである。日常の単調さの中では重要な人間もしばしば軽く見られ、周囲の人々の平均以上にそびえ出ることはないのがつねである。ところが、他の人々が絶望したり、困惑するような状況が現われてくるやいなや、目立たない普通の人間の中から天才的性質がはっきりと伸張してきて、その人間を今まで市民生活の平凡さの中で見ていたすべての人々がびっくりすることもまれではない。——だからこそ、予言者は故郷で重んじられることがまれなのである。」

天才は危機の状況において現れる。安定した時代には、天才はその天才的な能力を発揮することはできない。しかも、天才は預言者同様、故郷で重んじられることは稀だと。「預言者は故郷では歓迎されない」というのは聖書にあるイエスの言葉です。弟子たちと共にナザレへ戻ったときに、「あれは大工の子どもじゃないか」と言って誰からも冷たくあしらわれて、イエスはそう応じた。ヒトラーは、自分とイエスをアナロジカルに見ているわけです。そこを神学的に裏付けたのが、さっき名前を挙げたエマヌエル・ヒルシュをはじめとする、プロテスタント教会の「ドイツ的キリスト者」運動でした。

続けましょう。

「このことを観察するためには戦時が一番よい機会なのである。見たところでは無邪気な子供たちの中に、他のものが絶望する困難な時期には突如として決死の決意と氷のように冷静な思慮をもった英雄がぐんぐん成長する。この試練の時期がこなければ、だれもひげの生えていない少年の中に、若い英雄が隠れていることには少しも気がつかないに違いない。天才を登場させるためには、ほとんどの場合、なにかある刺激が必要であった。ある人間の意志をくじいてしまう運命の鉄鎚《てっつい》は、他の人間をにわかに鋼鉄に鍛え、そして、日常のおおいが破れると同時に今までに隠されていた核心が、驚いている世間の人々の眼前にあからさまに露出される。その際この人々はひどくびっくりして、かれらと見かけでは同じ種類の人間が突然別な存在になるなどと信じようと欲しない。この経過は、おそらくあらゆる卓越した人間に対してくり返されるものである。」

もちろんここでも、突然姿を見せる天才とは自分のことだと言っているわけだ。

「たとえば、発明者は発明がなされた日にはじめてかれの名声を確実にするとはいっても、だが独創力そのものもまた、そのときになってはじめてその人間の中にはいり込んだなどと考えるのは誤りである。――独創力のひらめきは真に創造的な天分のある人間の頭脳に、生まれた時から存在している。真の独創力はつねに生まれつきであり、けっして教え込まれたり習得されたりするものではない。」

これは一種の予定説です。生まれる前から優れた者は決まっているんだ、努力は何の意味もないというわけ。

「だが、これはすでに強調されたように、個々の人間だけに妥当することではなく、人種についてもいえることである。」

ここに大きい飛躍があるんです。カルヴァン主義の予定説は、あくまでも個人の話なのに、それが人種という大きな集団でも言えるという発想になっている。

劣った人種をどうするか

「創造的に活動している民族は、たとえ、表面的な観察者の目には認識されえないとしても、昔から、そして徹頭徹尾創造的な天分をもっているのだ。ここでもまた、外からの認知は、つねに実行された行為の結果としてのみ可能である。というのは、その他の人々は独創力そのものを認識することができないで、ただ、この発明、発見、建築物、絵画等々の形態をとって目に見える現象を認識しうるだけだからである。しかし、この場合でもまた、その人々がこの認知に達するまでには、しばしばなお長い時間がかかるのである。個々の卓越した人間の生活において、天才的であるかまたはとにかく非凡である素質も、特別な動機にかられてはじめて実際的な実現に努めるのとまったく同様に、民族の生活においても、存在している創造的な能力や素質の実際の使用は、多くの場合、一定の前提条件がそれに課せられた時はじめて行なわれうるのだ。」

ここは後世でいうパラダイム論だね。新しい説、例えば地動説なら地動説を主張する人は最初は受け入れられず、異常な考えの持ち主だと思われるが、しばらくたって受け入れられていくと。先ほど、中山忠直の『日本人の偉さの研究』の例を挙げましたね。

でもこれは、ノーベル賞級の研究に関してもしばしば起こることで、本庶佑《ほんじょたすく》さん（二〇一八年にノーベル医学・生理学賞を受賞）のがん免疫治療薬オプジーボも、最初は「何やってるんだ」って扱いで、「いや、がんに関する研究はやっていません」と隠れて、他の研究をやっているふうにしてこっそり続けて来た。ずっと「そんなことできるはずがない」ってせせら笑われていたのが、時間がたってみたら、画期的な新薬だと分かった。常に新しい時代のパラダイムを切り開く人は、最初は理解されない。別の言い方をすると、その時点では、パラダイムを切り開いてるのか、異常な妄想を持ってるのか分からないんだね。そんなところから、小保方《おぼかた》晴子さんのＳＴＡＰ細胞だって、専門家でも理解されないけど、ノーベル賞級の新しい発見なら理解されないのが普通かもしれない、という擁護派もいたわけです。

「われわれはこのことを人類の文化発展のにない手だったし、今でもそうである唯一の人種——アーリア人種——によってもっとも明白に知るのである。運命がこの人種をさまざまな特別な状況の中に連れ込むやいなや、これらの状況はかれらに存在している素質を矢つぎ早に速度を早めて発展させ、明瞭な形に流し込みはじめる。かれらがそうした場合に創始する文化はほとんどつねに、存在している大地、現地の気候および——征服された人間によって決定的に限定を受ける。もちろん、この最後のものはおおよそ最大の決定的要素である。文化活動に対する技術的前提条件が素朴であればあるだけ、組織的に集中され、応用されることにより、機械の力を代用するような人間の補助手段が存在することを必要とする。より劣等な人間のこのような利用の可能性がなければ、アーリア人種は、けっして、かれらの後代の文化に向かう第一歩を踏み出すことができなかったに違いない。そのことはアーリア人種が慣らすのを心得ていた個々の有用な動物の助けがなくては、今日、まさにこの動物を徐々に必要とさせなくなった技術にかれらが到達しえなかっただろうこととときっちり同じである。「ムーア人は義務を果したら下がってよい」という言葉は、残念ながら十分すぎるくらいの深い意味をもっているのだ。幾世紀もの間、馬は人間に奉仕し、今や自動車によって馬そのものを余分なものにした発展の基礎を作るため、協力しなければならなかった。幾年もたたぬ間に馬はその活動を止めてしまうだろうが、しかし、馬の以前の協力がなければ、人間はおそらく今日の状態にまで達するのはまず困難だったに違いない。」

だから、劣等人種も必要なんだ、優越人種が文化活動をするための道具が必要なように必要なんだと。しかし、それは馬がやがて自動車に取って代わられたように、いずれ捨て去られるものである。この劣等人種の一つが日本人ってことになるわけですね。このへんがリアルタイムで翻訳されていたら、日独伊三国同盟なんか結ぶ気にならなかったよね（会場笑）。

「だから、より高い文化の形成には、より劣った人間の存在が一つのもっとも本質的な前提条件であったが、それはただかれらだけが、それがなくてはより高度の発展がまったく考えられないような、技術的補助手段の不足を補充することができたからである。人類の最初の文化が、慣らされた動物よりも、むしろ、より劣った人間の利用に基づいていたのは確実である。」

家畜を慣らすのには、品種改良が必要だったりして、時間がかかるからね。そこへいくと、人間を脅して使うのは、すぐに簡単にできるから、劣った人間の利用が一番効率的だ。だから、東方植民をしてスラブ人を奴隷にしろと考えたわけ。

「征服された人種の奴隷化の後に、やっと同じ運命が動物にも襲いはじめたのであり、多くの人々がおそらく信じたがっているようにその逆ではなかった。なぜならまず敗者が鋤を引っぱった。——そしてかれの後に、はじめて馬が引くようになった。けれども、ただ平和主義の馬鹿者だけが、これを、あらためて人類のいまわしさの特徴だと見なしうるにすぎない。かれらはまさしくこの発展が、結局のところ、その立場に立ってこそこの使徒連中が今日自分たちのいかさま治療を世界にもたらすことができるような、そういった立場に到達するために行なわれなければならなかったことをはっきり意識していない。

人類の進歩は、終りのないはしごを登るのに似ている。まず下の段を踏まねば、上の段に達することはまったくできない。したがって、アーリア人種は現実が示した道をば歩くべきであって、現代の平和主義者の空想が夢見る道を歩んではならなかった。だが現実の道は困難であり、辛いものであるが、ただその道だけが、他の道が人類を好んで夢想させはしても、実際には残念ながら近づけるよりはむしろ引き離してしまう、そのような方向へ導いてくれる。
だから、アーリア人種がより劣った民族と遭遇してかれらを征服し、自分の意志に服従させた場所に、最初の文化が生じたのは少しも偶然なことではない。その場合これらの民族は生成しつつあった文化に奉仕する最初の技術的な道具であったのだ。」

ここまで（角川文庫版の上巻三七七〜三八四ページ）が戦前の日本においては封印されていた部分です。これがヒトラーの日本観なんだ。こんな相手と同盟を組んでも、うまくいくはずがない。日本は組む相手を最初から間違えたんです。自分たちを対等のパートナーとして尊敬していないような国を、まして世界大戦みたいな時期に、同盟国にしてはいけないよな。

さまざまな思想のパッチワーク

今度はまた下巻へ戻ります。下巻の「第二章　国家」から「国家の評価の視点」。読んでください。さっきの純血種神話と関係のある箇所です。

「国家の評価の視点
以上のことからまた、われわれ国家社会主義者にとって、国家を評価するための規準が生ずる。この価値は個々の民族の視点からみれば相対的であろうが、人類そのものの視点からみれば絶対的なものである。いいかえれば、ある国家の価値は、他の世界と比較して、この国家が文化的にどれほど高いか、あるいはどれくらい勢力があるかによって評価されることができるのでなく、その場合問題となる民族にとって、この制度がどの程度の価値があるかということによってのみもっぱら評価できるのである。

ある国家が、それによって代表されるべき民族の生活条件に適応しているばかりでなく、まさしくその国家が存在しているからこそ、この民族が実際に存在していくことができるのだというとき、その国家は模範的なものと称することができる。――その場合その国家の構造が、他の世界において、どの程度一般的文化的重要性をもっているかも、まったく同じに考えられる。というのは、国家の課題は、能力をつくりだすことではなく、いまある力を自由にのばすことだけにあるからである。それゆえ、逆に、ある国家がどんなに文化的に高くとも、人種的に複合せられて、この文化の担い手を没落に導くならば、その国家は劣等国だということができる。」

移民が入ってくれば、混血は進んでいきますよね。そうしたら、人種的な混交によって劣等国家になっていく。この考え方はまさに人種主義です。人種主義者は、奴隷制は肯定するけれど、移民を受け入れることには反対なのです。外に出ていって好き勝手やることは認めるけど、移民を中に入れるのはすごく嫌がります。

「というのは、その国家は実際に国家がつくり出したものではなく、いきいきした国家的なまとまりによって保証されている文化創造力ある民族の結実たる、この文化の存続のための前提を、実際上それでもって破壊してしまうからである。国家はまさしく内容でなく、形式である。それゆえ、ある民族のその時々の文化的な高さは、国家の価値をはかる尺度とはなりえない。その国家の中で、民族が生活しているのだけれども。文化的に高い天分に恵まれた民族が、黒色人種よりも価値の高い文化をつくりだすということは、非常に明白である。」

ナチスの中にある黒人差別も——むろんこれも人種主義——、アメリカから入ってきた要素が強い。だって、当時のドイツには基本的に黒人はいませんでしたからね。

「それにもかかわらず前者の国家組織が、国家としての目的遂行という点からみれば、黒人国家よりも劣っていることもありうるのだ。たとい最善の国家が存在し、最善の国家形式をもっていようとも、能力がまったく欠けており、能力が存在していないなら、その民族から能力をひきだすことはできない。そのように、もちろん、劣等な国家があり、人種的に文化を担っているものの堕落を国家が許容し、あるいはそのうえ促進することによって、本来その民族に存在した能力が、次の時代には死滅してしまうことがある。」

では、歴史は一体どういう人たちがつくってるのか。この第二章の中で少し先へ進んで、「世界史は少数のものによって作られる」を読みましょう。

「世界史は少数のものによって作られる
　悪意はないが無批判で無関心な、あるいは現状の維持にだけ興味をもっている無数の大群が、われわれに対立している。われわれが強力に闘っても、勝利の見込みはなさそうに思えるが、まさしくわれわれの課題の偉大さやその成果の可能性の基礎がそこにあるのである。小心者を、はじめから追いはらってしまうか、あるいは気おくれさせてしまうときの声、これが真の闘士の集合の合図になるのだ。そして、以下のことを、人々ははっきりしておかねばならない。すなわち、ある民族から最高のエネルギーと実行力をもった一定数のものが、一つの目標のために団結して現われ、したがって、大衆の怠惰さから決定的にぬけだしたならば、このわずかのパーセントのものは全体の支配者に高まったのである。そのときに世界史は少数者によって――数におけるこの少数者の中に意志と決断力の多数者が顕現するとき――作られるのである。」

　これもレーニンから来ています。要はボルシェヴィズムですよ。量は少なくとも質のいい者たちが、他の大勢を引っ張っていくことで歴史を作っていく。ヒトラーのオリジナルというより、共産主義というか、レーニン主義のやり方です。だからヒトラーの思想というのは、『わが闘争』を読んでいた方が今日最初に指摘したように、あちらこちらからつまんできたものをパッチワークしたアマルガム（混合物）なんです。そこにこそ特徴がある。

優秀さの基準

もう少し先、「民族主義国家と人種衛生」へ行きます。

「民族主義国家と人種衛生

こうしたすべてのシステムが、いかに法外に理想からはなれており、下品であることか！人々はもはや、後世のために最良のものを育てあげようと努力せず、ものごとを流れるままにまかせてしまうのである。そのさい、また、神の似姿の意義をいちばん強調しているわが教会も、神の似姿を冒瀆していることは、つねに精神について語りながら、その精神の担い手たる人間を、堕落せる下品な人間におとすという教会の今日のやり方とまったく同じ線上にあるのだ、それならそれでよいが、自国においてはキリスト教信仰の効力が少ないとか、この肉体的には台なしにされ、それとともにとうぜん精神的にもおちぶれた悲惨なゲスどものおどろくべき「無信仰」について、バカ面して驚き、そのかわりにホッテントットやズール族に教会の祝福を与えてその成功でつぐなおうとする。われわれヨーロッパ諸民族が、肉体的、道徳的にハンセン病のような状態におちいって、ありがたいことだ、と没落しているのに、敬虔な宣教師は中央アフリカを歩きまわり、われわれの「高級な文化」が、そこでもまた、原始的で低劣ではあるが健全な人の子から腐敗した雑種の子をつくるようになるまで、黒人の宣教をするのだ。」

ヒトラーは黒人への宣教にも反対なんです。キリスト教というのはアーリア人種の宗教だから、有色人種に伝える必要はない、という発想です。

「われわれの両キリスト教会が、望んでもいないし、わかりもしない黒人に宣教して重荷を負わせるかわりに、わがヨーロッパの人々に、健康でない両親の場合に、病弱で自分自身もまた他の世間の人々にも、ただ不幸と苦しみをもたらすにすぎない子供を生むよりは、健康で貧しい小さい孤児をあわれんで、父母を与えることのほうが神の意にかなう仕事であるということを、親切に、だが真剣に教えたほうが、はるかにこの世の最も尊い意味にかなうだろう。」

貧困層や、健康に不安があるような両親から生まれた子どものために、あるいは子どもができない家族のために、養子の制度を充実させる。そうやって人種を保全していくという考え方です。逆に、障害児が生まれるようなら、それはすぐに堕《お》ろしてしまえ。大切なのは、優秀な人種を増やしていくことだからと。これは続く箇所にすぐ出てきます。

「優秀な人種」と言いましたが、その優秀さの基準は生産性になるわけです。だから、昨今「生産性」というワードが問題になっているけど、これはナチズムの用語であるし、一方においてマルクシズムの用語でもある。マルクスは資本主義と生産性を結び付けて考えていますからね。だから、生産性という言葉が出たとき、なぜ、そういうワーディングをするのかという背景を見ないといけない。

子育て支援と優生思想

「今日、この領域であらゆる方面が、おろそかにしているものを、民族主義国家は埋めあわせるべきだ。民族主義国家は、人種を一般的生活の中心点に置かねばならない。民族主義国家は人種の純粋保持のために配慮しなければならない。民族主義国家は子供が民族の最も貴重な財宝であることを明らかにせねばならない。ただ健全であるものだけが、子供を生むべきで、自分が病身であり欠陥があるにもかかわらず子供をつくることはただ恥辱であり、むしろ子供を生むことを断念することが、最高の名誉である、ということに留意しなければならない。しかし反対に、国民の健全な子供を生まないことは、非難されねばならない。その場合国家は、幾千年もの未来の保護者として考えられねばならず、この未来に対しては、個人の希望や我欲などはなんでもないものと考え、犠牲にしなければならない。」

産む権利というけれど、生まれた子どもに遺伝的に障害が生じる可能性がある。そんな場合に、「それでも子どもが欲しい」というのはわがままであり、認められないと。逆に、子どもを産む能力が女性にはあるにもかかわらず、「私は子どもを産みたくない」ということもまたわがままである。産む／産まないの主体は当該の女性ではなく、国家である。ヒトラーはそう主張しているわけです。やはり、「子どもを産まない女性は云々」なんて発言する政治家は明らかにヒトラーに相通じる発想があるってことですよ。このへんの危うさを近未来小説という形で窪美澄さんや村田沙耶香さんが書いているのは先に触れた通りです。いまの日本にヒトラーのこういう思想に通じる匂いを感じているのでしょうね。

「国家はかかる認識を実行するために、最新の医学的手段を用いるべきである。国家は何か明らかに病気をもつものや、悪質の遺伝のあるものや、さらに負担となるものは、生殖不能と宣告し、そしてこれを実際に実施すべきである。」

国家として健康診断を行って、遺伝的に問題がある場合には去勢をする、中絶をするという処置を行うべきだと。だから、本来はまったく遺伝と関係ないんだけれども、ハンセン病の患者たちが強制的に去勢や中絶をさせられたのは、日本でもこのナチスと同じ優生思想が背後にあるわけです。だから、われわれにもこういった思想は、ついこの前まであったんだ。

ヒトラーはこのあたりを強調したいから、活字をずっとゴチック（原文ではイタリック）体にしていますね。もう少し読んでいきましょう。

「これに対して逆に国家は、国家の財政的にだらしない経済管理のために、子だくさんが両親にとってのろいとなり、健全なる女子の受胎が制限されることのないように、こころがけねばならない。国家は、今日、子だくさんの家族の社会的前提を無関心に取扱っているが、このずるい、犯罪者的な無関心を一掃して、国家自体が民族の最も貴重な祝福に対する最高保護者としての立場に立たねばならない。国家は成人よりももっと子供のことを心配しなければならない。」

だから、子育て支援が何よりも大切で、保育園や幼稚園の無償化といったことは優先されないといけない。なぜならば、アーリア人種の数を増やしていくのに重要なことなのだからと。

「肉体的にも精神的にも不健康で無価値なものは、その苦悩を自分の子供の身体に伝えてはならない。民族主義国家はこの点で、巨大な教育活動をなすべきである。だがこの教育活動はいつかまた、今日のブルジョア時代の戦勝よりも、もっと偉大な事業としてあらわれるであろう。国家はこの教育によって、病身であったり、虚弱であったりすることは、恥ではなく、ただ気の毒な不幸にすぎず、しかし、この不幸を自分のエゴイズムから、何の罪もない子供に負わすことによって汚名をかぶせることは犯罪であり、したがって同時に恥辱であり、これに対して罪のない病人が自分の子供をもつことを断念し、自分の民族の健全さのために、他日、力強い社会の力強い一員になることを約束されている民族の見知らぬ貧しい幼い子孫に愛と情を注ぐのは、最高の志操や賞賛すべき人間性の尊さを、証明するものであることを、一人一人に教えるべきである。そして国家はこの教育活動によって、国家の実際的活動を純粋に精神的に補うようにしなければならない。国家はこの意味で、理解や無理解、賛成や不賛成を顧慮せずに、行動しなければならない。」

繰り返されているのは、あくまで個人ではなく、人種が主体だ、ということです。

個人が増やすのではなくて、人種が人種を増やしていくのだから、実の親子の血のつながりなどは問題にならない。仮に産んだ子どもに障害がある場合は、国家がそういう子どもは要らないから殺す。そこに私情を差し挟むのは禁物である。他方、貧困によって、あるいは親が死んだりしたために、孤児がいるならば、その子が健康である限り育てるんだと。なぜならば、それによって種が繁栄するからだ。個人の意向は関係なく、人種として繁栄すればいいんだ。それを国家はきちんと助けていく。だから、主体はあくまで人種であって、個人も道具だし、国家さえも道具なんです。

私、肉体労働者の味方です

次は、経済政策を見てみましょう。国家が介入して労働者、単純労働に就く人の賃金を上げなければならない。彼らと、知的労働者や高度な技能職との間の賃金格差を縮めるのが、社会を強化するためには必要だとヒトラーは考えます。

同じ章の先、「等級別賃銀」へ行きます。ひとつ前の「労働の価値」の項のおしまいの方、「すべての人間のグループが」から読んでください。

「すべての人間のグループが、ただ収入の高低によってだけ評価することを知っているような現代社会では、人々はこれに対して――すでにのべたようには――理解しないのである。だがこれは、われわれの考え方を放棄する理由にはなりえない。反対である。すなわち、内面的に病んでおり、腐敗している現代を救済しようとするものは、まずこの苦悩の原因を解放する勇気を奮いおこさねばならない。そしてこれが国家社会主義運動の配慮するところでなければならない。すなわち、あらゆる俗物根性を脱し、わが民族の中から新しい世界観の支配者としての能力のある力を集め、組織することがそれだ。」

収入の上下によって人間の価値を判断してはいけない。そして、肉体労働に従事する人間をもっと大切にしろと、続いていきます。

「等級別賃銀

もちろん人々は次のように異論をとなえるだろう。一般に観念的評価を実利的評価からきりはなすことは困難である、事実、筋肉労働の低い評価は、まさしくその低い賃銀によってもたらされたものである。そのうえこの賃銀の少なさは、個々人がその国民の文化財に関与することを制限する原因でさえある。だがそのためにまさしく人間の理念的文化は妨害され、かれの仕事自体となんら関係をもつ必要もなくなった。筋肉労働が嫌悪されるのはまさしく、賃銀が低いために手工労働者の文化水準が必然的に低下し、その結果、一般に低い評価をうるのがとうぜんとなった基礎がまずそこにあるのだ、と。」

私、賃金労働者の味方です、肉体労働者の味方です、というわけですね。あんたらの賃金は不当に低いから、国家が介入して上げてやるからな。学歴が高くて事務職だとか技術者なんていう連中が、身体張って頑張っているあんたたちより威張ってるのはおかしいじゃないか。俺はあんたたちの仲間だぜと。

　ヒトラーは若いころに何年も社会の最底辺でうごめいて、食うにも困った実体験があるから、底辺の人びとに対して優しいというか、彼らの心理や思考がよく分かって、他人事と思えないし、また、どこを突けばいいかよく知っている。政治家の視線で言えば、そういった人間たちをどうすれば味方につけ、選挙に行かせて、自分に投票させることができるか分かるわけだよね。事実、その能力が彼を押し上げていきます。

「ここには非常に多くの真理がある。しかしだからこそ、人々は未来において、賃銀状態の大きい差を防止しなければならないのだ。そうなると仕事が停滞するだろうといってはならない。もし高級な知的な仕事をしようとする動機が、ただ高い報酬ということだけにあるならば、それは時代が堕落している悲しむべき徴表である。」

　おまえは専門的な技能を持ってるんだろ。年収一〇〇〇万ぐらい稼いでいるんだから、それ以上いらないよな、それで十分な生活ができているよな。それくらい貰っているやつは無際限、無定量に働け。もっと多くの賃金を得ようなんて、おまえのわがままだ。金のために働いてんのか？　おまえは自分の能力で自己実現を行うために働いてるんだろ、われわれアーリア人種の発展のために働いているんだろ。その分を、あまり教育を受けてなくて、筋肉で働いてる、あの人たちに分け与えるんだ。そうやって賃金の格差をなくすことが、社会の平等ってことじゃないか。こういう話なんだよね。

だから、労働保護に関しては、単純労働者に関しては保護を手厚く、雇用も確保する。いわゆるエリート層に近いところは労働強化。それがナチスの労働政策でした。これは、最近のどこかの国の政策によく似ています（会場笑）。

「もしこの観点がいままでこの世界の唯一の規準的なものであったとしたならば、人類はその最大の科学的、文化的財宝を決してもたなかったであろう。というのは最も大きな発明、最も偉大な発見、最も革新的な学問上の業績、人類文化の最もすばらしい記念物は、世の中の金銭への衝動から与えられたのではない。反対に、その産物は往々にしてまさしく富の現世的幸福を断念することを意味したのだ。」

特許とかそんなもので、でかい金を得よう、なんていうのは精神が腐ってる。儲けは国家に入れろと。ベストセラーを出したら、その印税を独り占めするのは良くないんだぞ、国家に入れろよ。金儲けのためにやるやつは精神が腐っているんだ――。こうして強度の累進課税や強度の相続税といった国家介入によって、平等を実現していこう、という発想になっていく。

「今日では金が生活の唯一の支配者になっているかもしれない。けれどもいつか人間はもう一度より高い神々の前にひざまずくであろう。多くのものは今日、金銭と財産への渇望にのみその存在理由をみつけているかもしれない。だがそういう人間がいなくなったとて、人類が貧しくなるほどのものはかれらの中にほとんどいないのだ。
各人は、かれがその生活に必要とするものを与えられる時代、そのさい、しかし人間が物質的享楽のためにのみ生きようとしているのではないという原則を高揚するような時代が、くることを今日から知らせておくことも、われわれの運動の課題である。これは将来、まじめに働くものにだれでもどんな場合でも、民族同胞として、人間として見苦しからぬ、ちゃんとした生活ができるようにうまく限定された賃銀の等級づけを表示すべきである。」

賃金の等級付けがあって、最低賃金は全員、保障する。その等級によって少しずつ差はあるものの、肉体労働者、単純労働者に手厚くして、生活水準を上げ、知的労働、高度な技能を持ってる人間に対しては厳しくして、社会の平等を実現するという考え方です。だからナチズムの経済政策は、新自由主義的グローバリズムが生む格差の解消には役立つかもしれないよね。

だから憲法改正の必要はない

今度は、どういう憲法を施行していくか。それについては「第四章　人格と民族主義国家の思想」の「最良の憲法」の項。

「最良の憲法
最良の憲法と国家形式は、民族共同体の最良の頭脳をもった人物を、最も自然に確実に、指導的重要性と指導的影響力をもった地位につけるものである。」

この理屈を理論化したのは、当時のミュンヘン大学法学部教授オットー・ケルロイターです。戦前に岩波書店から『ナチス・ドイツ憲法論』という本が出ています。翻訳者の一人は矢部貞治《ていじ》、中曽根康弘さんの指導教授ですね。ケルロイターは、ワイマール憲法を改正する必要はないと考えています。イギリスに自然法があるのと同じように、ドイツにも血と土の自然法がある。また、絶対的にフューラー（総統）に従うという指導者原理は自然法であって、実定法はその下である。従って、指導者原理に基づいた血の純潔法であるとか、国防法であるとか、その手のワイマール憲法と矛盾する法律をたくさん作る。それによって、結果として憲法改正は行わないまま、実質としての「ナチス憲法」ができればいいんだ——これが憲法に関するナチスの手口なんです。

だから、日本国憲法に関しても、憲法改正に関してああだこうだ揉《も》めるより、ナチスの手口に学べばいい。矛盾するような法律をたくさん作ればナチスみたいに自分たちの好きな憲法に知らず知らずのうちに変容していくんだ。そういう考え方はありうるわけです。

そこで、そんなことは全然知らない、「ナチス憲法」にもワイマール憲法にも知識がなくて、いつも『ゴルゴ13』しか読んでいない財務大臣が「ナチスの手口に学べばいい」と言ったら、国際社会は最近の日本が集団的自衛権の行使を容認したりとか、妙なことをやっているのを見ているから、「なるほど、麻生《あそう》太郎さんが言うように、ナチスのやり口に相当学んでいるんだな。オットー・ケルロイター理論でやってるな」というふうに見える。知らないのは強いもので、まぐれ当たりを起こしちゃう（会場笑）。

続けましょう。

「だが経済生活において有能な人間は、上からきめるべきものでなく、みずから闘って地歩を占めるべきものであるように、ここでも最小の商業から最大の企業にいたるまで不断の修練を与え、さらに生活がその時々の試験をひきうけるように、もちろん政治的頭脳の持主もまたとつぜんに「発見される」ものではない。ずば抜けた天才の場合は普通の人間とは話が違う。」

天才に関してはルールが適用されないと。天才中の天才はヒトラーだから、自分は特異点だ、と言いたいわけです。

「国家はその組織において、地方自治体という最小の細胞から始まって、全ドイツ国の最高の指導部にいたるまで、人格原理に根拠をもたねばならない。

多数決はなく、ただ責任ある人物だけがある。そして、「ラート」ということばは、ふたたびその本来の意味にもどされる。もちろんすべての人々には、相談相手というものはある。だが決定は一人の人間だけがくだすのである。」

ドイツ語辞典は三修社の『新現代独和辞典』が一番いいと思うんだけど、それでラートって引いてみるよ。助言、忠告、勧告、相談、協議、会議、共同討議、委員会、協議会、評議会、委員、協議員、相談員。そんな意味です。これは実は、もともとは共産党から取ってきている概念です。ちなみに、多数決がないとなると、意思決定はどうやってすると思う？

受講生Ｉ　拍手？

そう。「じゃあ諸君、これについて異議はないか」「異議なし！」って、拍手と喝采によって決める。この決め方はナチスの決め方であるのと同時に、われわれに近い歴史だと全共闘の決め方だよね。全共闘的なるものとナチス的なるものは、多数決を否定する点では共通点があるんだ。

余談だけど、ボランティアというのは翼賛だからね。翼賛というのはそもそも、強制なくして皇帝を支えていく、ということですから。大政翼賛会というのは、日本全体をボランティア国家にしていこうとしたわけです。しかもボランティアには責任主体がない。

大政翼賛会の選挙のときのスローガンは、「出たい人より出したい人」でした。最近、これがまた甦っているのを見たけど、ちょっとでも近過去の歴史を知っているなら、ぞっとするよね。国会へは「出たい人より出したい人」だ、学生はボランティアをすれば成績に反映すべきだなんて、翼賛運動をやれって言っているのと同じなんですよ。

富山モデルという考え方

でも、さっき読んだナチスの経済政策についてはどう思った？　投資銀行とかＡＩとかやってるような連中が一億とか二億とか稼ぐの、おかしいよ。一〇〇〇万あれば生活できるだろう。連中にはどんどん税金をかけようじゃないか。その代わり、中卒で非正規の労働に従事しているやつらに、最低賃金で年収五〇〇万を保障しようよ。五〇〇万と一〇〇〇万でも、倍はあるわけじゃない？　社会の中の格差は倍あれば十分だろ？　だから、これは全然、社会主義じゃないよ、なんて言い始める政治家が日本に出てきたらどうかな。これは極めて危険なんだけれども、真ん中より下の層の人たちを、やり方によってはうまく巻き込むことができると思わない？

上の方の人間は、彼らの承認欲求を満たしてあげて、ただ働きをさせればいい。Amazonのベストレビュアーとか、食べログにいつも口コミを書いているような人間は、自分で本を買って読み、レストランで自腹で食べて、ネット上でいくばくかの反応があることで満たされる。そうやって、結果的に人の商売の協力をしているわけでしょ？　Amazonなり食べログなりが利用しているのは、人間の承認欲求ですよ。国家がうまく知的労働者、技術労働者の承認欲求を満たしてやることで、格差を上手に是正していくようになれば、ソフトファシズムってスムースに作れるだろうね。

ちなみに消費税を二二、三パーセントにすれば、消費税一パーセント増やすと二・八兆円ぐらいになるから、消費の落ち込みを計算したって歳入は二〇兆円以上増える。ということは、大学は私立大学を除いてすべて無償化できるんです。保育園も無償化できる。医療は完全無償化、介護も完全無償化。それは可能なんです。制度設計として、中長期的には必ず、この話は出てくるよ。

でも、そのときに消費増税は逆進性が高いという反論があるでしょう。それは再分配しないからだよね。だから、再分配を下の方に手厚くやればいいんです。富裕層増税、資産課税、それから相続税一〇〇パーセントとかね、そんな一種の国家社会主義的な方向に日本がかじを切る可能性は十分ある、と思っています。ただ、そうなった場合には、その主体は個人ではなく、国家になる。それは非常に怖いことなわけ。

ただ、今の日本のシステムは本当に崩れていきます。アメリカは低負担、低福祉で、自助努力でやれという仕組みですから、自分で金を貯めてやっていかないといけない。食っていけない人間には、ぎりぎりの食い物ぐらいしか回してくれない。それに対して北欧は高負担、高福祉です。

では、日本は？　この国は低負担、中福祉でした。なぜそれが可能だったかというと、本来は国家がやるべき福祉の一部を会社が福利厚生でやっていたからです。だから、税に関しては低負担だけど、中福祉が実現していた。それは終身雇用制で、奴隷賃金みたいなところからスタートして、五〇歳を過ぎると、窓際族なんだけどもたっぷりお金が入ってくる、そんなシステムだった。でも、それはもう崩れてるでしょ？　今、日本で起きているのは、中負担、低福祉みたいな状態ですよ。そうすると増税に対する抵抗感がものすごく強くなる。税金が高くなったところで、自分のところに戻ってこないじゃないか、と。こういうシステムの国がどうなるかと言うと、一つには「大幅に消費税を上げる」という大きな政府論だよね。少し前に民進党が「オール・フォー・オール」って唱えていたけれども、あの考え方は大きな政府論で、ソフトファシズムですよ。

もう一つの方向は、慶應義塾大学の井手英策《いでえいさく》さんが言っている「富山に学べ」というやつです。富山県は、一八歳の一〇〇〇人当たりの東大の進学率が高く、生活保護受給者率は一番低くて、大阪の一〇分の一です。なぜか？　製造業がきちんとあって雇用が多く、地元から離れずに済むため、家は親子三世代で住んでいる。家庭には主婦は一人でいいから、六〇代の後半から主婦になって切り盛りをする。つまり、それまで嫁は働きに出ている。確かに朝の富山駅を見ると、女性の通勤客はすごく多いんです。そして、じいちゃん・ばあちゃんが子どもの生活と勉強を見る。近所との競争があるから、「いい学校に入れ」とねじを巻く。生活保護は「恥ずかしいから受けるな」、就学支援も「受けるな」と言う。それでも、みんながお互いの生活をよく知っているから、社会福祉的な機能は濃密な人間関係の中で果たせると。そうなるとコストはほとんどかからないんですね。

もちろん、二〇代の人は富山から出たがりますよ。特に女性は夫の実家に三世代で入りたくないでしょ？　でも逆に、六〇代になって、家を全部切り盛りして顎で嫁を使い、大きな家に住んで、近所の面倒も見てってことになると、充実感がある。だから、六〇代半ばから二〇年くらいは主婦で頑張ろうと。そういうモデルはこれからありうるかもしれない。

この富山モデルを井手さんは素晴らしいものとして取り上げています。私は井手さんと親しいけれど、ちょっと訊きたい気持ちはあるんだ、「でも、それってちょっと息苦しいんじゃないの？」って。私には濃密な家族関係過ぎて、窮屈な気がします。井手さんは母子家庭育ちで、叔父さん・叔母さんたちにもずいぶん世話になったと言いますから、大きな家族に囲まれることへの憧れみたいなものがあるのかもしれません。
日本は変わらざるをえないんだけども、最悪なのは言うまでもなく「高負担、低福祉」です。そこへ行政が間に入ってくるから極めて非効率になって、負担だけはすごく高くて、全然見返りがないみたいな事態もありえます。そうなるよりは富山モデルを推す心情は分かりますが——。

愛国主義という出世カード

先、読んでいこう。

「かつてプロイセン軍をドイツ民族の最も驚嘆すべき武器たらしめた原則が、意味を転用して、将来われわれの国家観全体を建設する根本原則であらねばならない。すなわち全指導者の権威は下へ、そして責任は上へ、である。」

もっとも、こういうことを言う人に限って、けっして責任を取ろうとしないケースは個人的によく見て来ました（会場笑）。

「さらにまた、人々は、今日議会と呼んでいるこの団体をなしですますこともできないだろう。だが議会の助言は実際に助言するだけになって、責任はつねにただ一人の担い手だけが負うことができるし、また負わせてもよい。したがってまたこの人物だけが権威と命令権をもちうるし、もたせてもよい。

議会それ自体は必要である。なぜなら、まず第一にすぐれた頭脳の持主は議会で徐々に頭角をあらわす可能性があり、後にその人物に特に責任ある課題を委託することができるからである。」

これ、誰のことを言っている？　ワイマール議会で頭角を現したのはヒトラーですよ。議会がなければ、ヒトラーのような人間はのし上がってこられなかった。もし議会がない制度だったら、権力は貴族あるいは高級司祭に牛耳られて、ヒトラーのような底辺にいた人間が徒手空拳で這い上がることはできなかったから、議会は素晴らしい。なぜなら俺のような「すぐれた頭脳の持主」がのし上がってこられるからな、と言っているわけです。

ヒトラーは、排外主義を煽《あお》ったでしょ？　愛国主義を煽ったでしょ？　ああいう主義主張って、流動期においては、エリート層に入るためにすごくコスパがいいんです。だって、弁護士になるにはどうしなきゃいけない？　司法試験に合格しないといけないよね。官僚になるためには？　国家公務員試験に合格しないといけない。作家になるためには？　作品を書いて、それが読者に受けないといけない。ＡＩビジネスで成功するには？　自分が作ったシステムが評価されないといけない。

では、愛国者になるためにはどうすればいい？　大声でわめけばいいだけです。俺は愛国者だ、あいつは非国民だって目立つ場所でわめいていればいい。「コラ、貴様は韓国に舐められくさって、それでいいと思ってんのかよ。俺は在日特権を許さないぞ」とか、そんな感じでわめき散らしていれば、声が大きければ大きいほど、「あれはかなりの愛国者だな、なかなかいいじゃないか」と認められ、頭角を現すことができる。有象無象の兄ちゃんがとんでもないヘイトスピーチで名を売って、大阪市長と公開討論会をして、そのときに自分の本を脇に置いておいたら、その本がベストセラーになったりもする。愛国主義って、えらくコスパがいい（会場笑）。

普段だったら相手にされないような人物や主張だけれども、社会が流動的になってるときは、愛国主義カードというのは下から上へ社会階層を這い上がる、あるいは中級が上級へ成り上がる、二級エリートが一級のエリートにのし上がる、ものすごくいいカードなんです。そんなに極端な形でなくとも、よく観察していたら分かるけども、コストパフォーマンスの良さを享受している人たちはいますよ。

大衆を扇動せよ

さて、すでにヒトラーの読書法については触れました。でも、そもそもヒトラーは書物の効用をあまり認めていないんです。

「第六章　初期の闘争――演説の重要性」の「演説は書物より影響が大きい」を読みましょう。

「演説は書物より影響が大きい

これらの集会は、わたし自身にとっても利益があった。すなわちわたしはだんだんと民衆大会の演説者に変っていった。荘重さとか、千人を包含する大きな会場が要求する身振りに熟達してきたのである。

すでに強調したように、小さいサークルにおいてなら別だが、あたかも自分たちが世論に転換をもたらしたかのように、今日大言壮語している諸政党によって、この方向への啓蒙が行なわれたことを、わたしはこのころに見たこともなかった。だが、もしいわゆる国家主義的政治家がどこかでこの方向について講演したとするならば、それはたいていすでに自分と同じ信念をもっていた仲間に対してだけであって、しかもその場合に発言したことは、せいぜい自分たちに固有な考え方を強調するにすぎないものであった。だが当時そんなことは問題ではなく、従来かれらの教育や認識によって反対の立場に立っていた人々を、啓蒙と宣伝によって獲得することだけが問題だったのだ。」

面白いことに、このへんの考え方もヒトラーのオリジナルじゃない。種本があって、やはりレーニンです。レーニンの『なにをなすべきか?』という本を下敷きにしている。

レーニンは「宣伝」と「扇動」を分けました。活字で為政者に対して、あるいはインテリに対して説得するのが宣伝。扇動は、話し言葉によって、文字を知らない人たちの感情に訴える。だから、宣伝においては「宗教は民衆のアヘンであり、幻想である」って説明をするけれど、扇動においては「社会主義は、われわれにとってのキリスト教だ」と言って構わない。そんな使い分けを堂々としました。これはヒトラーのやり方とすごく似ています。

「また、われわれはパンフレットをこの啓蒙のために利用した。わたしは軍隊にいたときすでに、ブレスト・リトフスクおよびヴェルサイユの講和条約の対比をのべたパンフレットを作り、それは、流布するために大量部数に達した。わたしはさらにその後、党のためにその残部をひきうけたが、ここでもまた効果はよかった。そのために第一回の集会は、机の上があらゆるかぎりのパンフレット、新聞、小冊子などでいっぱいだったことが目立った。けれども重点は語られることばにおかれていた。そして事実上また、——そして実際に一般的な心理的根拠からも——このことばだけが大革新を招来する立場にあるのだ。」

LINEでもTwitterでも、使っている言葉は話し言葉だからね。みんな、あれを書き言葉と思っているけれども、これは芥川賞作家の藤原智美《ともみ》さんが『ネットで「つながる」ことの耐えられない軽さ』（文藝春秋）で指摘していることで、インターネットで使われている用語、特にSNSで使われているのは、絵文字も含めて話し言葉なんだと。だから、扇動の言葉と親近性があるんだね。

「わたしはすでに上巻において、すべての力強い世界的革新のでき事は、書かれたものによってではなく、語られたことばによって招来されるものだ、と述べた。一部の新聞では、その点についてそうとう長い論議を行なった。もちろんその論議においては、特にわがブルジョア的狡猾者《こうかつしゃ》によって、このような主張に対する非常にきびしい反対をうけた。だが反対が起ったというこの根拠が、すでに懐疑者を論駁しているのだ。というのは、こういう考え方に対してブルジョア的インテリゲンツィアが抗議するのは、かれら自身が語られたことばによって大衆に影響を与える力と技術をあきらかに欠いていたがために、つねに純粋の文筆活動だけに没頭し、演説によって実際に扇動的に活動することをあきらめているからである。だがこういう慣習は時がたつにつれて、今日わがブルジョアジーを特徴づけているもの、すなわち大衆への働きかけと、大衆への影響に対する心理的本能の喪失に導くにちがいないのである。

演説者は、大衆が自分の評論をどの程度理解してついてくることができるか、また自分のことばの印象や効果が所期の目的をはたしているかどうかを、たえず聴衆の顔付から計り知ることができるかぎりにおいて、かれは自分が語っている大衆からたえず自分の講演を修正してもらえるのに、文筆家は読者一般を知ることができない。」

ＳＮＳは双方向性を持ってるでしょ。そして瞬時に反応できる。自分の発言がやばいと思ったら軌道修正が簡単にできますよね。その意味においては、演説と似ています。聴衆の表情や反応を見ながら話を変えていく。この箇所はＳＮＳに置き換えてみたほうが分かりやすいでしょう。

「だから文筆家は、はじめから自分の目前にいる一定の大衆を目標とすることができず、まったく一般的に論述するのである。」

文筆家は、確かに顔の見えない一般に向けて論述しないといけない。それに対してインターネットなら、今この瞬間に反応している人間に巧みに対応することもできるし、匿名だったら無責任な形でもできる。しかし、それを嘆いてもしょうがないんだね。そもそもが、そういうツールなんだから。

フタコブラクダの後ろコブ

「だがそのためにある程度までかれは、心理的な鋭敏さと、後にはしなやかさを失うのである。それだから一般にりっぱな演説家は――文筆家がたえず弁論術を練習しないかぎり――りっぱな文筆家が演説する以上にいつももっとうまく書くことができるであろう。そのほかに、大衆自身というものは不精なもので、古い慣習の軌道にはまって動こうとせず、そして自分が信じているものにぴったりしなかったり、自分が望んでいるものを書いてなかったりすると、自分自身からは好んで何か書かれたものに手を出さない、ということがある。」

だから、月刊何とかといった雑誌を見ると、「すべて中国が悪い」とか「朝日新聞が諸悪の根源」とかってタイトルが並んで、毎号同じような著者で、どうせ結論も同じようなんだけども、みんな慣れているものだから、それで安心するんだよね。「水戸黄門」とか「大岡越前」みたいなものです。大衆は自分が安心できないものには手を伸ばさない。ヒトラーは大衆の心理をよく分かっているんです。

むろん出版社にとっては、毎号似たようなものでも大衆が安心できるものを供給すればいいのだから、ビジネスチャンスです。でも、こういうのは、いわばフタコブラクダの後ろの方のコブの論理なんだよね。

本を読む層の分布図はフタコブラクダのコブのように、二つの大きな山ができるんです。前の方のコブは理屈でいろいろと新しい刺激的なものを楽しめる人たちで、後ろのコブは、いつもと同じパターンが出てくるのが安心できて好きな人たちなんです。「やっぱり俺がこんなに調子悪いのは朝日新聞のせいだよ」とか「背後にはやっぱりコミンテルンがいたのか」とか、そうやって安心して、ゆっくり休むことができる。あるいは、「中国によって操られてるやつがこんなにたくさん論壇にはいるんだなあ、いや恐ろしい話だ」「沖縄の幹部は中国にすっかり乗っ取られているらしいぞ」。そんな事実と関係ない話でも平気で信じ込む。「それ、事実と違うよ」と諌《いさ》めたところで、「いや、それを裏打ちする雑誌もあるぞ」とか言って、月刊何とかを取り出してきたりする。出版社とすれば、ちゃんと商売になっているわけです。ここも今日の講義で、古谷経衡さんの本を挙げて、〈本質的なもの〉についてしゃべったことと重なります。

ただし、「これ、読者が一定数いるみたいだから、うちの雑誌でもやってみるかな」と前コブの方がやると、「何やってるんだ、どんな人権感覚なんだ」って突っ込まれて大変なことになる。これはフタコブラクダの前コブと後ろコブで、ゲームのルールが違うからなんです。そして、ヒトラーは徹底して後ろコブの人だった。後ろコブで何をやったら受けるかということに通暁していた。肌で理解していた。前コブに全く未練がないのが、ヒトラーの強さです。

このやり方、つまり「後ろコブで勝負しよう、商売しよう」と思ったら、いくらでも使えますよ。ヒトラーがここで解説している扇動方法は今なお人を動かします。

「だから一定の傾向をもった書物は、たいていは以前からこの傾向に属している人が読むだけである。それとともに、せいぜいパンフレットかポスターがその簡潔さによって、意見の異なる人々の場合にも注意を一瞬間ひくことを考えることができる。」

例えば電車の中吊り広告ですよ。中吊り広告の派手さ、タイトルの付け方などによって、考えの違う人の関心を一瞬、引くことはできる。でも書物ができるのはその程度なんだと思っていたほうがいい、と。

「フィルムをも含めたあらゆる形式の像が、疑いもなくもっと大きな効果をもつのである。ここでは人間はもはや知性をはたらかす必要がない。眺めたり、せいぜいまったく短い文章を読んだりすることで満足している。それゆえ多くのものは、相当に長い文章を読むよりも、むしろ具象的な表現を受けいれる用意ができているのである。像というものは、人間に、かれが書かれたものについて、長いことかかってやっと読んだものから受けとる解明を、ずっと短時間に——一撃でといってもいいぐらいに——与えてしまうのである。」

つまり、人間の知性なんてそんなに働くものじゃないから、何か映像を見せたり、「あいつは日本の敵だ！」とか短いフレーズで訴えたりした方が、断然効果的に相手の腹にすとんと落ちるんだ。「詳しいことはよく分からないけど、なるほど、あいつは絶対に悪いやつなんだな」と思わせられるんだ。人間なんてそんなもんだ、と。

これが、ヒトラーが最底辺を歩んできて、そこから議会でのし上がっていく中で見てきた大衆の現実でした。

知性の誤使用

「だが最も本質的なことは、書物はどのような手に落ちるかわからないのに、一定の表現を保持しなければならない、ということである。この表現が、その読者たるものの精神的水準や本質的性質にぴったり応ずれば応ずるほど、一般にその効果はますます大きいのである。だから大衆を目的とした書物は、はじめから文体と程度において、より高度の知識層を目的とした著作物とは異なった効果があるようにせねばならない。」

さっきのフタコブラクダの比喩を使ったことと同じことを述べています。前コブのインテリ向けの書物と後ろコブの大衆向けでは、文体や論理やレトリックを全部変えたほうがいい。面白いでしょ？　今の日本で起きていることは、ヒトラーの手法でほぼ説明できるでしょ。

「ただこういう種類の適応能力をもつことによってのみ、書かれたものが語られたことばに近づくのである。演説家は、書物と同じテーマを、かまわずに取扱うことができる。けれども、かれが偉大な天才的な民衆の演説家であるならば、同じ主題や同じ題材を二度と同じ形式でくりかえさないであろう。その時々の聴衆の心に語るために必要なことばが、その場で感情に合してちょうど流れ出すように、つねに大衆によって動いていくに違いない。けれども、かれがもし少しでも間違っているならば、いつでもかれの目前にはいきいきした訂正があるのだ。すでに上述したように、演説家は聴衆の表情によって、かれらが第一に自分がいったことを理解したかどうか、第二にかれらが全体についてくることができるかどうか、そして第三にどの程度まで提議したものの正しさについて確信したか、ということを読みとることができるのである。」

この後の対処方針が非常に秀逸です。

「第一に――かれは聴衆が自分のいったことを理解しないと見たならば、かれは最も劣等なものでさえも理解できるにちがいないぐらいに、その説明を単純に平易にするだろう。」

要するに、一番レベルの低いやつに合わせろ、と。「すべて悪いのは朝鮮人だ、あいつらは糞食ってるからな」って、こういうヘイト言説をやることで結局、メッセージは伝わる。やりたいのは異民族に対する憎悪を訴えていくことだから、激しいヘイトスピーチをやれば伝わるわけです。

「第二に――かれは聴衆が自分についてくることができないと感じたならば、みんなの中で最も頭の弱いものすらとり残されない程度に、自分の思想を注意深く、徐々に組みたてる。」

みなさん、私はみなさんが幸せになってほしい。みんなで一緒に幸せを生み出す、これを共産と言います。ですから、共産党というのは決して怖い党ではありませんよ。みんなが一緒に幸せになれる、そんな幸せを生み出す優しい政治をしていく党、という意味なんです。徐々に組み立てていくというのは、こういう話をするってこと（会場笑）。

「そして第三に――聴衆が自分の提議したものの正しさを納得していないように思えるかぎり、これをたびたび、つねに新しい例をくりかえし、また口に出さないまでも感じとれる聴衆の異論は、自分からもち出して、ついには最後まで反対するグループさえも、かれらの態度や表情によって、自分の論証の前に降伏したと認められるまで、反駁し、粉砕するであろう。」

移民がけしからんということを言いたいときは、新聞の社会面の記事を山ほど持って、この殺人事件は外国人による犯罪だ、この強盗は外国人の犯罪だ、このレイプは外国人による犯罪だ、これもあれもれも外国人の仕業だと。あなたは事実を前にして、これを否定して、それでも外国人犯罪はないとおっしゃるんですかと。こういうやり方だよね。ヒトラーの思考は結構役に立つでしょ（会場笑）。

裏返すと、この種の手で説得されてはならないし、「ああ、これはヒトラーの技法だな」と分からないといけない。この講座で勉強した人は、この種の単純化、ばかばかしいような話の組み立て、細かい事実の断片的な積み重ねと論理の飛躍、こういうやり方を知ったわけですから、それに操られずに済むわけです。反知性主義というのは、知性をまったく使わないわけではなくて、知性の誤使用なのです。それも頭に入れておいた方がいい。

ヒトラーは有言実行した

「そのさい、人間というものは、知性に根拠をもたず、たいていは無意識に、ただ感情によってのみささえられた先入見にとらえられていることがまれでない、ということが問題である。」

人間は知性に根拠がなく、無意識や感情に支えられた先入観に捉えられた生き物だから――普通はここから、先入観に捉われず、いかにして客観的に物事を見るかって話になるはずなんだけど、ヒトラーは逆に「それを利用しろ」と教えるわけです。

人間は知性じゃない、感情だ、しかも先入観だ。その先入観を散々使って、感情に訴えろ、そうすれば知性なんていくらでもブッ飛ばせる。そんなふうに考えている。人間に対してすこぶるシニカル、冷笑的なんです。

「こういう本能的な嫌悪、感情的な憎悪、先入的な拒否というようなさくを克服することは、欠点のある、あるいは誤った学問的な意見を正しくなおすことよりも、千倍も困難である。誤った概念やよからぬ知識というものは、啓蒙することによって除去することができる。だが感情からする反抗は断じてそれができない。ただ神秘的な力に訴えることだけが、ここでは効果があるのである。そしてそういうことはつねに文筆家にはできず、ほとんどただ演説家だけがなしうるのである。

これに対しては、わが民衆の間に幾百万という法外な部数で氾濫《はんらん》している、往々にして非常に巧妙につくられたブルジョア新聞があるにもかかわらず、新聞は大衆がこのブルジョア社会の人々のまさしく最もするどい敵となることを防ぐことができなかったという事実が、このうえもなく適切な証拠を与えている。毎年毎年主知主義から発刊される新聞の洪水や書籍のすべては、油を塗ってある革から流れ落ちる水のように、幾百万という下層階級の人々の間にすべりおちるのである。これはただ二種類だけ論証することができる。すなわち、これらすべてわがブルジョア社会の文筆家の内容が正当でないか、あるいは著作物によってのみでは、大衆の心に達することができないかである。もちろん、この著作物自体が、新聞の場合がそうであるように、ほとんど心理的に調整されていない場合は、特にそうである。」

論理的には新聞に書いてあることが正しくても、大衆の心には達しない。すると結局、高級紙に書いてあることは全部無駄なんだ。それから、議論によって説得しようとすることも無駄だ。大衆の心に突き刺さるように、感情に訴えろ、偏見に訴えろ、偏見を拡大しろ、先入観を拡大しろ、そして俺についてこい、そういうふうにやれば全てが解決するんだと。

真実は隠されている、マスコミは嘘しか言わない、真実は私しか知りませんと、こういう形でやればいい。そういう荒唐無稽な演説で人間を動かせるんだ。そんなふうにヒトラーは公言して、恐ろしいことに、実際言ったとおりのことをやってのけました。ご承知のように、『わが闘争』を書いたときは、まだ彼は権力を奪取していません。この下巻が出た七年後に権力の座につくのですが、ここで彼はこれから自分が何をやっていくかの宣言をしているわけです。七年のうちに、弱小政党の一党首にすぎなかったヒトラーは反共で資本家たちをなびかせ、教会など保守層も安心させ、下層階級とは皮膚感覚で通じ合っていきます。そして、大衆は長いものに巻かれていったのです。

言ってみれば、公に向って手の内をすべて明かしているんだけれど、みんなはバカにして、『わが闘争』をまともに読まなかったんだ。こんなマンガみたいなことが支持され、実際に起きるとは夢にも思わなかった。しかし、ヒトラーは有言実行して、一二年も権力を維持し、宣言した通りにユダヤ人や共産主義者や障害者たちに牙を剝きだしにしていった。

だから『わが闘争』は悪用禁止の本であるのは当然で、これを使って、例えばSNSとうまく結び付ければ、今なお政治的にいろんなことができるでしょう。

では明日、またやりましょう。今日読んだところは、宿題をやりながら振り返ってみて下さい。お疲れさまでした。

5　総統の逆問題

おはようございます。まず昨日のおさらいというか、みなさんが家に帰ってから、講義を思い返して疑問に思ったり、理解できなかったり、反論したくなったことがあったら伺いましょう。

受講生J　ヒトラーはなぜ土地を——あるいは人間と土地の結びつきを——重視したのでしょうか？

それはドイツだからです。ドイツにおいて、人とは土地、土地とは人なんだね。これはゲルマンの慣習法に基づいているし、ナチズムの原点でもあります。

この感覚は『ガリア戦記』を読めば分かります。カエサル側の論理ではなくて、征服される方のゲルマン・ガリア地方の論理を読むといい。キリスト教が伝来する前のドイツという土地に深く根づいていたもの、最もドイツ的なるものは「自然」なんですよ。自然の中で一番重要なものは土地であり、そこに住む人びとによる土地の継承です。

さらに言えば、継承が最も重要なのだから、個人の命よりも大切なのは名誉なのです。だから、映画『新しき土』の中で、いいなずけを奪われそうになった原節子が、これは恥辱であると思って火口へ飛び込もうとする。それを見て、東洋人であるにもかかわらず、つまり本当は文化創造はできず、文化支持しかできない民族であるにもかかわらず、命を捨てて名誉を守るというのはドイツ人と同じで素晴らしいと。しかも、耕そうとしても段々畑しかなく、土地がない彼らは満洲に行かざるを得ない運命だ。これはドイツ人と同じ悩みを持っているんだ。だから、ドイツと日本はお互いに提携できる。物心両面で共感し合える。こういうふうに考えたわけです。

受講生K　エーコが「介入することは革命のようなものだ」と言っていました。ヒトラーや高畠素之《たかばたけもとゆき》のような国家社会主義者も革命を起こそうとしたのだと思います。革命という概念、その輪郭のようなものでも知るのによい本はあるでしょうか？

革命についてのいい解説書ってないんだよね。私なりに、ちょっと整理してみましょう。

革命、レボリューションというのは、本来〈天体の運行〉という意味です。われわれは天体の運行と言われると、ケプラー以降、ニュートン力学以降の考え方で理解しますけど、無論、昔の人びとにとってはそういうものではありませんでした。

例えば、『太平記』にこんなエピソードがあります。北条高時《たかとき》が田楽に熱中して、自分の館に田楽師たちを呼んで踊り狂って盛り上がっていた。女官が部屋の外にいたら、笑い声と共にこんな歌が聞こえてきた。「天王寺の妖霊星《ようれぼし》を見ばや」。妖霊星《ようれいぼし》って彗星《すいせい》のことです。変に思って部屋を覗くと、高時の周りにいるのは田楽師ではなく、みんな天狗だった。慌てて大声で呼んだ家来が斬りかかったら、天狗たちはパッと消えてしまった。高時は酔っ払って何も覚えていない。この件を聞いた儒者は青ざめて、「これは大変なことだ。妖霊星が来るのは天下が乱れる時だ」。天王寺というのは四天王寺、聖徳太子が仏法の興隆のために造った寺です。鎌倉から見ると西の方にありますね。これは西の方から天下が大いに乱れるという顕《あらわ》れではないか、というふうに意味を取るわけです。

あるいは、イエメンにいる三人の博士が空を見ていたら、今まで見たことのない星が西に現れた。その星に導かれていくと、ベツレヘムという村の馬小屋の飼い葉桶《おけ》の中で、生まれたばかりの男の子が寝ている。それを見て、「おお、救い主がお現れになった」。こういうふうに星の出現が、歴史と関係しているわけです。

だから星の運行が変わるというのは、地上が変わる顕れなのです。もちろん運行が変わるのにも、為政者が変わるレベルのものから、社会構造の根本が変わるものまで、いろいろあるでしょうが、ともかくレボリューションというのは、星の運行に伴って地上の秩序が変わる、ということです。

革命と生前退位

ただ、洋の東西でニュアンスが違うんですよ。レボリューションって、ヨーロッパにおいてはそんなに重くない。星の巡り合わせがちょっと変われば、すぐにレボリューションになる。ところが東洋で革命というと、意味合いがだいぶ違ってくる。易姓《えきせい》革命になるんです。天に全ての意思がある。天意が変化すると地上の秩序も変わる。天命が改まるから革命がある。そうすると、地上を支配している王朝の姓が変わる。つまり殷《いん》、周、秦《しん》、漢とか、元《げん》とか明《みん》とか、姓が変わる。天意に反する王がいたら、あるいは天命から見放された王がいたら、易姓が起きる。だから、東洋においては、革命はパラダイム転換に限りなく近い大激変なのです。

ただし、日本においては、さらにねじれが入ってきます。鎌倉時代の初期に、天台座主《ざす》の慈円《じえん》が『愚管抄《ぐかんしょう》』を著します。比叡山延暦寺《ひえいざんえんりゃくじ》が天台宗の総本山で、京都御所からいうと北東の方角にある。東洋の暦だと丑寅《うしとら》になり、鬼門ですよね。鬼という目には見えないけども災いをもたらすものを封じ込めるために、延暦寺は造られました。しかも慈円の父も兄も藤原一族で摂政関白です。つまり彼はきわめて権力に近い有力者で、国家鎮護の祈りをするとともに、国家ドクトリン（基本原則）を作る人でもあった。その国家観、世界観が『愚管抄』に表れています。

慈円は『愚管抄』の中で、中国の四書五経の『礼記《らいき》』にある「百王説《ひゃくおうせつ》」に独自の解釈を加えて、どの王朝も一〇〇代までしか続かないと唱えました。現在（当時）の天皇家は八四代だから、あと一六代で滅びて易姓が起きる。別の姓を持った王朝が、日本で現れると考えた。この影響を強く受けたのが、少し時代が下った足利義満《よしみつ》です。慈円の考えに基づいて、義満は「日本は中国のグローバリゼーションの中に入っていく」と見た。「むしろ進んで冊封《さくほう》体制に入った方がいい」と考えたのです。この流れの中で、そのうち天皇家はなくなるだろう。そして自分は日本国王として、明の皇帝の臣下になろうと思ったわけです。それが朝貢《ちょうこう》貿易を始めて数年で、なぜか死んでしまう。

さて、『愚管抄』が日本のドクトリンだとされている時代に、南朝側の北畠親房《きたばたけちかふさ》が『神皇《じんのう》正統記《しょうとうき》』を著しました。『神皇正統記』が面白いのは、易姓革命思想は普遍原則だと。だから、これは日本にも適用されるのだけれど、日本は神の国だから、他の王朝とは違う特殊な変容が起きる、としたことです。

革命が起きると通常は易姓になるけれど、日本では易姓は起きない。同じ天皇家の中で、幹と枝が変わっていくんだ。例えば、第二五代天皇の武烈《ぶれつ》帝のような非常に乱暴な帝がいたときは世継ぎが生まれない。その結果、古い系統として枝となって細くなっていた血統から継体《けいたい》帝が継ぐことになり、やがてそちらの血筋が幹に育っていく。これが大日本は神の国である特徴だと。すなわち、革命はある。ただし易姓がない。姓は変わらない。こういう北畠親房のような考え方が日本にはある。

さらに、革命には二種類あるんです。一番目が放伐《ほうばつ》。王が天命が変わったことを理解しないで動かない場合は、武力によって追放して、次の王がつく。二番目は禅譲《ぜんじょう》。王が天命が変わったことを理解し、退位して平和裡に権力が移る。いずれも革命の形態なんです。

さて、時代が下って明治維新になると、「革命を完全に封じ込める」というのが維新の元勲、伊藤博文や山県有朋《やまがたありとも》たちの死守すべき一線となりました。そこで彼らが敷いた路線が「一世一元」です。一世一元というフックを掛けることによって、天命がどう変わろうとも、易姓はもちろん、放伐も禅譲も絶対に起きないようにした。日本の政治から革命を排除しようとしたわけです。

　昭和の初めに北一輝《いっき》たちが狙っていたのは何かというと、この一世一元というフックを外して、国家システムを変えることでした。彼らは二・二六事件において、秩父宮を担ぎ出そうとしたでしょう？　放伐は行われないにしても、禅譲によって新しい時代を作っていこうとした。これはもちろん国家側とすれば大罪ですから、北一輝はじめ、軒並み死刑に処せられました。

　そんな重要なフックである一世一元が、ついに外れたのが今回の生前退位ですよ。国体維持の観点から言えば、明治維新以前のルールに戻すことは、革命を呼び込むという意味合いがあるわけなんだ。例えば錦旗《きんき》革命みたいな発想、つまり錦の御旗をどっちが持つか、上皇が持つ、皇太后が持つ、皇太子が持つ、皇太弟《こうたいてい》——秋篠宮さんは皇嗣《こうし》を名乗りますが——が持つ、といった形で天皇に禅譲を迫るような革命への道を開いている、と言えるのです。しかも、天皇家の人たちが、いろんな政治的な発言をするようになってきているでしょ？　実は土壌が整いつつあるんです。

　そもそも今回の生前退位は、憲法を超えた事態です。天皇が生前退位の意思を持ち、それを政府は特別立法で行いましたよね？　これは「陛下がおっしゃってることは、わがままですよ。だから今回一回限りです。一回限りの特別法にしますからね」という意味ですよ。政府は明治維新以来のフックをきちんと掛けようとしている。皇室がそのフックを外そうとしている。革命の問題というのは、令和の日本においても決して無縁ではない問題なんです。

順問題と逆問題

では、『わが闘争』のこれまで読んだ部分で何か質問や感想はありますか？

受講生L　『わが闘争』を読んでいると、ヒトラーの論理展開は飛躍だらけだ、という反論はできると思うのですが……。

いい質問です。実は今日、そこをお話ししようと思って、『デジタル大辞泉』の「逆問題」「順問題」の項目のプリントを用意していました。これは数学や物理の概念です。ここで説明しちゃいましょう。じゃあ、あなたが「逆問題」を読んでください。

「**逆問題**　《inverse problem の訳語》ある現象に着目し、結果や応答（出力）から原因（入力）を推定する解析方法。部分的・間接的に得られた情報や境界条件、誤差を含む観測値から、その現象を支配する方程式や数理モデルを決定することを指す。非破壊検査、重力探査、各種ＣＴをはじめ、工学・理学・医療などの分野で応用されている。」

となりの人、「順問題」を読んで。

「**順問題**　《direct problem の訳語》ある現象に着目し、原因（入力）から結果や応答（出力）を推定する解析方法。現象を支配する方程式や数理モデルがあるとし、その解を得ることを指す。」

これだけだと分かりにくいかな。料理するの、好きですか？

受講生M　まあ、少し。

じゃあ、カレー作るとき、どうやって作ってます？

受講生M　ジャガイモ、ニンジン、タマネギとお肉。カレー粉を買って、小麦粉と……。

あ、市販のルーじゃなくて（会場笑）、本格的にカレー粉と小麦粉を炒めて作ると。具はミキサーにかけてピューレ状にする？　それとも、形が残るようにする？

受講生M　形、残します。

具の形を残して、カレーができあがりますね。順問題というのは、材料を買ってきて、カレー粉を炒めて、というカレーを作る手順を問うています。一方、できあがったカレーを見て、例えばピューレ状になっているカレーを食べて、材料は何で、どういう手順で作ったのかを考える。小麦粉とカレー粉で作っているとか、チャツネが入っているなとか、エスビーの甘口カレーのルーで作っている、いやハウスのカレー辛口だ、とかを当てていくのが逆問題です。

例えば、「私、今日ちょっと熱っぽいです」という人に、「ああ、インフルエンザにかかっているんですね。インフルエンザはウイルスから起きます。今年はこういうウイルスが流行していまして、このワクチンが有効です」という形で考えるのも逆問題です。そして、ヒトラーのやり方は基本的に逆問題なんですよ。いまドイツ人の目の前でこういう現象＝結論が起きている。こうなってしまったプロセスは、これこれこういうものなのだ、と説明していくわけ。

でね、同じ結論から遡る逆問題でも、こういうふうに考えることもできます。「あなたのかかっているインフルエンザは、魔女が呪いをかけたから起きたんです。この教室の中の誰かが、昨日、あなたに呪いをかけたんだな。この中に魔女がいます。魔女は迷惑だから出て行ってもらわないといけませんね」。これ、論理の筋道としては合理的でしょう。合理的だから説得される人もいるかもしれない。だけど、非科学的だよね。逆問題においては、推定とか飛躍とか非科学とかが入り込みやすいのです。この逆問題という概念を押さえておくと、ヒトラーがどんなふうに論理を組み立てているかが分かってきます。

では論理を飛躍させて、ヒトラーが何を隠そうとしているかというと、例えば昨日読んだところにも出てきた第一次世界大戦後のベルサイユ条約があります。しかし、ドイツの超インフレーションと連合国側への賠償の問題は実はあまり関係がなかったのです。賠償はヒトラー政権前に事実上カタがつき、不況はドイツの経済政策の失敗のせいだ、というのが今では実証的に明らかになっています。実際、ヒトラーが政権を奪取する前には、ドイツ経済は上向きになっていた。でも、ヒトラーはベルサイユ条約へのドイツ人の不満を利用したいわけです。

もっとも、ヒトラーみたいなポピュリストが台頭してくるときって、国民は最悪の状態ではありません。最悪よりは少し改善したときに出てくる。どん底に向かってるとき、あるいは最低なときは、みんな生き残るのに精一杯で余裕がないから、ポピュリストに耳を貸すような関心を持たないわけです。「どん底状態にあるドイツ人の不満を背景にしてヒトラーは台頭してきた」というふうに言われがちですが、実際は、どん底から抜け出した段階で、「二度とああいう目に遭いたくない。強い指導者が欲しい」という声に押されて、こういう人物が出てくるんですね。

国家の段階的発達

受講生N　昨日の宿題の「ファシズムは可能か?」という問題ですが、ファシズムは、企業や他の団体とではなくて、必ず国家と結びつくものなのでしょうか?

発症的には別のパターンもあり得るけれども、ファシズム自体は必ず国家と結びつきます。社会はこれまで三段階で発展してきました。第一段階は狩猟採集社会=前農耕社会。人間は群れを作る動物ですから、その周りには社会ができますよね。ただし、まだ社会のサイズが小さ過ぎて、国家はありません。

第二段階は農耕社会。社会は当然ある。ただし国家という形は、古代の中華帝国やメソポタミアやエジプトみたいに、ある場合もあるし、中世のヨーロッパや戦国時代の日本のように、国家がなくても存立している場合もある。

第三段階が、我々が生きている産業社会です。これは社会もあるし、国家もある。どうして？　産業社会では機械を動かさなければいけない。そこでさまざまな技術革新が起きるから、ある程度高度な計算ができたり、例えば今だと「Excelくらい使え」とか言われて、そんなマニュアルも読みこなしたりしないといけない。そういった基礎教育には、莫大な時間とお金がかかるんです。それを運営できるのは国家しかない。義務教育レベルまでの教育というのは、社会からの要請でレベルが決まり、国家が教育制度を整備するのです。裏返して言えば、国家が崩壊すると教育もできなくなるから産業社会には絶対に国家が必要なのです。で、ファシズムは歴史的に見て産業社会の現象ですから、国家なくしてファシズムは絶対に存在しない。ただ、そこからアナロジカルになって、ファッショ的な経営をしている会社とか、ファッショ的な運営をしている学校とかはあり得ますよ。

国家と社会の関係について、よくまとまっている本は実は一冊しかありません。昨日も話したアーネスト・ゲルナーの『民族とナショナリズム』がこのへんの考察をきちんとしています。日本の場合は、いまだにエンゲルス、スターリンふうの唯物史観の影響が強いんですよ。社会は原始共産制→奴隷制→封建制→資本主義という具合に発達してきたという見方を取る人がいるけれども、これは実証的に完全否定されています。奴隷制とか封建社会が、見えない形で産業社会に息づいている例はいくらでもある。

そして、そもそも原始共産制というものは存在していない。人間の社会には最初から私有財産があった、という考え方が現在の文化人類学の主流になっています。原始共産制はマルクスとエンゲルスが、ルイス・ヘンリー・モーガンの『古代社会』という本に引っ張られ、そこへヘーゲル弁証法を入れて作りあげた概念です。もともとの状態においては私有財産はなかったのに、階級社会において私有財産が生まれ、弁証法的正反合で、共産主義社会の到来によってアウフヘーベンされて、生産力は高まるけれど私有財産はなくなるんだ、という一種の妄想になっちゃった。

ナチズムへのルターの影響

受講生O　昨夜佐藤さんの著作を読み返していたら、ヒトラーが最も尊敬したドイツ人はルターだとありました。ヒトラーはルターの発想のどこに共感したのか、もしルターの思想の中にナチズムと通底するものがあるのであれば、それはどのようなものなのかを聞かせてください。

ヒトラーは、ルターを非常によく読んでいました。

まず、ルターは反ユダヤ主義者でした。著作集を読むと、反ユダヤ主義的な記述はたくさんあります。マルクスの『資本論』にも、ルターのユダヤ人の高利貸しはいかに悪いかなんてところが引用されています。

ただ、より根源的な問題になるのは、ルターの極端な主観主義です。プロテスタント教会はルター派とカルヴァン派（改革派）に大きく分かれます。一六世紀にこの両派の間で論争がありました。ルターは「無限を構成する有限」ということを主張した。つまり、いくつかの前提があれば、無限の世界を説明することができるとしたのです。

カルヴァンは、「有限は無限を構成しない」とした。例えば、有限の人間には無限の神のことはけっして分からない。人間には理解できない外側があるんだ、というわけです。これを神学用語でカルヴァン主義的概念と呼びます。つまり、カルヴァン派においては常に外部がある。

ということは、今のＡＩにおけるシンギュラリティ（人間の能力を超える転換点）があるという考え方は、ルター派の思考ですね。二〇四五年くらいには、小さなスーツケース一個ぐらいのコンピューターが人間の頭脳を学習し尽くし、やがて人間を超えていくだろう。なぜなら、量子コンピューターの発達によって、計算速度が速くなり、ディープラーニングができるからだと。

国立情報学研究所の社会共有知研究センターの新井紀子《のりこ》教授などは、「そんなことは起きない」という立場です。どうしてかというと、コンピューターは計算機にすぎない。計算機ができるのは数学用語を用いてできることだけに限られる。数学ができるのは論理と確率と統計だけだ。その三つによって、人間の脳の構造を全て還元することはできない。平たく言えば、ＡＩは考えることができないからシンギュラリティはないんだ、そう主張している。

私は、新井さんが言ってることが正しいと思うな。

それで新井さんと会ったときに、聞いてみたんです。そしたらやっぱり、新井さん自身のバックグラウンドがカルヴァン派のキリスト教徒なんですね。カルヴァン派の人たちは、ルター的な極端な主観主義、例えば「私の主観によって宇宙の全てが理解できる」という立場を非常に嫌います。これはどっちが正しいという問題ではないんですね。ただし、この極端な主観主義がナチズムに繋がっていくことは大いにあるわけで、チェコの神学者フロマートカは、私が翻訳した自伝『なぜ私は生きているか』(新教出版社)の中で、ナチズムの起源としてのルター主義を非常に強調しています。

中間共同体の重要性

私は『ファシズムの正体』の終りで、グローバル資本主義にもファシズムにも抗するためには「中間共同体」の再建が重要だと記しました。もっと具体的な匂いがするから「中間団体」と呼んでもいい。なぜ重要かは、一八世紀フランスの啓蒙思想家モンテスキューの『法の精神』を読めば分かります。みんな、今どきモンテスキューなんて真剣に読みません。『法の精神』は教科書で習う「三権分立」のところしか興味を持たれていないけれども、この本の中で、権力の分立では民主主義を担保できない、とモンテスキューは強調しているんです。

そして、国家の専制を防ぐには中間団体の存在が大事なんだ、と。中間団体、例えばギルドでも教会でも、自分たちの法人的な利益を追求します。でも、これはメンバー個人の利益を追求しているわけではないし、国家の利益を追求するわけでもない。そんな中間団体の力によってしか、国家の横暴を抑えることはできないと。ですから、グローバリゼーションの中で、新自由主義的な普遍主義は中間団体を壊す傾向にあるのです。根本的には敵対するものだからですよ。

今の日本を見ると、例えば連合傘下の労働組合なんかはもうボロボロになって、ほとんど中間団体として機能していない。最後まで中間団体として本格的に機能したのはＪＲ総連でしょう。でもＪＲ総連も近年一気に組合員が抜けてしまって、影響力は非常に弱くなっています。日教組も日高教も以前のような影響力はなくなった。社会のいろんな面において、一人一人がばらばらになって、中間団体的なものに結集できていませんよね。

日本医師会も、むかし武見《たけみ》太郎会長がやっていた頃は、厚生行政に対して徹底的な影響を与えることができていた。医師会が弱くなり、グローバリゼーションの中で医療現場も、大学病院なんか見ているとなかなかブラックな感じになっています。もし医師会が中間団体としてもっと機能して、医師という職能集団の利益をもっと代表できていれば、事態は違っていたでしょう。

今、かろうじて中間団体として生き残っているのは農協＝ＪＡでしょうか。でも、これもかなり弱くなってきている。もしＪＡに一昔前の力があったら、ＴＰＰなんて締結できなかった。こうやって消去法で考えると、中間団体として唯一いまだに力があるのは創価学会だけだろうね。だから創価学会は選挙に強くて、自公連立の中で、小が大を飲むという形で、政治に対して決定的な影響を与えられている。安倍政権が憲法改正に踏み込まないのは、創価学会があるからだから。

ほかにも地域コミュニティやアソシエーション（学校や会社など）もあるでしょうが、いまの日本でうまく機能している一例としては創価学会を思い浮かべればいい。創価学会は学会という団体の利益を追求している。例えば、彼らは子育て支援とか介護なんかに関して、あまり問題を感じていません。だって、日常において、学会のメンバーが守ってくれるから。介護だって、学会のメンバーたちがお互い助けてくれる。つまり、国家機能に依存せずに、社会の機能の中で互助システムを持っているわけです。強い中間団体にはそういう力がある。

だから、こういうことも起きるのです。創価学会や公明党は自民党の補完勢力だと目されがちですが、昨日の冒頭のドグマのところでも言ったように、二〇一八年の沖縄の県知事選で、創価学会員の三割が自公推薦の候補に投票せず、玉城デニーさんの方に回った。これは創価学会が公明党とイコールの組織ではなくて、中間団体としての意思があるってことですよね。これ、共産党で三割もの党員が別の候補者に投票したら、分派だと言われて処分されますよ。創価学会では政治活動は自由だから処分もないし、分裂もない。どんなことがあっても中間団体としてまとまっていく。

本当は、株式会社というのも中間団体なんです。株式を持っている人たちが集まって、自分たちの社団を作っているのが本来で、特に日本型の企業というのは必ずしも国家の言うことを聞かないし、それから個人の利益を体現しているっていうわけでもなかった。それがだんだん薄れてきたんです。

コンプライアンスなんていうのは、グローバリゼーションに乗って出てきたもので、普遍主義の原理です。法を全ての面で適用させろ、と。それに対して、中間団体を維持するのは掟《おきて》です。法ではなく、掟の方が重いわけです。

法と掟は別の規範なのね。例えば、言論活動は法で守られている自由です。そして、例えば編集部内で起きたことを外の媒体で書いたりするなよ、というのは掟です。これは会社の就業規則違反とか、そういう意味ではない。しかし、掟が守られないと、中間団体としての会社は成り立たなくなる。掟というのは中間団体における重要な規範なんです。

つまり、宗教団体の独自のイニシエーションや、毎朝勤行《ごんぎょう》をしないといけないとか、週末は教会へ行かなきゃならないとか、そういったことは掟なんです。キリスト教の教会だったらパンとブドウ酒を飲む儀式があるけれども、「人はみんな兄弟だ」と言いながら、洗礼を受けてない人はパンとブドウ酒にあずかれない。これを不平等じゃないかと言って裁判所に訴えても、裁判所は受け付けないよね。それは、法に関わることではなくて、中間団体の中の掟の問題だからです。

ハーケンクロイツの誕生

さあ、じゃあ今日も『わが闘争』の下巻の続きを読んでいきましょう。昨日は「第六章　初期の闘争――演説の重要性」まで読んだよね。今日は「第七章　赤色戦線との格闘」に入って、「国家社会主義の旗」から。

ヒトラーは、ドイツ帝国時代の旗を重視すると言うのですが、そこにちょっとしたアレンジが必要だと考えた。「わたし自身は、つねにこの昔の色を」から読んでください。

「わたし自身は、つねにこの昔の色を残しておく考えだった。それは兵士としてのわたしにとって、わたしの知っているかぎりの最も神聖なものであったからというだけでなく、その美的効果においてもわたしの感覚に、はるかにぴったりするものであったのだ。それにもかかわらずわたしは、当時若い運動の各方面から渡された無数の図案——そしてたいていは古い旗の中にはハーケンクロイツを描いたものだった——を、例外なく拒否せざるをえなかった。わたし自身は——指導者として——わたし自身の図案をすぐに公にしたくなかった。とにかく他の人が、りっぱな、あるいはおそらくもっとりっぱなものをもってくる可能性があったからである。実際上、シュタルンベルクのある歯科医も、かなり悪くない、そのうえわたしの図案にかなり近い図案を提出した。ただ一つ欠点があった。すなわち、かぎの湾曲したハーケンクロイツが、白い円の中にはめこまれていたものだった。

その間にわたし自身が、いろいろとやってみて最後の形を描いた。すなわち、赤地に白い円を染め抜き、その真中に黒のハーケンクロイツを描いた旗である。長い間試みた後にわたしはまた、旗の大きさと白い円の大きさと、同じくハーケンクロイツの形と太さに一定の割合をきめたのだった。

そしてそれが、最後まで残された。

同じ意味で、整理隊のための腕章もその後ただちに作図された。しかも、赤い腕章で、同じように白い円を抜き、黒いハーケンクロイツを描いたものだった。

党員章も、同じ規準にしたがって立案された。すなわち、赤地に白い円、中央はハーケンクロイツを描いた。ミュンヘンの金細工師、フュースが、はじめて使いうる図案を作り、その後にそれが決定された。
一九二〇年の盛夏にはじめて、この新しい旗が公衆の前にあらわれた。それはりっぱにわれわれの若い運動に適合した。運動が若く新しかったように、旗もまた若く新しかった。それはだれもそれ以前に見たことがなく、当時、点火用の炬火《きょか》のような効果があった。ある忠実な女子党員が、はじめて図案をしあげ、旗を引きわたしたとき、われわれ自身、みんなほとんど子供のような喜びを味わった。はやくも数か月後、われわれはミュンヘンでそれを六本もっていた。そしてますます拡大する整理隊は、特にこの運動の新しいシンボルを広めるのに役立った。」

そのまま次の項も読みましょう。

「国家社会主義の象徴の説明
しかもこれはまさしく一つのシンボルなのだ！　われわれみんなによって熱愛せられるこの独得の色によって、かつてドイツ民族のために数多くの栄誉をかちえたもので、ただ過去に対する畏敬の念をわれわれにおこさせるだけでなく、それはまた運動の意図を最もよく具体化したものだった。国家社会主義者としてわれわれは、われわれの旗の中にわれわれの綱領を見る。われわれは赤の中に運動の社会的思想を、白の中に国家主義的思想を、ハーケンクロイツの中にアーリア人種の勝利のための闘争の使命を、そして同時にそれ自体永遠に反ユダヤ主義であったし、また反ユダヤ主義的であるだろう創造的な活動の思想の勝利を見るのだ。」

赤というのは、共産主義と一緒ですよね。平等を志向しているわけです。白でドイツ帝国を復興させる強靭な意志を、そしてハーケンクロイツでアーリア人種の勝利と反ユダヤ主義を表わす。そういう三つを合わせたのがわれわれ国家社会主義者の目標であり、この旗がその象徴である、というわけだ。平等主義だったら共産主義と通じ合うし、国家主義だったら普通のナショナリストも一緒でしょう。でも、ハーケンクロイツは他にない。だから、やはりハーケンクロイツにナチスの一番の特徴があるんですね。私が一五歳の時に、「お寺のお守りに気をつけるように」と言われたのは深い根拠があるわけです。

突撃隊から親衛隊へ

続きを読んでください。

「二年後には――そのときにはすでに整理隊からとっくに数千人を包括する突撃隊になっていたが――この若い世界観の防衛組織に、特別な勝利のシンボルを与えることが必要である、と思われた。すなわち、隊旗である。それもまたわたし自身が図案をつくり、そして古くからの忠実な党員、金細工師ガールに、その仕あげをまかせた。それ以来隊旗は国家社会主義の闘争の目印になり、軍旗になったのである。」

最初から突撃隊みたいな暴力集団を作ったわけじゃないんだよね。集会や演説会が混乱したときに、「はいはい、椅子に座って」「もう出て行けよ」とか言うような整理係の腕章がハーケンクロイツだったんです。群小政党が乱立していたこの頃のドイツでは、こういう役割の組織をどの政党も持っていました。ところが、ナチスは党員が増えてきたから「よし、これを突撃隊にしよう」となったわけ。そしたら突撃隊がどんどん大きくなっちゃうんだ。しかも、ヒトラーの古くからの盟友エルンスト・レームが牛耳って、彼の私兵みたいになった。どうしたらいい？　今度はヒムラーに指揮させていた親衛隊に突撃隊を襲撃させて、レーム以下突撃隊の幹部を全員粛清しました。これがナチスが政権を握った翌年、一九三四年に起きた「長いナイフの夜」事件です。

ナチスの凄さというのは、全部場当たりでやってのけることなんです。何か長期的で大きな戦略があってやっているわけじゃないし、ヒトラーが全権を完全に握っていた独裁者で、あらゆる号令をかけていたわけでもない。ヒトラーの評伝は、イギリスの現代史家イアン・カーショーが書いた二巻本の『ヒトラー』（白水社）が一番いいと思います。カーショーによると、ヒトラーのもとにはいくつかの利益集団があって、それぞれがヒトラーを独裁者とみなすことに利益を見いだしている、そのバランスの上に立っていたんだと。これはかなり実態に近いと思いますね。ヒトラーも完全に、自由に独断専行ができたわけじゃない。というか、巨大帝国を一人で束ねることは不可能なんです。

権威はどう保たれるか

では、突撃隊の——「長いナイフの夜」事件の後は親衛隊に役割が移りますが——目的を見てみましょう。「第九章　突撃隊の意味と組織に関する根本の考え方」の冒頭、「権威の三原理」を読んでください。

「権威の三原理
旧国家の強さは、君主政体、行政機関、軍隊の三本の柱に基礎があった。一九一八年の革命は、この政体を除去し、軍隊を解体し、行政機関を腐敗政党に引き渡した。だがそれによって、いわゆる国家権威の最も本質的な支柱が打ちこわされたのである。国家権威それ自体は、ほとんどつねに、原則としてすべての基礎となるこの三要素にもとづいているのだ。
権威を形成するための第一の基礎は、つねに人気である。」

ヒトラーがまず強調するのは、「つねに人気」を維持するということです。やっぱり、彼がポピュリズムの祖だよね。人気がなくなったら失墜することが分かっているわけです。

「けれどもこの基礎にのみもとづく権威は、まだ非常に弱く、疑わしく、また動揺している。それゆえこういう人気にだけ立脚している権威の担い手は、権力を形成することによって、権威の基礎を改善し、確実にしようと努力しなければならない。権力、したがって強制力の中に、われわれはすべての権威の第二の基礎を見るのである。それは、わずかに本質的により安定し、確かであるが、つねに第一のものより断じて力強くない。人気と強制力が結合し、それらがともにある期間継続することができると、権威はさらにもっと固い基礎の上で立ちあがることができる。伝統の権威がそれだ。ついに人気と力と伝統が結合した時に、権威は揺るがしがたいものと見られてよいのだ。」

強制力――言いかえると一定の暴力装置というものが必要で、自分たちの人気を毀損《きそん》するようなやつは脅したり、場合によっては消してしまったりしないといけないと。

「革命によってこの最後の場合も完全に除外された。そのうえ、もはや伝統の権威もなくなった。旧帝国の崩壊、旧政体の除去、かつての主権の表章と帝国のシンボルの壊滅とともに、伝統は急激にひきさかれた。その結果は、国家権威の最もひどい動揺だった。

国家権威の第二の柱たる強制力すら、もはやなくなった。そもそも、革命を実行しうるためには、人々は国家の組織された力と強制力の具体化されたもの、すなわち軍隊を解体しなければならなかった。そのうえ軍隊自体の腐敗した部分を、革命の闘争分子としてふりむけねばならなかった。たとえ前線の軍隊は統一的にはこの解体工作の手には帰さなかったとはいえ、しかしかれらは四年半の英雄的力闘の栄誉ある場所をうしろにすればするほど、故国のこの解体の酸におかされ、復員組織にはいったとき、同様に、兵士評議会時代のいわゆる自発的服従という無秩序に終ってしまったのだ。

もちろん兵役を八時間労働の意味に解して暴動をおこすこの兵士群の上に、人々はもはや権威を置くことはできなかった。かくして権威の確立をまず保証する第二の要素が除去された。そしてもはや革命は、本来その上に権威を構築するための最も本源的なもの、すなわち人気だけをもっていた。だがこの基礎はまさしく非常に不安定であった。もちろん革命はただ一度の強力な打ち込みで古い国家構造を粉砕することができたが、けれども最も根本的な原因は、ただわが民族構造の内部における平常の均衡が、戦争によってすでになくなっていたがためであった。」

ここで注意してほしいのは、ナチスは革命に反対する反革命と見られているかもしれないけど、ナチスは反革命ではなく、革命勢力なんです。ただし共産主義革命に対抗する対抗革命ではありますが、既存の体制をひっくり返すという意味ではナチスもまた革命勢力です。

三種類の人間がいる

次の項も読みましょう。

「民族体の三クラス

いずれの民族体も、三つの大きなクラスにわけることができる。すなわち一方の側では最良の人間性という極端で、あらゆる道徳の意味で善良で、とりわけ勇気と献身によって特徴づけられる。他方は、最悪の人間の屑《くず》という極端で、あらゆる利己主義的衝動と悪徳が存在しているという意味で劣悪である。両極端の間に、第三のクラスとして、大きな広範な中間層があり、ここにおいては輝かしい英雄的精神も、卑劣きわまりない犯罪者的根性も具体化されていない。」

人間には、エリートと最悪の屑がいる。そしてその中間に大勢の大衆がいる。いかに、この中間層を自分たちの方へ引き寄せるかがポイントになる、と言うわけですね。それは、人間の屑を整理することにも通じていきます。

「民族体の興隆期は、この極端によい部分の絶対的指導によって特徴づけられ、そのうえそれによってのみ存在する。

普通の、均整のとれた発展期、あるいは安定状態の時代は、明らかに中間の分子の支配によって、特徴づけられ、またそれによって成立している。この場合両極端は、相互に平衡を保ち、あるいは相殺しあう。」

このへん、イギリスの社会学者ハーバート・スペンサー（一八二〇～一九〇三）の社会進化論や国家有機体説を思い起こさせます。有機体って、基本的に動物ですよね。動物の一生に重ね合わせるように、民族を理解していく。その動物が若くてどんどん成長していく時期、安定的な時期、そして老齢に達して衰弱していく時期。そういう段階を民族体も持っているんだと。これはスペンサー・モデルです。

「民族体の崩壊期は、最悪の分子の優勢な活動によって定められる。」

つまり、第一次大戦後に生まれたワイマール共和制のドイツでは、最悪の分子、人間の屑たちが策謀していることで大混乱が起きている。ここも、昨今の誰かが言いそうな、「日本の敵は日本の中にいるのよ、お分かり？」なんていう言説と似ていますね。

「だがそのさい、大衆は――わたしはかれらをそう呼ぼうとするのだが――中間のクラスとして、両極端自体がみずから相互の格闘にしばられているときだけ、はっきりとあらわれるのであり、だがかれらは両極端の一方が勝った場合には、つねによろこんで勝利者に従属するものだ、ということに注意すべきである。」

つまり、民主主義とか民意とかを信用していない。なぜなら、民意なんてものは、すぐに強い側につくものだから。取りあえず勝たないとどうにもならないんだ、と。

「最良のものが支配している場合には、大衆はこれに従い、最悪のものが興隆している場合には、かれらは少なくとも最悪のものに何の抵抗もしない。というのはこの中間の大衆は決してみずから闘わないからである。」

戦うのは、最悪のものと最良のものだけだ。中間層はただ傍観していて、勝負あった後、長いものに巻かれろとなるんだ。議会とか民主主義とか、そういったものにエネルギーをかける必要はない。まず、権力を取ることだ、と考えているわけです。

自己犠牲という洗脳

そこへ四年半もの第一次世界大戦が起こった。誰が犠牲になったか？

「最良のものの犠牲

さて、戦争はその四年半の血なまぐさいでき事において、人々が――あらゆる中間クラスの犠牲を認めるとしても――それにもかかわらず最良の人間性という極端が、ほとんど完全に血を流し出したということを認めねばならなかったほどに、この三つのクラスの内的均衡を乱してしまったのだ。というのはこの四年半の間に、かけがえのないドイツ人の英雄の血が流されたのが実に巨大なものであったからである。何十万という個々の場合を集めてみればよい。そこではつねにいわく、戦線への志願兵、志願斥候兵、志願伝令兵、電話隊の志願兵、架橋志願兵、潜水艦志願水兵、飛行隊志願兵、突撃大隊志願兵等――いつもいつもまた、四年半を通じて無数の場合に志願兵であり、また志願兵だ。――そして人々はつねに同じ結果をみたのだ。すなわちひげも生えていない若者が、あるいは年配の男が、ともに燃えるような祖国愛に、偉大な個人的勇気や最高の義務意識にみたされて、みんな志願したのだった。そういう場合が何万も、実際に何十万もあった。そして次第にこういう人間がだんだんとまばらになってきた。戦死しなかったものは撃たれて廃人になるか、あるいは生き残った数が少ないために次第に消散してしまった。だが、まずなによりも次のことを考えてほしい。一九一四年全軍はいわゆる志願兵によって編成されていたのであり、かれらはわが議会の能なしの犯罪者的な不誠実さのおかげで、なんら有効な平時訓練も受けておらず、それゆえ防御力もなく大砲のえじきとして、敵の犠牲に供せられたのだった。当時フランドルの戦いで倒れ、あるいは不具になった四十万人は、もはや償うことはできない。かれらを失ったことは、単に人数が減ったこと以上のものがある。かれらの死によって、よい側の重みが少なくなり天秤が急にはねあがり、そして下賤で卑劣で卑怯な分子、要するに悪い極端の群が、以前にもまして重くなったのである。」

最良の者たちが犠牲になり、結果として天秤のもう片方、最悪の者たちが残ったんだ。そして、戦後はどうなったか——。

「悪の繁茂

というのは、もう一つ次のようなことがつけ加わるからである。

すなわち、ただ最良の極端が戦場で四年半の間にこのうえなく大量に減らされただけでなく、その間に悪の極端が驚くほど貯蔵されたのである。自発的に志願して神聖な犠牲の死をとげた後に、さらに招魂堂のきざはしを登った各々の英雄に対して、死ぬかわりに多少とも故国で有利に活動するために、非常に注意深く死から背を向けた一人の徴兵忌避者がたしかにいたのだ。

そこで戦争の終末には次のようなありさまが生じた。すなわち、国民の広範な中間層は、その税を義務にしたがって血の犠牲で払ったのだ。最良の極端は、典型的な英雄的精神においてほとんどすべて身をささげてしまった。悪の極端は、一方ではこのうえなくナンセンスな法律によって保護され、他方では陸軍法規摘要が適用されなかったことによって、遺憾ながら同じく全部残ったのである。

このうまく保存されたわが民族体のカスがさらに革命を起し、そしてそのカスが革命をなしえたのは、最良の分子の極端がもはやそのカスに対抗しなかったためである――最良分子の極端はもはや生きていなかったのだ。」


戦争によって、良い人びとは自発的に生命を投げうって、血の犠牲を払い、軒並み死んじまった。片や、徴兵忌避とか特殊なイデオロギーを持ち、戦争を革命に転化しようなどというようなカスどもだけが残った。だから、ドイツが現今のような最悪の事態になるのは当たり前だ、と言っているわけです。

ヒトラーにとって重要なのは、国家のために、ナチズムの理念のために、自分の命を捧げてもいい、という気構えの人間を作り出すことです。これはカルトでも過激派のセクトでも、みんな一緒だね。自分たちの理念に命を投げ出すことを厭わないメンバーがほしい。そんな気構えの人間がものすごく役に立つのは、どうしてだと思う？　滅私奉公で働くからじゃないんです。他者の命を奪うことに対するハードルが非常に低くなっているから、ですよ。自分の命を捨てる覚悟ができている人間は、ごく簡単に他人の命を奪えるのです。同族である人間を殺す抵抗はかなり強いものです。しかしイデオロギー操作によって、それを容易にすることができる。

オーストリアの動物行動学者コンラート・ローレンツ（一九〇三〜八九）の『攻撃』（みすず書房）、あるいは『ソロモンの指環』（ハヤカワ文庫）でもいいから、読んでみてください。オオカミがおなかを見せると、同類は嚙みつくことができなくなってしまう。ワシ同士は、決して相手の目をつついたりする戦いをしない。つまり猛獣、猛禽《もうきん》類には「同類を殺さない」という防御機能が働いている。これは種の保存のためだとローレンツは言います。人間にもその防御機能が働いています。それに対して、優しい表象になっているハトとかバンビには防御機能がないから、かえってものすごい残虐な殺し合いになることがある。

人間において、その防御機能を外すことができるのがイデオロギーです。あるいはイデオロギーを包含する宗教です。もっとも、「他者を殺せ」という形で誰かを洗脳することはなかなかできない。そこで、「自分の命を捨ててもいい」という自己犠牲の形で洗脳するんです。自己犠牲の精神を徹底させることで、他者の生命を奪うことに対して無感覚にさせていく。この回路をヒトラーは見事に作りあげました。

この回路は、とりわけ戦場で現れます。戦場において、国家のために、あるいは戦友のために、自分の命を捧げる気構えができると、あとは平気で大量殺戮なんかもできるようになる。第一次世界大戦に従軍し、かつてない大量虐殺をくり広げた戦場を経験したときに、人間を操る鍵はここにこそあるんだ、とヒトラーは気がついたんですね。

逆問題で扇動する

この項を最後まで読んじゃいましょう。ドイツ革命が一九一八年一一月に起きて第一次世界大戦は終結し、翌一九年にワイマール憲法に基づいてワイマール共和国ができます。最良の者たちは既に戦死し、カスどもが起こした革命のせいで、いまのドイツの混乱があるんだ、とヒトラーは訴えます。

「だがそれゆえ、ドイツ革命は、はじめからその人気が限られたものであるにすぎなかった。ドイツ民族自体がかかるカインのような行為を犯したのではなく、民族の中の逃亡兵や娼婦のヒモ等という光を忌む無頼漢がやったのだった。

前線の男、かれは流血の格闘の終結を歓迎し、ふたたび故郷の土を踏むことができ、妻子と再会しうるという幸福を感じていた。だが革命自体には、かれは内心でまったく関心がなかった。

かれは革命を好まなかった。そしてその扇動者や組織者をなおいっそう好まなかった。四年半のこのうえない苦闘のうちに、かれは政党のハイエナのことを忘れ、その不和もすべて疎遠になってしまったのだ。

革命は、ドイツ民族の小部分においてだけ、実際に人気をえた。すなわちこの新国家のすべての名誉市民の目印としてリュックサックを選んだ革命の援助者の階級の場合だけだった。かれらは、今日でもまだ多くのものが誤って信じているように、革命自体のために革命を好んだのではなく、革命の結果のために好んだのだった。
だがこのマルクス主義の略奪者どもの人気だけで権威をひきつづき支持することは、実に困難だった。けれどもこの若い共和国こそ、短期間の混沌の後に、わが民族のよい側の最後に残った分子たちの結合した報復力によってとつぜんふたたび呑みこまれることを欲しないならば、どんな代価をはらっても権威を必要としたのだった。
当時かれら、すなわち革命の担い手たちには、自分たちの混乱の渦の中ですべての地盤を失い、こういう時局では一度ならずしばしば諸民族の生活から発生してくる青銅のようなこぶしによってとつぜんつかまえられ、他の地盤に置かれること以上におそろしいことはなかった。共和国は、いかなる代価を払っても固まらねばならなかった。」

このあたり、ヒトラーが紡ぎだした逆問題ですね。

「結果としての瓦解
そこで共和国は、ほとんどすぐさまその弱い人気という動揺する柱とならんで、より固い権威の基礎をつくるためにさらに、強制力の組織をつくらねばならない必要にせまられた。」

第一次世界大戦におけるドイツの敗北という事実がある。ヒトラーはその事実を、逆問題で「こういう経緯でなったのだ」と解いていくわけです。『わが闘争』が刊行された一九二五、六年当時は、まだヒトラーのこの解は極端な考えだと思われたし、バカにする人びとも多くいたし、実際に本の部数も大したことはなかったのだけれども、三〇年代に入って、ドイツが少し余裕を取り戻したときから爆発的に売れ始めて、「これが正しい歴史認識なんだ。世の中はだんだんまともになってきた」と思われるようになっていきます。さながら、昨日挙げた中山忠直《ただなお》の『日本人の偉さの研究』の受け入れられ方と同じですね。

重要なのは、昨日の終りにも言ったように、ヒトラーは自分のやろうとしてることを隠していないことです。ユダヤ人撲滅であるとか、民主主義を否定するとか、大衆を信じていないとか、陰謀的な手法で権力を奪取するとか、憲法は改正せずに事実上無効化するとか、奇妙なまでに有言実行というか、自分の野心を公開文書で明らかにして、この通りのことをやっていくのです。ですから、そこには決して国民に対する陰謀とか騙《だま》し討ちなんか何もない。にもかかわらず、彼を阻止できなかったことをどう考えるか、これはきわめて大事な問題です。

ヒトラーの食生活

ヒトラーの逆問題を続けますよ。

ドイツ革命の直後、ワイマール共和国ができた当時をこう振り返っています。

「一九一八年から一九年にかけての十二月、一月、二月のころ、革命の勝利者たちは足もとの地盤が揺れ動いたと感じたとき、かれらは、自分たちに民族の愛が提供した弱い地位を、武器の力で強化する覚悟ができる人をもとめて見回したのだった。「反軍国主義的」共和国が、兵士を必要としたのだ。だがかれらの国家権威の第一の、唯一の支柱――すなわちかれらの人気――は、ただ娼婦のヒモ、どろぼう、強盗、逃亡兵、徴兵忌避者等の社会、したがってわれわれが悪の極端と呼ばざるをえない民族のその部分にのみ根ざしていたので、新しい理念のために自己の生命を犠牲にする覚悟ができている人間を得ようとするすべての努力は、こういう連中の間ではむなしい片思いであった。」

ヒトラーは、娼婦のヒモとか泥棒とか強盗とか逃亡兵とか、そういう連中をよく知っています。なぜ？　若き日に、彼は社会の最底辺をこういう人たちと肩を並べるようにして歩いてきたからですね。だから彼は梅毒についても詳しい。普通の中産階級の人間には知ることがない世界を、彼はルンペンとして近い距離からつぶさに見つめてきた。マルクスのカテゴリーでいうと、ヒトラーはプロレタリアートではない。ルンペンプロレタリアートになる。組織されておらず、ふらふらと、あっちからこっちへと放浪していく。

マルクスは『共産党宣言』の中で、ルンペンプロレタリアートを階級のカスだと規定しています。この階級のカスは支配階級に容易に買収されるんだ、と。これは下層労働者に対するマルクスの差別的な眼差しだと、しばしば批判されるところです。しかし、まさにルンペンプロレタリアートから這い上がってきたヒトラーは、娼婦のヒモがどういう野郎で、いかに最低の人間か、いかに社会から嫌われているかをリアルに知っているわけです。これがヒトラーの強みです。社会の塵《ちり》や芥《あくた》みたいな連中を、同じ世界にいた人間として、よく知っている。

ヒトラーのすごさは、そんな世界で這いずり回っていても、そこのモラル、そこの文化に染まらなかったことですね。普通、ああいう世界にいたら、ヒトラーぐらいコミュニケーション能力や宣伝その他の能力に長けて、勇気も鼻っ柱もある男は、ヒモとか女衒《ぜげん》とかじゃなくて、大きな売春宿の親爺くらいに収まって、小さな成功者になっておしまいでしょう。でも、そうはならずに、彼なりの巨大な志や倫理観や手作りの世界観を持って、酒食に溺れることもなく――彼は肉を食べませんでした――、社会の階層をどんどん登って行った。

ヒトラーの食については、こんなエピソードがあります。『ヒトラーのテーブル・トーク』（三交社）という本で読んだんだけれど、自分でこんなようなことを言っている。

「おい、おれがどうして肉を食わないか知ってるか？　ゾウを見ろ。みんなはライオンが百獣の王って言うけど、ゾウに踏まれたら、ライオンも瞬《またた》く間につぶれてしまうぜ。ゾウがいちばん強いんだ。そのゾウは肉を食わない。だから、おれも肉を食わないんだよ」

ヒトラーは日常的に調理法や食べる量にもすごく気をつかっていて、太らないように心がけていました。でも、大好物はチョコレートケーキなんですよね。彼は、いよいよベルリン陥落という時期に至って、禁欲主義をなげうち、チョコレートケーキをむしゃむしゃ食べるようになりました。これは『ヒトラー　最期の12日間』にあります。エヴァ・ブラウンと結婚するからみんな集まれと言ってみたり、ケーキをむさぼり食ったり、けっこう清々しい感じで最期の日々を送っている。どうしてだと思う？　「やっぱり、ドイツ民族、アーリア人種は弱かったんだな。ユダヤ人の方がしぶとかったなあ。スラブ人も強かったよなあ。結局、われわれは滅亡する人種だったんだ。あっはっは、まあ、そういうことだ」っていう心境ですよ。適者生存とか自己責任といった社会進化論的な立場を捨てていなくて、「おれは負け組だったんだ。気付かなかったけどな」という思いだったでしょう。

そのとき、ヒトラーの側近たちは何をしていたかというと、後継者争いなんだ。どうやら総統は自決を覚悟してるなと。じゃあ次の総統には誰がなるかって、内部で権力闘争を展開するわけ。あの段階でヒトラーの後継者になったって、あとはすぐ縛り首になるか銃殺になるだけだぜ。それも、もう見えなくなっている。

いよいよソ連軍が迫ってきて、白旗を掲げた伝令が「そろそろ降伏交渉を始めませんか」とやってくる。降伏を決めたら鳴らしてくださいと、電話を置いていくんですよ。それで降伏交渉をするんだけど、「無条件降伏じゃなくて、お互い名誉を尊重して、停戦でどうでしょう」とか言って、ソ連軍に呆れられたりする。そんなことを最後の最後までやる連中の滑稽なドタバタぶりは『ヒトラー　最期の12日間』を読めば分かります。そんな馬鹿げた連中によって、ドイツは治められていた。

ちょっと先走りましたね。続き、読んでみて。


「革命思想と革命の遂行を担っている階層は、兵士をその守りのために置くべき能力も覚悟もなかった。というのは、この階層は共和政体を決して欲していたのではなく、かれらの本能をもっとよく満足するために、現在の政体を解体することを欲していたからである。かれらの合いことばは、ドイツ共和国の秩序と建設ではなく、むしろ、ドイツ共和国の略奪であった。」

要するに、ワイマール共和国というのは、ドイツを崩壊させようとしている人間の屑どもが動かしている国だから、こんな体たらくなんだと。このあたりは、やはり昨今の日本で保守派と呼ばれる人たちの言説によく似てますね。民主党政権は日本の屑やカスによって作られていた、今の沖縄は中国によって操られている、マスコミは反日だ、そんな類いの言説は『わが闘争』を縮小再生産しているだけなんです。でもね、世の中なんてそういう繰り返しなんだ、ということも知っておかないといけない。

じゃあ、午前中はここまでにして、午後はヒトラーの組織論を見てみましょう。

問7　逆問題について解説せよ。

問8　ヒトラーは民族体の興隆期、安定状態の時代、崩壊期の活動はどのように定められると考えていたか。

この解答を昼食の前に書いておきましょうね（会場笑）。

6　いま生きるナチズム

さて、みなさんのレポートはよくできているから安心しましたが、こういうメモの入っているものがありました。新潮講座でやっているからでしょうか、「マスコミ、特に新聞社とか出版社などは中間団体と見たほうがいいのでしょうか」と。

これはケース・バイ・ケースです。例えば「あなたのご本を出版します。原稿があったら何でもお寄せください。内容によっては書店に並ぶのも夢ではありません」みたいな広告を出しているところがありますね？　私もうちにいるネコのタマちゃんという可愛い巨ネコ――公称体重一二キロなんだけど実際は一二・七キロもあるんです――の本を自費出版で出そうかなと思っていますから、「私は元公務員で、二〇〇二年に休職し、今は勤めに出ていませんが、経済的には余裕があるので、かわいいタマちゃんの写真をたくさん載せた本を作りたいです」なんか書いて申し込んだら、きっと飛びついてくるでしょう。そういうことをやっている出版社は中間団体ではない（会場笑）。彼らは純粋に営利目的だからね。それに対して、例えば日本キリスト教団出版局とかは、『新共同訳　新約聖書略解』とか『キリスト教神学用語辞典』とか出しても儲かるわけではないから、中間団体的な要素がある。

新聞社も今どき、必ずしも儲かっているわけではない。さる大新聞社は、新聞による収入が六割ぐらいで、四割は実は不動産で儲けている。だったら、不動産業にどんどん力を入れたらいいんだけれど、そうはしない。となったら、やっぱり中間団体的な要素があるんだね。だから、こういうことは裏返して見てみるといいかもしれない。勤めている出版社で人事異動が気に食わないとか何かがあると、すぐに飛び出しちゃって、少しでも金のいいところに移るって編集者が多いところは中間団体とは呼びにくい。そういう出版社は、個々の編集者が自己の栄達と経済力の強化を第一に考えているところなのでしょう。これはもちろん、いい悪いではありません。

一方、「あれ?」と思うところも私の親しい出版社にあるわけ。あえて名は秘しますが、三度にわたって賃金を下げたのだけれど、よくみんな辞めないなあと思う出版社がある。その編集者や記者は優秀なんですよ。だから、「この人、別の会社に行ったら――あるいはフリーランスになったら――もっと金取れるのに、なんでこの出版社にい続けているのかな」と首をかしげるんだけれども、そんな出版社はきっと中間団体的な組織で、編集者や記者たちは自分の責務を感じているし、一種の居心地の良さもあるんだね。ただその場合、気を付けないといけない要素があって、それは「やる気の搾取《さくしゅ》」です。

珍しく板書してみましょうか。

横軸は、今あなたのいる組織・会社が快適か不快か。縦は最近の流行語の生産性の高低にしましょう。

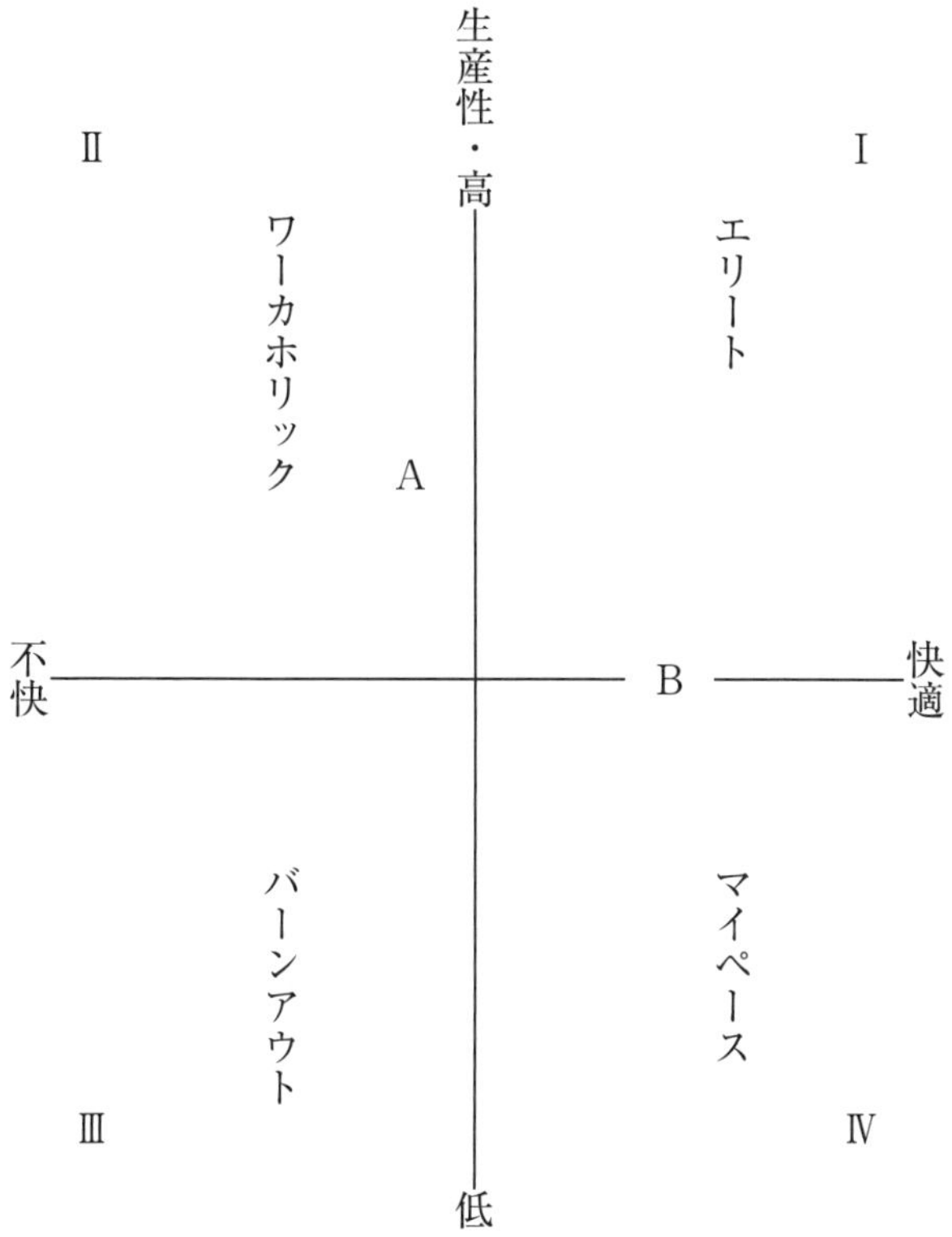

第Ⅰ象限は生産性が高くて、リラックスして、水を得た魚のように働いている人。エリー

トと呼んでいいよね。第Ⅱ象限は生産性は高いんだけど、働くのはイヤでしょうがない人たち。ワーカホリックですが、これが不快の方へ行き過ぎると帰宅拒否症候群になります。帰宅拒否はもう、基本は出社拒否と同じですからね。ワーカホリックで生産性が高いなんてのは長続きしません。すると生産性が下がってきます。つまり第Ⅲ象限に入ってくる。ここはバーンアウトです。燃え尽きちゃう。

それから、会社や組織の中には、極めて生産性が低いんだけども、楽しくやっている人がいる。こういう第Ⅳ象限にいる人たちはマイペースって呼ぶしかない（会場笑）。

それでね、実際問題として第Ⅰ象限にいる人なんて、ほとんどいませんよね。ごく一部の人だけでしょ。それで、生産性がそこそこ高くて、なおかつ少しは愉快にやっているけど、人事管理もあるし、将来のこともあるし、健康もあるし、家族の問題もあるし、となって、大体の人は第Ⅰ象限と第Ⅱ象限の間、ちょい第Ⅱ象限寄りに固まっていると思うんだ。「Ａ」のあたりかな？　でも、いま挙げた何かの問題が急に深刻になったり、本格的にワーカホリックになったりすると、たぶん第Ⅲ象限へ落ちていくわけ。第Ⅲ象限に落ちて、さらに不快が大きくなっていくと、もうこの図の外に出ちゃうしかなくなる。

マイペースの人はどんな組織にも、いつも一定数いるんです。機械は遊びがないと動かないように、組織には必ず遊びがあって、必ず全体の一二割ぐらいの人は第Ⅳ象限にいます。「何で、お前みたいなやつがここにいるんだよ」とかちょくちょくイジられていても気にしない、もう『釣りバカ日誌』の世界（会場笑）。ただ、昨今は業績主義が厳しくなってきていて、みんなにマイペースでやられると会社は倒れるわけだ。そうすると、第Ⅳ象限の人たちをいかに「生産性・高」の方へ上げていくか、第Ⅱ象限のワーカーホリックの人たちを、少し生産性が落ちてでも、第Ⅲ象限に落とさずに「快適」の方へ持っていけるか、ということがこれからの人事担当者の力量になってくると思う。

さて、今ここに来ているみなさんは、率直に言って（会場笑）――第Ⅱ象限の人たちはたぶん仕事が忙しくて、ここにはいないよね。第Ⅲ象限の人は、こういった講座を受ける気にはなれない。だから、第Ⅰ象限と第Ⅳ象限の間、やや第Ⅳ寄り、という人たちがここに来ているわけなんだな。「B」のあたりでしょうか。そんなに間違えてないでしょ？（会場笑）でも、ここにいらしているのは正しい選択でね、ちょっとマイペースなんだけれども、この講座に来ることで快適さを維持もしくはさらに上げながら、そこそこある生産性をもう少し上げていく。

自己啓発セミナーは、第Ⅰ象限ではなくて、どんどん第Ⅱの人を作ろうとしているわけです。生産性を上げろ、頑張れ頑張れとやってる。そんなのはいつかストーンと第Ⅲに落ちて終わりになる。そうなったからと言って、「メンタルがきつくなりました」ってメンタルクリニックへ行っても、第Ⅲから第Ⅳ象限に移れるようになりましょうねと言われるだけなんですね。だから、第Ⅰ象限と第Ⅳ象限の間の人たちを相手にする講座って意外とないんです。なんだか、みなさんを超エリートじゃないと決めつけているようで申し訳ないんだけれど（会場笑）。

受講生P　ルンペンプロレタリアートというのは、どの象限に入りますか？　第Ⅲ？

ルンペンプロレタリアートは、もうこの図の外側になります。ヒトラーは第Ⅰ象限と第Ⅱ象限だけでドイツを再編しようとした、と思っていい。とりわけ、第Ⅰ象限に入るアーリア人種を多くしていこうとして作ったのが、指導者原理や人種理論だったでしょう。ナチスの人間たちってエリートだし、働き者だし、余裕があるし、頑張り屋だし、おそらくその時代に行ったら、魅力のある人間はそれなりにいたんだと思うよ。そのためにハイデッガーだって、ナチにあんなに期待したわけでしょうね。

でも、第Ⅲ象限に落ちた途端にガス室行き同然だよね。彼らの「生涯現役」という思想はそういう発想なのは既に指摘した通りです。そして第Ⅳ象限のマイペースな人間は許してくれないよね。やはり、ものすごく怖い思想なんだよ。

秘密組織は持たない

では、ナチスの組織論を見てみよう。組織論はいろんなところで参考になるから、注意深く読んでいきましょう。さっき読んだのと同じ第九章の「なぜ防衛隊ではないのか?」の終りあたり、「国家社会主義ドイツ労働者党の突撃隊は」から読んでください。

「国家社会主義ドイツ労働者党の突撃隊は、こういう理由からだけでも、軍隊的な組織とはまったくなんらの関係ももつべきではなかった。それは国家社会主義運動の防衛と教育の手段であり、そしてその任務はいわゆる防衛隊とはまったく異なった分野にあった。」

はい、次の項。

「秘密組織ではない

だがそれはまた秘密組織であってはならなかった。秘密組織の目的は、違法のものでしかありえない。しかしだから、そういう組織の規模はみずから制限するものである。特にドイツ民族の饒舌さを考慮すれば、若干の大きさの組織をつくりあげ、同時にそれを外部に秘密にしておいたり、あるいは単にその目的をかくしたりするだけでも、できないのだ。」

ヒトラーは「秘密組織ではやらない」と言うわけです。これは『わが闘争』を書いたのも同じやり方ですよね。こんなとんでもない思想、陰謀思想なんだけれど、秘密にはしていない。ちなみに『共産党宣言』にも、「共産主義者は、自らの考えを秘密にすることを軽蔑する」と書いてある。つまり、共産主義にせよ、ナチズムにせよ、そういう危険な思想は、秘密結社型の陰謀で広めるのではなくて、自分たちの危険思想を公然と綱領化して示すんだな。彼らの思想の危険性は、正常なロジックがあれば、みんな対処できるはずなんだけども、なぜか、それを止めることができなかった。

次、ちょっと長く読みましょう。

「そういう意図は、なんども失敗に終るであろう。三十枚の銀貨の裏切り報酬で、見つけることができる秘密をもらし、もらす価値があるような秘密を捏造するような、娼婦のヒモや無頼漢のたぐいの幹部が、今日わが警察で役に立っているというだけでなく、自己の支持者ですらこういう場合に必要な沈黙を決して守ることができないのだ。まったく小さいグループだけが、何年間も選りわけることによって、ほんとうの秘密組織の性格をとりうるのである。けれどもただその組織が小さいということだけで、国家社会主義運動のためにその価値がなくなるであろう。われわれが必要としたもの、また必要としているものは、百人や二百人の大胆な共謀者ではなく、われわれの世界観のための何十万という熱狂的な闘士であったし、また闘士である。秘密の信徒集会において仕事がされるべきなのではなく、力強い大衆行進においてなされるべきなのであり、そして運動はその道を、短刀や毒薬、あるいはピストルによってではなく、街頭を征服することによって開くのである。国家社会主義者はいつか国家の支配者になるだろうが、それと同じように未来の街頭の支配者が国家社会主義者であることを、われわれはマルクシズムに知らせるべきだ。

さらに今日秘密組織の危険はなお次の点にある。すなわち、成員の間でしばしばその任務の偉大さが完全に誤認されており、そのかわりに一人の人間を殺すことによってとつぜん実際に民族の運命が好都合に決定されうるだろうという意見をもっている。そういう考え方も、歴史的な理由をもつことができる。すなわちある民族がある天才的な圧制者の暴政のもとに苦しんでおり、その敵意をいだく圧迫の内面的な堅固さと恐怖を、ただその人間の傑出した個性だけで保っていることを人々が知っている場合は、そうである。そういう場合に、このにくまれているただ一人の人間の胸に死の刀剣をつきさすために、民衆の中から一人の犠牲的精神のある男がとつぜんとび出すかも知れない。そして罪を意識している小さいルンペンの共和国的感情だけが、こうした行為を最もいとうべきものと見るのである。一方、わが民族の最も偉大な自由の詩人は、その「テル」の中でかかる行動の賛美をしているのだ。」

この「テル」はウィリアム・テルのことですね。偉大な詩人というのはシラーです。

「一九一九年と一九二〇年には、秘密組織の成員が、歴史の偉大な範例に感激し、そして祖国のかぎりない不幸に身ぶるいして、こうして民族の困窮に結末をつけると信じて故国を悪化させるものを罰しようとした。だがこういう試みはどれも、ナンセンスであった。しかもそのうえマルクシズムは、ある一人のすぐれた天才と人格的な重要性のおかげで勝利をえたのではなく、むしろブルジョア社会の人々のかぎりなきあさましさと、卑怯な無能さのためだったからである。人々がわがブルジョアジーにおよぼしうる最大の酷評は、革命自体が実際ただ一人の偉大な人物すら出していないにもかかわらず、それに屈服したと確証することである。ロベスピエール、ダントンあるいはマラーのような人の前に降服することは、いまもなおわかる。だがやせっぽちのシャイデマン、よく肥えたエルツベルガーやフリードリッヒ・エーベルトのようなものや、その他の無数の政治的な小僧たちみんなに恭順の意を表したのでは、もうダメである。」

ロベスピエール以下三人はもちろんフランス革命のジャコバン派の政治家、シャイデマン以下三人は当時のワイマール共和国の政治家たちです。

「そのうえ事実またそこには革命の天才的人物や、したがって祖国の不幸をみることができたような一人の人物もなく、大きく見ても、個々に見ても、まったく革命の南京虫やリュックサックを背負ったスパルタクス団のものばかりだった。その中から誰かあるものを片づけてしまっても、まったくたいしたことでなく、せいぜい二、三の他の同じぐらいの大きさの、同じぐらいみすぼらしい吸血動物が、それだけ早くかれの地位につくぐらいの結果だった。
歴史上の実際に偉大な現象の中にその原因と基礎づけをもってはいるが、目下のように小人物ばかりの時代には少しも適合しないような考え方に反対して、どんなに鋭く行動してもそのころには十分ではありえなかった。」

スパルタクス団というのは、ローザ・ルクセンブルクたちが作ったドイツ共産党の前身です。

ここでヒトラーは共産党員たちを南京虫とか吸血動物と罵《ののし》っていますね。敵対者のことを害虫とか汚いもの、醜いもの呼ばわりするのは、実は戦後日本の新左翼も同じなんです。一見、新左翼とナチズムって対極にあって関係がなさそうでしょ？　ところが思考の様式とかワーディングにすごくよく似た点があります。いくら敵対する相手を呼ぶのでも、社会のダニとか人間の屑とか、そういう言葉を使っていると、思考がナチス的になってくる。言葉づかいってすごく重要なんです。

肉体的鍛錬で優越感を

今度は同じ第九章で「突撃隊のスポーツ訓練」。突撃隊は柔道を重視しようというので、日本との接点も出てきます。

「突撃隊のスポーツ訓練

だが突撃隊が軍隊的防衛的組織でも、秘密結社でもあってはならないならば、さらにその場合次のような結論が生じなければならなかった。すなわち、

一、突撃隊の訓練は軍隊的な観点によらず、党の目的に合うような観点から行なわれるべきである。

そのさい突撃隊の成員は身体的にできるだけ鍛練すべきであるが、その主眼点は軍隊的練兵でなく、むしろスポーツ活動におかれる必要がある。わたしはボクシングと柔道のほうが、劣悪な――中途半端であるため――射撃訓練よりも重要だといつも思っている。」

突撃隊は国家の軍隊ではなくて、まだ政権を取っていないヒトラーの私兵みたいなものだから、銃の確保とかが大変だよね。それよりも、他の組織をやっつけるためには、いつでも鍛錬できるボクシングと柔道の方がいい。

逮捕術って格闘技を知ってる?　これは柔道と剣道を合わせて、さらに金玉を蹴り上げるとか、目に指を入れるとか、ありとあらゆる禁じ手が入ったもので、警察で教えているやつ

です。例えばイスラエルの軍隊でも似たような格闘技を教えているんですが、そのせいでイスラエルの夫婦ゲンカって凄まじいんだよ。国民皆兵で女性も兵隊に行くから、軍隊で教わった相手をぶっ殺すための技でケンカするわけです。ヒトラーは、そういった技を突撃隊員に身に付けさせたかったんだね。

「ドイツ国民に、スポーツで非のうちどころなくトレーニングされた身体をもち、すべてのものが熱狂的な祖国愛に燃え、そして最高の攻撃精神をもつよう教育された六百万人を与えてみよ。そうすれば国家主義の国家はかれらの中から、必要ならば、二年とたたぬうちに、少なくともそれに対する確実な基礎があるかぎり、軍隊をつくりあげるだろう。だがこの基礎は、今日のような状態では、ただ国防軍だけが可能であり、中途半端に立ち往生している防衛隊では不可能である。肉体的鍛練は、各人に自分が優越しているとの確信を植えつけ、永遠にただ自己の力の意識の中にのみ存在する信念を各人に与えるべきである。そのうえにそれは、運動の擁護のための武器として役立つスポーツ上の技能を各人に与えるべきである。」

ＩＴ系の経営者とかで肉体を鍛えるのが好きな人が最近、非常に増えているでしょう？スポーツジムの流行なんてことにも関係してきますが、苦しいながら肉体改造に耐え抜いていくことで、競争に耐え抜き、他人に優越していくってことを皮膚感覚で覚えることができる、と。肉体改造というのも、ナチスの中で非常に重要な思想です。

国家を簒奪する方法

「目印と公然性

二、突撃隊がはじめからいかなる秘密的性格をも避けるためには、誰でもすぐにわかる服装をすることは別として、現員数を多くしてみずからその道を示し、運動に役立たせ、そしてすべての世界の人々に知らせなければならない。突撃隊はかくれて集会してはならず、自由な大空の下を行進し、それによって「秘密組織」というようなすべての伝説を決定的に破壊する活動に、はっきりと導いていかねばならない。また精神的にも、小さいむほんぐらいでその行動主義を満足させるようなあらゆる試みを引っこめさせるために、突撃隊は、そもそものはじめから、運動の大理念に完全に引きいれられ、この理念を擁護すべき任務のために徹底的に訓練されねばならなかった。すなわちはじめから視界は広くなり、各人は自己の使命を大悪漢や小悪漢を片づけることにあると考えるのでなく、新しい国家社会主義的民族主義国家の建設のためにつくすことにあると考えたのである。だがこうして今日の国家に対する闘争は、小さい復讐やむほん行為の雰囲気からマルクシズムとその組織に対する世界観的な殲滅《せんめつ》戦の大きさにまで脱けだして、高まるのである。

三、突撃隊の組織的な構成、同様にその服装や装備は、その意義にしたがって、旧軍隊の範に従わず、その任務によって規定される目的適合性によって企画すべきである。

これらの考え方は、一九二〇年と一九二一年にわたしが指導したものであり、そしてわたしは次第にこれを若い組織に植えつけようとし、その結果、われわれは一九二二年の盛夏までに、早くもおびただしい数の百人隊を指図し、一九二二年の晩秋にはだんだんと特別な記章をつけた服装を受けとったのである。」

ナチスの特徴は、自分たちで軍隊を奪取しようとしないのです。あるいは、自分たちで地方組織などを作ろうとしない。要するに、例えば突撃隊なら突撃隊を作っておいて、権力を奪取したときに、突撃隊に軍隊を兼任させるのです。これは親衛隊でもそうでした。軍や警察といった既存の国家機構の上に、党の組織を乗っけていく。それによって国家そのものを乗っ取っていく。そんな方法論なんです。

なぜこういう手を使うかと言うと、軍隊には軍隊の伝統があって、規律があって、組織文化を持っている。組織文化って、なかなか動かないものです。企業のM&Aでも、やはり買収した先の企業にはその企業の文化があって、なかなか上手くいかないケースは多いんですよ。だからナチスとしては、自分たちの文化でそれまでの国家を再編する方が容易なのです。中に入りこんだり、足し合わせたりするのではなく、上からかぶせていく。作りあげておいたナチスの文化で、地方政治や、軍隊や、警察を覆ってしまうんです。並行組織を党で作っておいて、権力を握った暁に、それを旧体制に乗っけていく。

ちなみに、こういう考え方はやはり新左翼にもあります。加入戦術っていうんですよ。

加入戦術というのは、自分たちで大がかりな組織を作りあげるのは大変だから、自前の組織がある程度できたところで、組織規律が比較的弱いところに加入していって、やがて母屋を乗っ取ろう、という戦法です。その対象によくなったのが、社会党、それからその青年組織の社青同（日本社会主義青年同盟）でした。

第四インターナショナルというグループがあって、これの本部はパリで、トロツキーを指導者として仰いだグループでした。ソ連というのは堕落した官僚制国家であり、腐敗した労働者国家であるという規定をしており、戦後、日本にも支部ができたんですが、自分たちで党や大きな政治組織を作るのは大変だから、社会党や社青同の中に入っちゃったわけです。

それで社青同国際派とか、三多摩地区で非常に強かったから三多摩社青同とか呼ばれたんですが、左翼運動がずっと退潮していく中で、結局彼らは何になったかというと、学習参考書を作り始めたんです。高校のときに『総合英語 Forest』なんかで勉強した人も多いと思うけども、あれを作ったのが、もともと加入戦術をやっていた第四インターナショナルの人たちなんです。国際派というくらいだから、英語力は極めて高いんで、新左翼運動をビジネスに転換することができた。

この加入戦術、例えば社会党は七〇年代初めに党員証の刷新をして、全ての党員証を発行し直すという形をとって、本当に社会党に忠誠を誓っている人間なのかどうかをチェックすることで食い止めました。これによって社会党員の数はガタッと減ったけれども、加入戦術で入った連中を外へ出せた。加入戦術を防ぐには、そういうやり方があります。

話を戻すと、ナチスは自ら国家を作ったのではなく、国家を簒奪《さんだつ》したわけです。この発想は、既に読んだように、ナチスが独自の憲法を作らなかったことにも通じます。そもそもワイマール憲法は硬性憲法だから、改正手続きが大変なんですね。そこでワイマール憲法はそのままにして、憲法と矛盾するような法律や命令を指導者原理でたくさん作っていった。だから、第三帝国は最後まで憲法はワイマール憲法を戴いていた。

これは法に対するシニシズムですよ。こういう態度に対して「違憲じゃないか」って議論をしても、権力を持っているのはナチスで、裁判官もナチスが指名するわけだから、やりようがない。民主主義の一種の特異点に手を突っ込んできて、民主的な手続きでは取り外せないような権力システムを加入戦術で作っていった、というわけです。

では、これをどういうふうにして防ぐかといっても、既存の民主制度の中では打つ手がない。ナチス的な加入戦術の方法で権力を簒奪された場合には、それをストップさせる方法は超法規的にしかあり得ないのです。嫌な感じでしょ？

レーニンのやり方に学ぶ

それから、ナチスは入りたいからといっても、党員にしてくれないんですよ。党員と支持者を分けるべきだと考えている。だから、パートナーとか党友とか、今のそんな制度も根っこはナチスなんだ。「第十一章　宣伝と組織」の「支持者と党員」を読んでみましょう。

「支持者と党員

すでに述べたように、わたしがこの運動で活動をはじめた最初のころには、宣伝に専念した。後に組織の最初の分子としての役割をはたしえた人材を養成するために、少数の中核分子に次第に新しい教説を注ぎこむべく宣伝を成功させねばならなかった。そのさい宣伝の目標はたいがい組織の目標をこえた。

もしも運動が、ある世界を破壊し、そのかわりに新しい世界を建設するという意図をもつならば、さらに次のような原則について、自分たちの指導者の間で完全に明確になっていなければならない。すなわち、いかなる運動も獲得した人材をまず二大グループ、つまり支持者と党員とによりわけねばならない。

宣伝の任務は支持者を募集することであり、組織の課題は党員を獲得することである。運動の支持者とは、運動の目標に同意を明らかにするものであり、党員とはその目標のために闘うものである。」

ここも、実は共産主義の影響を受けています。

ソ連共産党の元になる政党はロシア社会民主労働党です。この党には、ボルシェヴィキとメンシェヴィキという二つのグループがありました。レーニンたちのボルシェヴィキは通常、「多数派」と訳されます。メンシェヴィキは「少数派」。しかし、党員や議員で圧倒的な多数を占めたのはメンシェヴィキでした。では、少数派にもかかわらず、なぜレーニンたちはボルシェヴィキと名乗ったかというと、中央執行委員会つまりボードにおける多数派だったんですね。党員数や議員数の多数派ではないのです。

こういうところ、レーニンは言葉の使い方の天才ですよ。例えば「ソヴィエト」っていうのは助言とか会議とか評議会って意味だけれど、英語のパーラメント（議会）と比べてどんな違いがあるかというと、光り輝くという意味もあるし、ソーヴェシチとなると良心の意味になる。だからソヴィエト政権というと、圧倒的大多数の文字を読めない農民たちからすれば、音の響きから、よく分からないけど良心的で、光り輝いてるもので、信用できそうな、いいものだろうって感じを受けるんです。ちょっとした語彙《ごい》や音の響きから、ある単語を選ぶという才能がレーニンには卓越してある。

それで、メンシェヴィキとボルシェヴィキの違いは何かと言うと、メンシェヴィキは「党の理念に賛同する人は全員党員になれます」という考え方でした。ボルシェヴィキは「党の理念に賛同するだけでは不十分で、党のいずれかの組織に所属して、具体的な活動に従事する人のみを党員とする」とした。ヒトラーはこの両方を折衷しています。

つまり、党員はレーニンが主張するようなボルシェヴィキ型。しかし、党の周辺に来る人たちを離さないようにするために、支持者というカテゴリーを作ったのはメンシェヴィキ的。この二段階で党を運営していくという考え方です。これは明らかに、革命に成功した先達であるレーニンを研究して、彼の成功の秘訣がどこにあるのか、ヒトラーが学習している証左ですよね。だから、組織論に関しては結構、共産主義系の団体とナチスは似ています。

次の箇所にいま言ったことが書かれています。

「支持者は、宣伝によって運動に好意をもたせられる。党員は組織によって、自分自身新しい支持者を募集するために協働し、その支持者の中からさらにまた党員をつくることができるようにうながすのである。

支持者たることがただ理念の受動的承認だけを前提とするのに対し、党員たることは活動的な主張と弁護を必要とするのであるから、十人の支持者に対していつもせいぜい一人ないし二人の党員がいるだけである。

支持者であることはたんに認識に根ざしているにすぎないが、党員たることは認識されたものをみずから主張し、さらにこれを広める勇気に根ざしているのである。

受動的な形での認識は、怠惰でいくじのない大多数の人間にふさわしい。党員たることは活動的志操を前提とし、それとともに少数の人間だけにふさわしいのである。」


レーニンは、こういう党員のあり方をアバンギャルド、前衛と呼びました。特別なエリートが党を指導して、さらに国家や社会を指導していく。

この考え方を前衛主義と言いますが、こういう前衛主義を一貫しているのが読売新聞の主筆の渡邉恒雄《わたなべ》さんですよ。彼はもともと、東大に入った頃に共産党へ入党して熱心に活動していたんだけれども、離党して今度は読売新聞に入り、政治部で自民党とのパイプを太くしていき、どんどん影響力を強化していった。読売新聞の考え方に常にあるのがこの前衛主義で、大衆のオピニオンを引っ張り、社会の流れを作るのは読売新聞だ、という意識が強いんです。これはいまだ変わらない。魚住昭さんというノンフィクション作家が書いた渡邉さんの評伝『渡邉恒雄　メディアと権力』（講談社文庫）を読むとよく分かりますが、渡邉恒雄って人は、左から右に大きく変わったように見えるけれど、終始一貫して前衛主義者なんだね。

ナチスも市民社会の一形式

はい、次に行きましょう。

「したがって宣伝は、理念が支持者を獲得するよう孜々《しし》として世話しなければならないが、一方組織は支持者層自体の中から最も価値あるものだけを党員にするようにこのうえもなく鋭敏に心がけねばならない。それゆえ宣伝は、宣伝によって教えられる各人の意義、かれらの才能、能力、理解力あるいは性格について頭を悩ます必要はない。一方組織は、こういう分子の群の中から、運動の勝利を実際に可能にするものを注意深く集める必要があるのである。

＊

宣伝と組織

宣伝はある教説を全民族に押しつけようとし、組織はそのわく内に、心理的理由から理念のそれ以上の普及にとって障害となる恐れのないものだけを抱えこむ。

＊

宣伝は、全体を理念の意味において説得し、この理念の勝利の時のためにかれらを成熟させる。一方、組織は勝利のために闘う能力と意志があると思われるその支持者を、絶えず組織的に、そして戦闘能力のあるように結合させることによって、勝利を闘いとるのである。

＊

理念の勝利は、宣伝が人間をその全体において説得する範囲が広ければ広いほど、さらに闘争を実際に行なう組織が排他的で締っており、堅固であればあるほど、それだけ早く可能になるのである。

それゆえ支持者の数は、どんなに多くても十分すぎることはないが、党員の数は小さすぎるよりはむしろ大きくなりやすいのである。」

宣伝がうまく回っているときは、組織は少数精鋭で十分やっていける。宣伝によって、人びとを常にナチスの考え方に結集させていくことで、彼ら支持者の効率的な運用ができる。これは今で言うと、広告代理店的な発想ですよね。日常的にマーケティングをやり、効果的な宣伝を打って、ナチスブランドから人が離れないようにすれば、本社の社員数は少なくても大丈夫だと。

なぜ、政治をやる人の数を少なくしようとするの？　結局、政治って、経済活動つまり生産とは反比例の関係にあるからです。政治に従事する人が多ければ多いほど、生産性は低くなる。政治にかかわる人間は少ない方がいい。だから、ナチスの考え方も、基本においては市民社会の発想なんです。

よく、国民一人一人が政治に参加することが民主主義社会の重要な基本だとか言うでしょう？　あれ、嘘ですからね。民主主義社会とか代議制システムは、「政治はプロに任せる」という姿勢です。政治をプロに任せた後、市民はどうするの？　欲望を追求するんだよ、主として経済的な欲望をね。そのために働いて、自分の欲するものを経済的に手に入れるんだ。

あるいは、文化活動をするんだ。こうして人びとが政治から切り離されていることが市民社会の特徴だから、ヘーゲルは「市民社会は欲望の王国だ」と看破したわけです。マルクスもその概念を使っています。

ヒトラーも、プロフェッショナルな政治家以外は働け、という発想ですね。つまり、ナチスもまた市民社会の変奏にすぎないのです。国民は非政治化して、必要なときだけ動員できればいい。普段はみんな働いていろと。そして、男女の分業はかなり固定化させて、女性は家庭にとどまって、次世代のアーリア人種を再生産しろと。こういう思想です。必要なときには呼び出されて、政治家を拍手喝采で翼賛し、素晴らしい政治が行われていることを確認する。国民にそういう機能をさせるために宣伝はある、と言っています。次の箇所も、いま言ったことです。

「もし宣伝が全民族を一つの理念でみたしたならば、組織は小人数でその必然の結果をひきだすことができる。それとともに宣伝と組織、すなわち支持者と党員は一定の逆比例をなしている。宣伝がうまく働けば働くほど、組織はそれだけ小さくてよい。そして支持者の数が多ければ多いほど、それだけ党員の数は少なくてよい。そして逆に、宣伝が拙劣であればあるほど、それだけ組織は大きくなければならない。そして運動の支持者群が小さければ小さいほど、それだけその党員数は、かれらが一般にそのうえある成果を期そうとするならば、より大きくなければならない。」

ここもまたAmazonのレビューで考えてみましょう。Amazonは、レビューを勝手にみんなが書いてくれるでしょ？　あれはつまり、ただ働きで宣伝してくれる連中をプラットフォームに呼び込む仕組みをうまく作ったわけです。だから、本社機能は小さくて十分やっていける。宣伝がうまくいってるから少人数でできる。Googleだって本社機能は非常に小さいでしょ。それは、自分たちが作ったプラットフォームに勝手に入って、ただ働きしてくれる人が大勢いて、彼らが自分たちの企業価値を上げてくれているからですよね。

今、ヨーロッパはそのプラットフォームをぶっ壊してやろうと思っているわけです。Amazonの書き込みなんかにしてもそうなんだけれども、例えば著作権法が強化されて、書き込みに引用がある場合は著者の明示的な許諾が必要になる、という仕組みにしたとするでしょ。その途端、チェックするために人の手がかかるようになって、人件費が高騰します。あるいはTwitterにしてもFacebookにしても、ヘイトスピーチの防止とか忘れられる権利とか、その手のことは文脈を把握することが必要とされるから、ＡＩのプログラムでは処理しにくいため、やはり人海戦術が必要になる。こういう仕組みについてヨーロッパとアメリカの間で起きているのは、単なる文化摩擦や人権感覚の違いとかではなく、実はプラットフォームを巡る戦いなんです。どっちが勝つかはまだ分からない。

日本は自分でプラットフォームが作れないから、どっちのプラットフォームを取るかが問題。中国の場合は、人海戦術で今のところ対応できるから、ヨーロッパ・スタンダードでも大丈夫なんです。

ともあれ、宣伝と組織の関係についてのヒトラーの考え方は、現在のＡＩ化と組織の関係を見るときにおいても、アナロジカルに使えます。

宣伝と組織

このへん、ヒトラーが強調している部分だから、ちょっと長めに読みましょう。

「宣伝の第一の任務は、その後の組織のために人を獲得することであり、組織の第一の任務は宣伝の継続のために人を獲得することである。宣伝の第二の任務は現状を打破することと新しい教説でもってこの状態を貫徹することにあるが、一方、組織の第二の任務はこの教説の究極的な成果を達成するために権力闘争をすることでなければならない。

＊

世界観の革命の最も決定的な成果は、もし新世界観ができるかぎりすべての人に教えられるならば、また必要な場合にはあとで強制的にたたきこまれるならば、つねに闘いとられるであろう。一方、理念の組織、つまり運動は、問題になる国家の中枢神経を占めるために絶対必要であるだけの人間を集めるべきである。

すなわちいいかえれば次のようである。

真に偉大な世界変革的運動においてはどれも、宣伝がまずこの運動の理念を普及させなければならない。それゆえに宣伝は、孜々として新しい思考過程を他のものに説明し、かれらを自己の地盤に引きいれるか、あるいはかれらがいままでもっていた確信をぐらつかせるようにつとめるだろう。さて教説の普及、つまりこの宣伝というものは、バックボーンをもたねばならないから、教説はしっかりした組織を与えねばならないだろう。組織はその党員を、宣伝によって獲得された一般の支持者層から得る。支持者層は、宣伝が激烈に行なわれるほど、ますます早く成長し、そして宣伝は背後にある組織が強ければ強いほど、また元気旺盛であればあるほど、ますます活動することができるであろう。

それゆえ組織の最高の任務は、何か運動の党員間の内部的不一致が、分裂やひいては運動における活動の弱化に導かないよう、さらに断固たる攻撃精神が断絶せず、たえず更新され堅固になるよう、配慮することである。それであるから党員数は際限もなく増大する必要はない。反対である。ただ小部分の人間だけがエネルギッシュな勇敢な素質をもっているのだから、その組織を無限に拡大する運動は、そのためにいつか必然的に弱化するだろう。一定数以上に成長した組織すなわち党員の数は、次第にその闘争力を失い、理念の宣伝を決然として、攻撃的に支持し、ないしは利用することがもはやできないのである。

さて、理念が大きくなり、内面的に革命的であればあるほど、ますますその党員層は活動的になってくるだろう。教説の変革的な力とその担い手に対する危険とは結合しており、その危険があるということが小心な卑怯な俗物を遠ざけるのに適しているように思えるからである。かれらはひそかに支持者だと感じているだろうが、しかし党員となって公然とこれを表明することは拒否するのだ。だがそれによって、真に変革的な理念の組織は、宣伝によって獲得した支持者の中の最も活動的なものだけを、党員としてうるのである。しかし、自然的な選抜によって保証された運動の党員の活動力の中に、その運動のそれ以後の活動的な宣伝や同様に理念実現のための効果ある闘争のための前提がある。」

ヒトラーが宣伝で何をやろうとしているか、もう理解されたと思います。付け加えるなら、ここでもやはりレーニンの影響が色濃い。

レーニンは、宣伝と扇動を分けましたね。覚えているでしょ？「宣伝」というのはエリートに対して、文字を通じて理屈で納得させること。それに対して「扇動」は感情に訴えて、人びとを自分たちの味方にしていくこと。レーニンはプロパガンダを宣伝、アジテーションを扇動という具合にしたけれど、ヒトラーはそこは無頓着です。というのは、彼自身が理論に対して無頓着だからです。

繰り返しますが、レーニンは、知性で動く人間と、感情で動く人間がいると考えた。エリート層は知性で動くから、彼らに対しては知的用語で語らないといけない。大衆に対しては、感情を刺激するアジテーションで語った方がいい。そんな二分法を取った。

ヒトラーは、人間はいわゆるエリート層を含めて、実際のところは知性で動くのではなく、先入観と感情で動いているんだと信じています。だからヒトラーのここで展開している宣伝論は、レーニンの用語だと扇動、アジテーションに近い。この宣伝と扇動とを分けないってところに、ヒトラーの人間観が現れていますよ。「宣伝と扇動」ではなく、むしろ「宣伝と組織」という組み立てをしている。宣伝をうまくやれば、組織は極めて効率的に運用することができるというマネジメントの観点から宣伝を見ている。

労働者よ、団結せよ

今度は、ヒトラーが労働組合を重視していた話をしましょう。「第十二章　労働組合の問題」の冒頭、「労働組合はぜひとも必要か?」を読んでください。

「労働組合はぜひとも必要か?

運動の急速な成長は、一九二二年には、今日でもなお全部は解決されていないある問題に、態度をきめるようわれわれに迫った。

われわれは、運動が最も速く、最も容易に大衆の心に通じうる方法を研究するようこころみたさいに、純職業的、経済的領域における労働者の利益代表が、意見を異にするものやその政治組織の手にとどまっているかぎり、労働者は決してわれわれに完全に属することができない、という異論にいつもぶつかった。

もちろんこの異論は、それ自体多くの根拠をもっていた。一般の確信によれば、ある工場で働いている労働者は、労働組合員にならなければまったく生存しえないのだった。たんにかれの職業的利益がそれによってのみささえられていると思われるだけでなく、工場での地位もついには労働組合の所属員でなければ考えられなかったのである。労働者の多数は、いろいろの労働組合団体に属していた。これらは一般に賃銀闘争を闘い抜き、賃率協定を結び、いまや労働者に一定の収入を確保したのである。疑いもなく、これらの闘争の結果は、すべての工場労働者に役に立った。そして労働者が、労働組合によって闘いとられた賃銀をうまくポケットにしまい、だが自分は闘争に参加しないならば、それは特にまじめな人間にとっては、良心の葛藤を生ずるに違いなかった。」

ヒトラーはこういうところをきちんと分かってるんだよ。労働者はバラバラになった形で資本家と賃金の交渉をしたって、労働者の方が押し切られてしまう。労働組合を作って組織で対抗しなくては、賃金は上がっていかない。労働者は団結して闘争しないといけない。だから労働組合は必要である、と。

「普通のブルジョア企業家と、この問題について話すことは、むずかしいかも知れない。かれらは、この問題の物質的側面に対しても、道徳的側面に対しても理解がなかった（あるいは理解しようとしなかった）のだ。けっきょくかれらが勝手に考えた自分の経済的利益はいつも、もともとかれらにつかえている労働者たちのあらゆる組織的なまとまりと、対立しているのである。それゆえすでにこういう理由から、たいていのものには偏見のない判断をすることが困難なのである。だからここでは、しばしばよくあるように、木を見て森を見ないような誘惑に屈しない局外者にたのむことが必要である。そうすればかれらは、いずれにせよ善意でわれわれの今日および将来の生活に最も重要なものに属することがらを、はるかに容易に理解しうる機会をもつことができるであろう。

わたしはすでに上巻で、労働組合の本質、目的およびその必要性について述べた。そこでわたしは次のような立場に立った。すなわち、国家的処置によって（しかしこれはたいていみのり少ないものだが）あるいは一般的な新しい教育によって、労働者に対する使用者の態度が変更されないかぎり、経済生活に同等の価値ある当事者として、その権利をたてにとって自分で自分の利益を守る以外にまったく方法がないのだ、と。さらにわたしは、将来民族の全共同体の本質に重大な損害を及ぼすに違いない社会的不公平が、そういう利益擁護によって阻止されうるならば、そういうことに留意するのは全民族共同体の意義にまったくかなっている、と強調した。さらにわたしは、企業家の中に、社会的義務感をもたないだけでなく、最も素朴な人権についての感情すらもたない人間がいるかぎり、この必要性はとうぜんとみなされねばならない、と述べ、そしてかかる自衛が一度必要であるとみなされるならば、その形式はその意味からして、ただ労働組合的基礎の上に立つ労働者のまとまりの中にのみ存立しうるという結論を、そこからひきだした。」

実際、ヒトラーは政権を奪取した後で、労働者が食えないようなレベルの賃金しか払わないで、内部留保を増やしたり、株主配当を増やしている資本家を牢獄に突っ込んだからね。他方、やっぱり生産性がすべてなんだ。だから、労働者のストライキは絶対に認めるべきではないと考えていた。

労使の関係はいつでも敵対関係ですよね。そこへ中立的な国家が間に入り、官の関与によって、企業の内部留保を吐き出させ、賃金を上げていく。労働組合はあっていい、しかし政治活動はさせない。ストライキはさせないが、賃金は上げて生産を向上させるようにする。こういう政官民の共同体制の中で労働組合を持った共同組合国家を考えています。ここはムッソリーニと一緒です。

そうすると、今の日本は？　官製春闘を繰り返しているよね。吉野家なんか困ってるぜ。

人件費がついに販管費の五割、売上高の三割になったんだって。最低賃金が時給一四〇〇円になったら吉野家をやっている意味がなくなると。もちろん吉野家に限ったことではなく、これ以上最低賃金が上がっていくとサービス産業はバタバタ倒れていくでしょうね。本当は、もっと市場原理に基づいて賃下げしたいんだ。グローバリゼーションが進んで、ものの値段は下がってきているからね。ところが国家がそれを許さない。

では、賃金って何でしょう？　これは『いま生きる「資本論」』でじっくり論じたように、マルクスの基本的な考え方に沿って理解した方が分かりやすい。マルクスによれば、賃金は利益の分配ではなくて、生産段階で決まっているんだ、と。

そしてその賃金の基準には三つあって、一つは衣食住、つまり食べられて、家賃なりローンなりが払えて、服を着て、ちょっとしたレジャーを楽しめて、次のひと月を働けるようなエネルギーを蓄える。そのために必要な費用がまず一つ。

二番目は、それだけだと労働者階級の再生産ができないから、家族を持って、子育てをするために必要な費用。だから独身者・単身者の場合は、将来家庭を持つためにかかるデート費用なんかもそこに入っている。三番目は、技術革新が起こるから、それに合わせて自己教育をしていくための学習資金。

こういった三つのものが賃金に入っていれば、資本主義システムは回っていく。これは事後の概念だよね。放っておくと、賃金は削られていきます。「おまえのデート代まで払えるか」というわけだよね。マルクスの言い方だと、「資本家と労働者は権利的に対等である。対等な者同士の関係は暴力によって決定される」となる。

『資本論』によると、労働者は資本家から利益の分配に与《あずか》れません。労働者の賃金は分配でなく、生産のコストとして決まっていく。これは間違っていません。だから、後は会社が儲かろうが儲かるまいが、労働者は分配には関係しないんです。分配は、あくまで資本家間、あるいは資本家と土地所有者の間で起きることだとマルクスは言っています。

ところが、ファシズムやナチズムの論理だと、賃金は分配の論理になってくるんです。企業の内部留保があるならば、それがいかに合法的なものであろうとも、賃金に振り分けろ。そうしないと、おまえを捕まえるぞ。つまり、ストライキを打たなくても、国家が中に入って賃上げをしてくれる。そういう形になっています。「資本家と労働者は権利的に対等である。対等な者同士の関係は暴力によって決定される」という、その暴力装置に国家がなってくれるわけですね。

さらに、翌月も一生懸命働くために、労働者にはレクリエーションが必要でしょう？　だからバスを仕立てて、温泉地へ行ったり観光旅行したり、そんなことを各企業に対して「やれ」とナチスは命じもしました。その金も内部留保から出せと。また、福利厚生をやらないような企業はしょっぴいてやる、と脅しあげもした。そうやって賃上げも福利厚生もなされたのです。その代わり、ナチス党以外の政治を支持するなんてことはありえない、という道筋になる。でも、とにかく労働者の生活水準が上がったのは間違いない。

ナチスの下での労働組合とは

次は今まで言ってきたことのまとめになっています。

「こういう一般的見解は、わたしの場合には一九二二年においてもなんら変らなかった。だがいまやもちろん、この問題に対する立場のためにはっきりした一定の定式が求められねばならなかった。今後は単に認識することだけで満足してはいけない。むしろここから実際的結論を引きだす必要があった。

次のような問題の解決が肝要であった。

一、労働組合はぜひとも必要であるか？

二、国家社会主義ドイツ労働者党は、みずから労働組合活動をすべきであるか、それとも党員をなんらかの形でそういう活動に導くべきであるか？

三、国家社会主義の労働組合は、どんな方式のものでなければならないか？　われわれの任務は何であり、労働組合の目標は何であるか？

四、われわれはどのようにして、こういう労働組合をつくるか？

第一の問題については、わたしは実際に十分に答えたように思う。わたしの確信によれば、今日のような状態であれば、労働組合は決して欠くことができないのである。反対に労働組合は、国民の経済生活の最も重要な組織に属している。だがその意義はたんに社会政策の領域だけにあるのではなく、むしろ一般的国家政策的領域にもっと多くの意義がある。というのは、ある民族、その大衆が正しい労働組合運動によって生活の要求を満足させ、だが同時にまた教育を受けるならば、それによって民族の生存競争上の全抵抗力が異常に強められるからである。

労働組合はなによりもまず、将来の経済議会ないしは職能代表会議の礎石として、ぜひとも必要である。」

労働組合は職能団体の会議あるいは経済諮問会議みたいなところでの労働者を代表する機能として必要である。ただし、闘争組織ではないんだ。経営者も労働者も、お互いにナチス国家を支持していくんだ。そして、アーリア人種の繁栄のために、それぞれの立場から協力するんだ。その目的のために、労働者を束ねる労働組合が必要なんだと。

「国家社会主義労働組合とは？

第二の問題も同様にもっとも容易に答えることができる。労働組合運動が重要であるならば、さらに国家社会主義はたんに純理的だけでなく、また実際的にも、それに態度をきめなければならないことは、明白である。もちろんそのときに「いかに」ということが早くも説明しがたいのである。

国家社会主義的民族主義国家をその活動の目標と見ている国家社会主義運動は、この国家の将来のすべての制度を他日この運動自体からつくりださねばならない、ということを疑ってはいけない。まずなによりも主義にかなった準備教育を受けた人間というある基礎をあらかじめもっていなくても、ただ力さえもっておればとつぜんに、無から一定の再組織を行なうことができると考えるならば、それはこのうえもなく大きな間違いである。機械的に非常に早くつくりうる外面形式よりも、そういう形式をみたす精神のほうがつねにより重要であるという原則が、ここでもまたあてはまるのである。たとえば命令によって、ある国家組織に指導者原理を圧制的につぎ穂することはもちろんできる。だがこれは、自己の発展において最小のものから自分自身をだんだんと形成し、人生の苛酷な現実がたえず行なう永続的な選抜によって、多年の間にこの原理の遂行に必要な指導者の人材を獲得したときにのみ、いきいきとなるのである。」

「永続的な選抜」というのは、常に競争して、常にナチス的な人がいることが、組織の存続のために重要だということです。つまり、ヒトラーは組織を存在概念として捉えていないんですね。組織は、存在するもの＝being ではなく、常に生成していくもの＝becoming として見ています。変わらないためには、変わっていかないといけない、みたいなテーゼになっている。

「だから、とつぜん書類カバンの中から新しい国家の憲法草案を公表し、さてこれを主権者の絶対命令で上から「実施」できる、と思ってはならない。そうやってみることはできる。だがその結果は、確実に生存能力のない、たいていは死産児であろう。それは、ワイマール憲法の成立や、最近半世紀におけるわが民族の体験とはなんら内的に関連のない新国旗をも新憲法といっしょにくれてやるという企てを、わたしにはっきりと思いださせるのである。」

ワイマール共和国の国旗である三色旗だとか、ワイマール憲法というのは、敗戦後に連合国によって押し付けられたものだ。そんなものに生存能力はない。われわれには目には見えないドイツ憲法があって、それは血と土によって作られている。それが今や指導者原理によって体現される。指導者の理念を体現しようとして作られた法律や命令の中に、真実の憲法があるのだと。だからヒトラーは成文憲法に関心を持たないのです。前も言ったように、わざわざ憲法改正をしなくていいわけ。指導者原理に基づいて大量に法律や命令を作って、目には見えないけど確実に存在する「ナチス憲法」があり、その憲法を超えたものとしてアドルフ・ヒトラーという総統がいるんだと。そして、この総統の身体自体が可視化された憲法なんだ、という考えです。

「国家社会主義の国家も、こういう二の舞をやらないよう注意せねばならない。国家社会主義の国家は、他日、すでに長い間存在してきた組織からだけ生成することができる。けっきょくはいきいきした国家社会主義の国家をつくるために、この組織は本来、国家社会主義的生命を自己の中にもっていなければならない。

すでに強調したように、種々の職業代表機関の中に、特に労働組合の中に、経済会議所に対する胚細胞がなければならない。だがこれらその後の職能代表機関と中央の経済議会が、国家社会主義的制度であるべきであるならば、その場合これらの重要な胚細胞もまた、国家社会主義的志操と見解の担い手でなければならない。運動の諸制度は国家の中に持ちこむべきであるが、それがまったく生命のない組織であってはならない以上、国家はとつぜんそれに対応する制度を無から魔法のようにつくることはできないのである。

この最高の観点からしてもすでに、国家社会主義運動は、自己の労働組合的活動の必要性を認めねばならない。

民族共同体という共通のわく内において労資双方が一体になるという意味で、労働者も企業主も真に国家社会主義的に教育するということは、理論的な教訓や呼びかけや警告では達せられず、日々の生活の闘争を通して達せられるのであるから、なおこれは必要なのである。この闘争において、またこの闘争によって、運動は個々の大経済グループを教育し、大きな観点に立っておたがいに接近させなければならない。そういう準備工作なしに、他日ほんとうの民族共同体の成立を望むことは、すべてまったくの幻想である。この運動が主張している偉大な世界観的理想だけが、他日、新時代を単に外面的に作られたものとしてではなく、真に内面的に確固たる基礎をもつものとして出現させる一般的様式を、徐々に形成することができるものである。」

だから労働組合は、闘争によってストライキをするとかではなくて、労働者自身で組織して、労働者のスキルを上げて、レクリエーションをやって、エネルギーをどんどん蓄えていく。そして生産を向上させ、イノベーションを行って、社会に貢献し、その結果としてアーリア人種を発達させるんだと。こういう思いの労働者を作っていく。

そして資本家は、利益を追求するだけでなく、それよりも、どのように労働者を保護し、自分たちの儲けを労働者に分配し、その結果としてドイツ国家を強化し、アーリア人種の繁栄を図っていくかを考えろ。そこにおいて労使は協調体制がとれるはずだ。

こういう協調体制を教育によって作っていかなければいけない。労使の対立を過去のものとして、これからは指導者原理の下において、指導者のことを常に思いながら経営し、働いていく。そうすれば労使の対立は超克されるんだ。

これは北朝鮮を思い出させますよね。あの国には、金日成《キム・イルソン》のときに作られた人民福と首領福という概念があります。すなわち、首領は「こんな素晴らしい人民を持つことができて幸せだ」と思う。そして人民は、「こんなに人民のことを考えてくださる素晴らしい首領を持って幸福だ」と思う。そういうふうに、幸福だと思う首領と、幸福だと思う人民の「幸せの共同体」が朝鮮民主主義人民共和国である。労使の対立も、指導者と国民の対立も、上位概念である「幸福」によって、超克されるわけですね。一応、理論的にはなってるんだなあ（会場笑）。問題は、そういうふうに本気で思う国民がどの程度いるのかってことだけど、教育を徹底して、国民全員を洗脳することに成功すれば、みんなとっても幸せになるわけですね。

ここの鍵は、指導者原理です。では日本において、かつての天皇はそういった指導者原理になっていたかというと、おそらくなっていない。天皇は、内閣、議会、陸軍、海軍、裁判所といった三権や軍の司、司に全部任せていく――そういうシステムの上にいるんです。縦割りに細分化されていて、しかも天皇に統合する機能はないんだな。

片山杜秀《もりひで》さんの『未完のファシズム』（新潮選書）という名著がありますが、この本によると、なぜ日本でファシズムが成立し得ないかといえば、天皇が司《つかさ》、司という形で固めているから、それを横断的に束ねる超越的な存在、フューラーのような指導者的存在が出てきにくいし、もし出てこようとしても、それは天皇とぶつかるから存在しえないんだと。ファシズム的体制を狙った近衛《このえ》文麿《ふみまろ》首相みたいな人が出てきても、それは所詮「もどき」になってしまう。彼が作った大政翼賛会にしても、狙いはナチス党のように一党独裁で、議会も軍もほしいままにすることでしたが、結局は部会制になって骨抜きになり、ナチスのような指導者原理に束ねることはできない。こうして、日本ではファシズムが未完になってしまうのです。

排外主義と労働組合

先へ進みましょう。

「それゆえ運動は、単に労働組合の思想そのものに肯定的態度をとらねばならないだけでなく、実際的活動で多くの党員と支持者に、きたるべき国家社会主義国家のために必要な教育が与えられるようにしなければならないのである。

第三の問題の答は、以上に述べたところからでてくる。

国家社会主義的労働組合は、階級闘争の機関ではなく、職業代表の機関である。国家社会主義の国家には「階級」はなく、ただ政治的な点でまったく同等な権利と、したがってまた同等の一般的義務とを有する市民と、その他に国策的な点でまったく権利をもたない国籍所有者があるだけである。

国家社会主義的意味での労働組合は、民族体の内部に同様につくられた他の組織に対して闘争するために、民族体の内部において一定の人間をまとめることによって、それを次第に一つの階級に変えるという任務をもっているのではない。この任務をわれわれは、労働組合そのものの責任に帰することは一般にできず、それは組合がマルクシズムの闘争の道具になったときに、はじめて組合に与えられたのである。労働組合が「階級闘争的」なのではなく、マルクシズムが組合を自己の階級闘争の道具にしあげたのである。マルクシズムは、国際的な世界ユダヤ人が自由独立の国民国家の経済的基礎を破壊し、国民的な工業と国民的商業を破壊し、それとともに国家をこえた世界金融＝ユダヤ主義のために、自由な諸民族を奴隷化するために利用する経済的武器をつくったのである。」

ユダヤ人が金融資本によって世界を支配するならば、やつらが富を独占することになるだろう。共産主義もやつらが後ろで糸を引いているんだ。フリーメイソンによる陰謀論みたいに、ひそかにユダヤ人の世界支配が進んでいるから、それに対抗すべく労働組合が必要なんだと。こうなると労働組合が排外主義に使われるわけですね。

「これに反して国家社会主義的労働組合は、国民的経済過程に関与している一定グループを組織的にまとめることによって、国民経済自体の確実性を高め、その終局の帰結において国家主義的民族体に破壊的影響を及ぼし、民族共同体のいきいきした力、それとともにさらにまた国家のいきいきした力を害し、けっきょく経済自体に不幸と破滅をもたらすあらゆる弊害を修正し、除去することによって国民経済の力を強化すべきである。

それゆえ国家社会主義的労働組合にとっては、ストライキは、国民的生産に破壊と動揺を与える手段ではなく、その非社会的性格のために経済の能率と同時に全体の存在を阻害しているあらゆる弊害と闘うことによる国民的生産の増加と流動化の手段なのである。というのは、個人が経済過程においてしめる一般の法律的および社会的地位と――さらにただそこからだけ生じてくるのだが――自己の利益のためにこの過程が繁栄する必要性について認識することと、個人の能率とは、つねに因果関係にあるからである。」

ここはさっき言ったことの繰り返しです。

労働者一人一人がチャレンジをして、自己の能力を向上させ、専門家としてスキルを上げて、それによって企業価値を上げていく。そのためには、人間は機械じゃないので、リラックスしないといけないから、労働環境を整えて、食堂を整備し、休み時間をきちんと取る。そうして持続可能で最大の利潤を上げることができ、そこに大きな喜びを感じるような労働者を育成するのが労働組合の仕事である。会社は会社で、そんな労働組合をサポートして、内部留保から労働者への分配を増やす。そうすれば、みんなが幸せになる、理想的な社会ができる――こういうことです。

ただし、ここに書かれていない部分がある。ここは昨日、「人種主義者は奴隷制は肯定するけど、移民を受け入れることには反対だ」と言ったことですよ。右のような思想が適用されるのは自国民だけで、きつい労働とか低賃金労働は、いわば徴用工を周辺の国から持ってきて、奴隷的な扱いをして搾取収奪をすればいいんだ。彼らはもちろん組合に入る権利なんかはない。なぜならば劣等人種だからな、と。奴隷労働に就かせる人たち、スラブ人であるとか、あるいは文化支持民族であるチェコ人やハンガリー人は、労働組合を作る権利はなく、働く義務だけがある。そんな階層化をして、アーリア人種のみ労働組合が持てるわけです。束ねた内側にだけは優しく、外部には排除の論理が働くファシズムの論理そのものですね。

「国家社会主義的な使用者と労働者の認識
国家社会主義的労働者は、国民経済の繁栄が、自己の物質的幸福を意味するということを知らねばならない。
国家社会主義的使用者は、自分の労働者の幸福と満足とが、自分の経済的な力の存立と発展のための前提であることを知らねばならない。
国家社会主義的労働者と国家社会主義的使用者とは、ともに全民族共同体の代理人であり、擁護者である。そのさいかれらにその活動において許される高度の個人的自由は、次の事実によって説明される。すなわち、経験によれば、個々人の能力は上からの強制によるよりも、広範な自由を保証することによっていっそう高められるし、またさらにそれが最もすぐれた、最も有能な、また最も勤勉なものを助長するに違いない自然な選抜過程が、なにほどかそがれるのを阻止するのに適しているのだ。」

上から押し付けるのではなく、みんなで自発的に競争させると。そうすれば能力を最大限に活用できる。

このあたりを現在の日本に適用するならば、まず働き方改革を行って、一般の労働者に関しては、労働時間の上限を決めて過労死を防止する。そして会社の福利厚生は充実させる。そのために内部留保を吐き出させる。

一方で、エリート層になるような、高度プロフェッショナルみたいな労働者については、無制限で働いてもらい、賃金は上限を設ける。エリート層が稼いだ部分は、いったんは会社に入るけれど、再分配で一般の労働者に回して、格差を是正する。

同時に、移民は受け入れないが、単純労働の労働者は三年なり五年なりの期間で日本に受け入れて、ただし労働組合の加入権は認めず、社会福祉は一切行わず、保険料は払わないでいいかわりに社会保険の保護対象とはしないで、三年から五年で国外へ追い出す。そこで若年労働力を手に入れて、搾取と収奪を強めることで国富を増やせば、労働者全体の生活水準も上がってくる——。ナチス流に働き方を改革すれば、こういった方向になる。

これが、わが国が目指している方向と似ているかどうかは、よく分かりません。しかし、こういうふうにすれば確実に日本人労働者の生活水準は上がります。ただ、国際社会では爪はじきになるよ。ナチス流に、「移民は存在しない」としながら、事実上移民を受け入れて、一切保護を行わずにいたら、国際基準では「とんでもない排外主義国家だ」となる。

もう一つのやり方は、移民の受け入れを認めて、一定のルールを作る。保険料は払ってもらうけれど、社会保険の対象になると財源が足りなくなる。そこは、移民だって物は消費するのだから、大幅な消費増税を行うことによって、再分配生産もしていく。そんなヨーロッパふうの社会民主的な政策にいくのか。

あるいは、移民は一切入れない。実際に、外国人労働者も入れない。きつい労働に関しては、成績の悪いやつを選抜して、令和突撃隊にして無理やりやらせるとかね。あるいは平等に国民徴用令を作って、つらくて大変な仕事は徴兵でなくて徴用してやらせる。ただし一定以上生産性の高そうな、成績の良い人間とかスキルを持ってる人間は徴用免除がある。免除のかわり、税金は高く取る。国家のそんな強制力を発揮させて社会の活性化を図るとか、いろんなやり方はあります。

いずれにせよ、今のままだったら日本全体が沈むのは間違いない。そんな状況でナチスの戦略を見ると、移民を入れない、外国人労働者は使うが保護の外側に置く、官製春闘で賃金を上げる、なんて形は現在の日本でうまく成り立たないこともないんだ。だから、これは過去の話じゃないのです。でもそういうことをしたら、周辺国家との軋轢《あつれき》はどれくらい強まるか分からないし、国際間での信用度なども含めて、中長期的に見たらプラスかマイナスか分からない。だってナチス政権は一二年しか持たなかったわけですからね。ナチスの支配によって、ドイツ国民の生活水準は確かに上がった。しかし全世界を敵に回して、最後には降伏交渉もできないほどの国家崩壊に直面したのがドイツ第三帝国だった——。この損得勘定はどうなるか？

よし、最後の休憩を取りましょう。ということは、これが最後の問題です。

問9　ヒトラーにおける宣伝と組織の関係を説明せよ。
問10　ヒトラーは労働組合の機能をどのように考えていたか？

7　歴史は繰り返すにしても

みなさんの答案を返します。結構、難しいテーマというか、整理しないといけない問題でしたが、よく講義を把握されています。

では最後の時間です。ヒトラーの一番病的なところ、「第十三章　戦後のドイツ同盟政策」の「ユダヤ人の反独的世界扇動」を読みましょう。ユダヤ人がいかに反ドイツ的な扇動をしているのか、と喧伝するものです。

「ユダヤ人の反独的世界扇動

したがって、ユダヤ人は今日ドイツの徹底的破壊を狙う大扇動者である。われわれがこの世界でドイツに対して書かれた攻撃を読む場合には、その製造業者はつねにユダヤ人である。まったく平和時代であろうと戦時であろうと変ることなく、ユダヤ人の金融新聞およびマルクス主義新聞は、ついに諸国家が続々と中立性を放棄し、自国民の真の利益を断念して世界大戦の連合国に役立とうと参加するまで、ドイツに対する憎悪を計画的にあおったのである。

その際、ユダヤ人の考え方ははっきりしている。ドイツのボルシェヴィズム化、すなわち国家主義的で民族主義的なドイツのインテリを根絶すること、およびそれによって可能になるドイツ労働力のユダヤ人世界金融資本のくびきの下での搾取は、このユダヤ人の世界支配の趨勢を更に拡大するための前奏曲と考えられているに過ぎない。歴史の中で幾度も幾度も示されたように、巨大な闘争の場合にはドイツは重要な枢軸である。わが民族および国家が、この血と貨幣に飢えているユダヤ人の民族暴虐者の犠牲に供せられれば、全地球はこのクラゲどもに籠絡《ろうらく》されてしまうだろう。ドイツがこのからみつきから解放されるならば、この最大の民族危機は世界全体にわたって破壊されたと見なすことができる。」

クラゲの比喩は前にも出て来ましたね。クラゲって日本や中国では食べるから、嫌悪感は少ないでしょうが、ここではまったく肯定的な意味はなく、実に無駄で、意味不明で、生理的に気持ちの悪いもの、というドイツ的文脈で使われています。

「したがって、ユダヤ人がドイツに対する諸国民の敵意を保持させるだけでなく、可能ならばなおも進んでそれを高めようとするために扇動活動に全力を尽すことが確実であると同様、この活動がそれによって毒を盛られた諸民族のほんとうの利益とはほんのちょっぴりしか一致しないことも確実である。ところで、一般にユダヤ人は、つねに諸国民の気質の認識に基づいてもっとも成果があると考えられ、また最大の結果も約束されるような武器でもって、それぞれの民族体の中で闘争を行なうだろう。したがって血液的には極度にごちゃまぜになったわれわれの民族体では、それから生じた多かれ少なかれ「世界市民的」な、平和主義的・イデオロギー的思想、簡単にいえば、国際主義的傾向が存在しており、この傾向をユダヤ人は権力闘争に利用するのである。フランスではショーヴィニズムを認識し、正しく評価した上で活動が企てられる。イギリスでは経済的、世界政策的見地からなされる。つまり、つねにある民族の気質を示す本質的性質がユダヤ人によって利用されるのである。そのようにして経済的、政治的権力を十分に手に入れ、その一定の肥大しゆく勢力を獲得した場合、はじめてこのような今までもっていた武器の束縛を脱して、今や一様に自分の意欲や闘争の真の内面的意図を表面に出すのである。今や、一国から一国へと続けて廃墟に変えてゆき、そうして永遠のユダヤ王国支配権が確立されるようになるまで、ますます破壊は激しくなってゆく。」

ここの発想は、昨日指摘しておいたように、がん撲滅に関するヒトラーの発想に通底しています。がんはどんどん転移をして、やがて末期がんになっていく。そのがん細胞の役割を地球上で演じているのがユダヤ人なんだ、という考え方です。だから、早期発見して除去しないといけない。

「イギリスでもイタリアでも、よりよいその国特有の政治観念とユダヤ人の世界金融資本の意欲との間の分裂は明白に見られるし、それどころかしばしばはなはだしく目につくのである。」

ユダヤ人は金持ちだ、というこの発想は反ユダヤ主義以外の何物でもないわけです。ユダヤ人には金持ちもいれば、そうでない人もいます。そこを無視して、ユダヤ人は金持ちだ、そして金融資本は世界中でユダヤ人が牛耳っている、それがユダヤによる世界支配だ――こういう結び付け方が反ユダヤの特徴です。褒めているつもりで、ユダヤ人に向って「あなたたちはお金儲けがお上手ですね」なんか言うと、それが典型的なユダヤ差別になることに気づいていない日本人はまだ結構います。

例えばアメリカのプアホワイトの中にも、反ユダヤ主義は多いのです。ユダヤ人が金融資本を支配していて、われわれ白人がひどい目に遭ってるんだ、というわけだね。トランプは親イスラエル的な要素も持ちながら、支持層であるプアホワイトたちの反ユダヤ主義もあって、岐路に立っているところがあるんですよ。

こうして対ソ戦が始まった

ヒトラーがソ連と開戦したのも、ソ連はユダヤ人によって汚染されている国家だから、イデオロギー的に戦わないといけなかったからなんです。さっき、共産主義もユダヤ人が後ろで操っている、ってところがありましたよね。

軍事的な知識がそれなりにあるヒトラーは、西ヨーロッパで戦線をどんどん広げながらソ連とも戦うのは明らかに不利だと分かっていた。にもかかわらず、対ソ戦へ突き進んでいったのは、がん細胞が最も強くなっているのは共産主義国家であるソ連だと強く考えたせいです。そこを見てみましょうか。「第十四章　東方路線か東方政策か」の「ロシアとドイツの同盟はどうか?」から「2」とあるところを読んでください。

「2　以前ロシアを敗北させた危険は、ドイツにとって絶えず現存している。ボルシェヴィズムが払いのけられたと思い込むのはただブルジョア階層のお人よしだけができることである。かれらは自分達の皮相な考え方からして、この際問題であるのは本能的な事実であること、つまりユダヤ民族の世界征服を目指す本能的な事象、さらに換言すれば、アングロサクソンがアングロサクソン自身でこの地球の支配権を手に入れようとしている本能とまったく同じく自然な事象であるとは夢にも思っていないのである。そしてアングロサクソンがこの道をかれら流儀で歩き続け、闘争をかれらの武器でもって戦っているのとまったく同様に、ユダヤ人もまたそうしている。かれらはかれらの道、つまり諸民族中に潜入し、これらの民族の内部を空洞にするという道を進んでおり、そしてかれらの武器、つまり虚偽と中傷、毒殺と壊敗でもって、かれらが憎悪する敵を残虐に絶滅するまでは闘争を強化しつつ戦うのである。ロシア・ボルシェヴィズムは二十世紀において企てられたユダヤ人の世界支配権獲得のための実験と見なされなければならぬ。このことは、かれらが他の諸時代において、たとえ内面的に同質であるとしても別の事象の経過によって、同一目標に到達しようと試みたのとまったく同じである。かれらの本能はもっとも奥底では、かれらの本質的存在である種に基いている。他の民族もけっして自発的に自己の種と勢力を拡張しようという衝動に従うのを断念することなどなく、外部の状況からそのように強いられるか、あるいは老化現象によって無気力に陥るかのどちらかであるに過ぎないように、ユダヤ人もまた自分の世界独裁の道を自発的な断念によってだめにしたり、あるいは自己の永遠の熱望を抑制することによってだめにすることはけっしてしない。ユダヤ人もまたかれら自身の外部にある力によって、自分達の道を押し戻されるか、あるいはかれらのあらゆる世界支配本能がかれら自身の死滅によってくたばってしまうかのどちらかである。だが諸民族の無気力化やその老衰死はそれら民族の血の純粋さの放棄に基いている。そして、ユダヤ人は地上の他のあらゆる民族よりも血の純粋さを保護している。したがって、ユダヤ人にある他の勢力が対抗し、激しい格闘によってこの巨人を再び悪魔のところへ追い返さぬ限り、かれらは自分達の宿命的な道を前進するのである。」

はい、もうこうなると完全に妄想だよね。しかし、「ああなってきたのが、今や、こうなっているんだ」って妄想話を、論理によって反論したり説得したりすることはもはや不可能です。あとは、こういう言説に影響を受ける人がいるかどうかになる。

「ドイツは今日ボルシェヴィズムの差し当っての大きな闘争目標である。わが民族をもう一度引きずり上げ、この国際主義的蛇連中の籠絡から救い出し、国内での民族の血の堕落を阻止し、その結果として自由となりゆく国民の力を、未来永遠にわたって先ごろの破局をくり返さずにすむようなわが民族の守り手として注入しうるためには、若々しい使命感に満ちた理念のもつあらゆる力が必要である。しかしこの目標が追求される場合に、われわれ自身の将来にとっては仇敵であるものを支配者としている国家と同盟を結ぶなどということは狂気の沙汰である。もし自分自らボルシェヴィズムの抱擁に身を任せているのであれば、どのようにしてその悪意に満ちた抱擁のきずなからわれわれ自身の民族を救い出すというのだろうか？　もし自分自身がこの悪魔の組織と同盟するのであれば、したがってそれを大体において承認するならば、どのようにしてボルシェヴィズムがのろうべき人類に対する犯罪であることをドイツ労働者に理解させるというのであろうか？　さらにもし国家の指導者自らがある世界観の代表者を同盟者として選ぶならば、どのような権利でもって、その世界観に対し好意をもったからという理由から大衆階層の者達を非難できるのか？

ユダヤ人の世界ボルシェヴィズム化に反対する闘争は、ソヴィエト・ロシアに対するはっきりとした態度を要求する。ベルゼブブによって悪鬼を追い出すことはできない。」

ベルゼブブというのは、新約聖書に出てくる悪魔の王です。つまり、悪魔によっては悪鬼を追い出すことはできない。われわれ善の力を集結してユダヤ人を根絶しないといけない、ユダヤ人が巣食う共産主義国家ソ連を滅ぼさないといけない、という主張です。だから、ヒトラーにとってソ連との戦いは、単なる国家間戦争とは違って、ボルシェヴィズムという形で表れたユダヤ人の世界支配戦略と戦う人種戦争であり、絶対に戦わないといけない相手だったわけ。

しかし、このへんを読んでいると、ヒトラーが『わが闘争』を執筆して九〇年以上たった今なお日本の保守派の一部にあるコミンテルンの陰謀論や、何でも中国の指示で動いているんだなんて言説は、反ユダヤ主義と本当に紙一重のところまで来ているのが分かるよね。

「民族主義者の仲間でさえも今日ロシアとの同盟に熱中しているけれども、かれらはドイツ国内だけでも見回して、自分達の行動がだれの支持をえるかを自覚しなければならない。あるいは、またもや民族主義者連中は、国際主義的なマルクス主義者の新聞によって推薦され要求されている行動を、ドイツ民族にとって祝福豊かなものと見なしているのだろうか？いつから民族主義者連中は、ユダヤ人がたて持づらをしてわれわれに差し出しているかっちゅうをつけて戦っているのだろうか？」

ヒトラーはこんなふうに、反ユダヤ主義の闘いを反共主義の闘いとイコールで結び付けます。

日本人とユダヤ人

では、ヒトラーは外交をどういうふうにやっていこうと思っていたか？　同じ章の少し手前、「国家社会主義の外交目標」を読んでみましょう。

「国家社会主義の外交目標

それに対して、われわれ国家社会主義者は不動の態度でわれわれの外交政策目標、つまり、ドイツ民族に対して相応の領土をこの地上で確保することを固執すべきである。そしてこの行為は、神とわがドイツ国の子孫の前で流血を正当化するように思われる唯一の行為である。まずわれわれは、地上の支配者としての自分の地位を、ただ独創力およびこの地位を戦い取り維持しうる勇気だけに依存し、なにものにもただで贈与されてはいない生物として、毎日のパンのために永遠の闘争が運命づけられてこの世界に存在させられている。その限り、流血は神の前で正当化されるものである。次にわれわれは国民の一人の血たりとも、その犠牲によって他の千人の生命が救われるということでなければ決して流さなかった。その限り、流血はドイツ国の子孫の前で正当化されるものである。将来いつかドイツ農民階層が力強い息子達を生みうる領土であるなら、その土地は今日の息子達を賭けることの正当な理由となるだろう。そして責任ある政治家というものは、たとえ現代において攻撃されようとも、いつかは血を流した罪過および民族を犠牲にしたことに対して無罪の判決を受けるはずである。」

やはり、ポイントは土地です。しかし土地はただでは手に入らない。力によって、血を流さないと自分たちのものにはできない。すなわち土地は血である。そして外交の最大の目標は、ドイツ民族に対して相応の領土をこの地上で確保することだと。

ということは、まず、歴史的にドイツ人が住んできた土地を回復しよう。ドイツ・オーストリアを一体化し、チェコスロヴァキアからズデーテン地方を割譲させよう。しかし人口が多いので、その土地だけでは繁栄していくアーリア人種を養えないから、東方地域に入植して現地のスラブ人を奴隷として使い、自分たちは現地人と通婚せず、血の純潔を保全しながら支配層として現地にとどまればよい。そこから搾取収奪で集めた富をドイツ本国へ送る。外部から収奪した富によって、ドイツの労働者・農民たちの生活水準を向上させていく。

さらに、人類を三つの種類、すなわち文化を創造することができる人たち、支持する人たち、破壊する人たちに分ける。破壊する人間たちはつぶして、文化を支持する人間は奴隷化していく。その上に文化創造民族であるドイツ人、アーリア人種は君臨していく。もちろん妄想じみた極端なエスノセントリズム、自民族中心主義ですが、では日本をどういう位置づけにしているか、そこをもう一回見てみましょう。

「第十三章　戦後のドイツ同盟政策」のおしまいの方、「日本とユダヤ人」を読んでください。

「日本とユダヤ人

ところでユダヤ人は、自分達の千年にわたる順応によってヨーロッパ民族の基礎を掘り崩し、かれらを種族の性格を失った雑種に養育することはなるほどできるにしても、しかし日本のようなアジア的国家主義国家に同じ運命を与えることはほとんどだめだということをじゅうぶん知っている。今日ユダヤ人はドイツ人、イギリス人、アメリカ人、そしてフランス人のふりをすることはできるが、黄色いアジア人に通じる道はかれらに欠けている。したがってかれらは、日本という国家主義国家をやはり今日同じような構造をもつ国々の勢力によって破壊しようと企てるのであるが、それはこの危険な敵のこぶしによって、最後の国家権力が防御力のない諸国家を支配する専制に変ってしまう以前に、その敵を片づけるためである。

ユダヤ人は自分達の至福千年王国の中に、日本のような国家主義国家が残っているのをはばかり、それゆえ自分自身の独裁が始められる前にきっちり日本が絶滅されるよう願っているのである。

したがってかれらは、以前にドイツに対してやったように、今日日本に対して諸民族を扇動しており、それゆえ、イギリスの政治がなおも日本との同盟を頼りにしようと試みているのに、イギリスのユダヤ人新聞はすでにこの同盟国に対する戦争を要求し、民主主義の宣伝と「日本の軍国主義と天皇制打倒！」のときの声の下に、絶滅戦を準備するということも起りうるのである。」

日本という国はアジアにあって、独自の国家主義国家で、文化支持民族であり、ユダヤ人の浸透を許していない。このような国家が存在していることをユダヤ人は我慢できないから、ユダヤ人の影響力のあるヨーロッパの国々やアメリカ、ソ連などは、いつか日本をたたきつぶすだろう。それはユダヤが世界支配を進めていく際の必然的なプロセスだ、という論理です。

「このようにして、ユダヤ人は今日イギリスでは不従順となってしまった。

したがって、ユダヤ人による世界の危難に対する闘争はイギリスでも始められるだろう。

そしてまた、外ならぬ国家社会主義運動は自己のきわめて巨大な課題を果さなければならぬ。」

ここはヒトラー独特のイギリス観です。彼に言わせれば、イギリスはアーリア人種で、ドイツの味方なんだ。そのドイツの味方であるイギリスが日本と同盟を結ぼうとしているのは、ドイツにとって本来は悪いことではないけれども、同盟をユダヤ人が切り崩して、日本とイギリスを敵対させようとしている。そのユダヤの陰謀と闘わないといけない。イギリスのアーリア人種を守るためにも、日本との提携は必要だという、実にねじれた論理展開です。

「世界の敵に対するわれらの闘争

この運動は民族の目を他国民に向けて開いてやらなければならぬし、われわれの今日の世界におけるほんとうの敵を再三再四思い出させなければならない。(ほとんどあらゆる面でそれらからわが民族を分離することができるとしても。) 共通の血あるいは同質の文化といった太い線でなおわれわれと結ばれているアーリア諸民族に対する憎悪の代りに、すべての苦悩の真の元兇である人類の悪質な敵を一般の憤激の前にさらさねばならない。

だがこの運動は、少なくともわが国の内部で不倶戴天の仇敵が認識され、そしてこの敵に対する闘争がより輝ける時代のきらめく徴候として、格闘するアーリア人類の幸福のための道を他の諸国民族にも示しうるように心を配らなければならない。

ところで、理性がその場合にわれわれの指導者となり、意志がわれわれの力となりうる。以上のように行為すべきである神聖な義務がわれわれに堅忍不抜さを与え、また最高の保護者としてわれわれの信念が存続するようにあれかし。」

よし、読むのはここまでにしよう。

みんなで読んでよかったというか、独りで読み通すことはできないような恐ろしい、ひどいテキストですよね。しかも、頭から読んだら、ねじくれていて、何を書いているんだか呑み込みにくい。昨日からやっているように、行ったり来たりしながら読んで、ようやく分かってくるでしょ。その場その場のアジテーションの勢いでやっている本だからですよ。

そしてファシズムとナチズム

日本との関係で言うと、日独伊三国軍事同盟というのは、ナチスの側からすれば極めて欺《ぎ》瞞《まん》的なものです。イタリア人だって劣等人種だし、日本人はさらに低い。文化を創造する力がそもそもなく、アーリア人種の助けがなくては、東洋のまどろみに沈んでしまう劣った黄色人種にすぎない。しかし問題は、ヒトラーのこういう考え方は一九二〇年代半ばに『わが闘争』として情報開示されていた。それなのに、ナチズムの危険性をみんな過小評価し、日本は『わが闘争』のきちんとした翻訳を出さずに、ナチスとの提携を深めていくという異常な方向に進んでいった。こういう歴史をどういうふうに考えるか？

この二日間の講義のまとめのキー・ポイントとして、ちょっと論点を整理しましょう。まず、

1　ファシズムとナチズム

2　ナチズムと国家社会主義
3　ヒトラーとは何者か、ナチズムとは何か
4　反知性主義
5　社会進化論と非寛容

こんなポイントで講義をさらってみるのはどうだろう?

まず、ファシズムとナチズムについて、大枠であるファシズム論から考えてみましょう。ナチズムはファシズムの一種と見て間違いない。しかし、ファシズム＝ナチズムではないんです。ナチズムは特殊な形態のファシズムです。

ファシズム fascism はファシオ fascio、「束」という意味から来た言葉ですよね。国民を束ねていく。その基盤にあるのは、協同組合的な国家です。

ファシズムはむろんイタリアで生まれましたが、イタリア型ファシズムは他の国でも現れました。例えばポーランドのピウスツキ政権（一九二六〜三五）もそうだし、スペインのフランコ政権（一九三九〜七五）もポルトガルのサラザール政権（一九三二〜六八）もファシズム政権です。しかし、そこには「血と土地」みたいな独特な神話はないんですね。ファシズムというのはナチズムと違って、もっと構築主義的で乾いているのが特徴です。だから、人によっては、ナチズムをファシズムの枠から飛び出している、と主張するかもしれません。ファシズムのすぐ外側で、ドイツふうの（ルター的な）極端な主観主義や、イギリスの（スペンサー的な）社会進化論が入った思想だ、と言う人もいるかもしれない。そういう見方も可能でしょうが、今は取りあえずの仮説として、私はファシズムの中で一つの病理現象に発

展していったのがナチズムだと捉えています。

ファシズムの前提としては、ムッソリーニがイタリア社会党に先立って、もともとマルクス主義者だったことが重要です。ムッソリーニの社会観の基本はマルクス、ただし、そこにプラスして進化論が入っているし、ローザンヌ学派のヴィルフレド・パレートの厚生経済学も入っているし、ニーチェの影響もある。ファシズムにおいては――ナチズムはもっとそうですが――体系的な理論が存在しないことが特徴です。ナチズムをそう評したように、やはりパッチワークによって成り立っているアマルガムではあるんです。裏返して言えば、理論によってファシズムを明快に分析することは不可能になっている。

同時に、ファシズムは動的なモデルです。ファシズム国家というのはこういうものだ、というのではなく、常に変容していくものなのです。ヒトラーの組織論のところでも言いましたが、ファシズムはそこに存在するもの being ではなくて、そこで生成していくもの becoming です。これは資本主義が生成発展していくことと非常に関係しています。

資本主義の根っこは「労働力商品化」で、いったん労働力の商品化が確立すると、資本は自律的に回り始め、自ら肥大化することを欲し、有機的構成をどんどん高度化していくから、一般的には格差が広がっていきます。その結果、格差社会の下の方に来た人は、自力では社会階層を上へあがれなくなる。ここまでは、事実からも承認できるし、理論的にも説明できることです。

その解消には、道が二つあります。

一つは、資本主義の蔓延がいけないんだ。そもそも労働力の商品化に原因があるのだから、労働力商品化自体をなくしてしまおう、とするやり方。つまり、共産主義革命ですよね。確かにソ連においても、東ドイツにおいても、革命によって労働力商品化はなくなりました。ただし、職業選択の自由もなくなった。国民全員が奴隷労働に就く、みたいな状態になったわけです。そして、国民は仕事をしているふりをして、国家は賃金を払っているふりをする。そんな感じの非常に非効率な社会ができた。

ただし、ソ連において社会主義の理念は一つだけ実現できていましたよ。労働時間の短縮です。朝九時から仕事が始まることになっているけれども、九時に起きて一〇時くらいに職場に着いて、ゆっくりとお茶を飲んで、仕事には一一時から取りかかる。一二時から昼休みで、一時間ゆっくりと休んだ後、買い物休みというのがあって二時まで外にいて、それから戻って少し仕事をして五時に仕事が終わる、というのは五時には守衛さん以外誰もいない状態ということだから、四時過ぎには職場を出ると。一日の実質労働時間ってまあ三時間ぐらいでした。

それから、交通事故があると、みんな見に行く。目撃証人になると裁判所に出廷するから二日間の休暇が取れる。夏休みは二ヶ月間取って、休暇先でアバンチュールを楽しむ。働く日数は本当に限られていた。こういう国家がどうして成り立っていたのかというと、一つはオイルショックなんです。オイルショックによって、石油価格、天然ガス価格が上がったから、油と天然ガスを西側諸国に輸出して、それで得た外貨で食っていた。その意味においては、サウジアラビアみたいな産油国経済と同じような形で、ソ連はかろうじて成立していたのが実態でした。ソ連が崩壊したっていうのは、ある意味必然的だったわけです。誰も働いていないのだからね。

これとはまた別に、労働力商品化を使わずに回るシステムがあります。ハンガリー出身の経済人類学者で、アメリカで活躍したカール・ポランニー（一八八六〜一九六四）が人間の経済活動を三つに分類しました。一つは商品経済、二つ目は贈与、三番目は相互扶助。商品経済はわれわれが普段やっていることです。お金を出してモノを買う。贈与というのは、北太平洋岸の先住民の「ポトラッチ」みたいなやつ。部族の長や裕福な人がみんなに自分の財産をばらまいていくが、その見返りはない。そんな一方的な贈与関係がある。もう一つの相互扶助。例えば沖縄の久米島って離島まで行くと、肉や魚や野菜を買うことはまずないし、家に鍵はかかっていない。玄関先へ魚が勝手に置かれている。こっちは野菜を作っているからというので、野菜を置きに行く。そんな具合に、商品経済とは別の形で、物でのやりとりがある。だから生活にお金があまりかからない。ただ、熨斗袋《のしぶくろ》がものすごく売れるんです。冠婚葬祭だけでなく、何十回忌だとか快気祝いだとか就職祝いだとか言って、細かい金額がしょっちゅうやり取りされている。これも経済合理性とは全然違う、生活や慣習の中に埋め込まれた経済活動ですよね。

久米島に似たことがロシアでもありました。一九九二年のロシア（九一年一二月ソ連崩壊）のインフレ率は公式統計で二五〇〇パーセントです。こうなると貯金の価値はゼロですよ。ところが、飢えている人間はいませんでした。なぜか？　久米島のような相互扶助が働いたんです。外貨のアクセスがある企業に勤めている人間は親族みんなを助けたし、何か物が手に入る、例えばバナナが入手できたとなったら、その人は職場でばらまきました。別の人に卵が入ったら、また職場でばらまく。今度は鶏肉が手に入った人がばらまいてくれる。そんな交換経済が成り立って、誰も飢えずにすんだ。

今の日本ではもちろん商品経済だけが異常に肥大してしまっているけれども、例えばカーシェアリングをする、この万年筆をメルカリで手に入れる、そういう要素と相互扶助が合わさって、商品経済の要素を減らしている過程にいるのかもしれません。これは国民所得統計上、なんのプラスにもならないけれど、使っていない物資をぐるぐる回す形で、一応、欲望がみんな充足できるわけじゃない？　これは商品経済が他の「人間の経済活動」に侵食されているということですよ。だから、労働力商品化をいきなりなくすことはできなくても、商品経済に依存する比率を減らしていくことは少しずつ始まっているのかもしれません。

北朝鮮と北欧諸国

では、資本主義下における格差を解消する二番目の方法。それは、商品経済自体は前提とするけれども、そこに「暴力装置」を持ってくる。その暴力装置の力によって、格差社会の下の方の人たちにも再分配を実現していく――これが実はファシズムなのです。

そのファシズムがきわめて乱暴な形で出てきたのがナチズムであり、北朝鮮もある意味で暴力的なファシズムに非常に近い。それに対して、暴力性があまり露骨に出てこないのが北欧諸国です。北欧諸国の、国家機能による再分配で作りあげた高度福祉社会は、第三者的に見れば、一種のソフトファシズムかもしれない。実際、先ほど名前を挙げたように、厚生経済学あるいはパレート最適といった概念で出てくるヴィルフレド・パレートにムッソリーニはずいぶん学んでいます。戦前・戦中の百科事典や経済辞典で「パレート」とか「ローザンヌ学派」を引くとファシズムの経済理論として出てきますよ。

ちなみに、マルクス経済学者はファシズムをどう分析していたかというと、日本だと宇野派の経済学者の大内力《つとむ》さんなんかが言っていたことだけれど、「ファシズムは国家独占資本主義に近いんだ」と。国家独占資本主義というのは、もともとは戦後、東ドイツのクルト・ツィーシャングという経済学者が西ドイツ資本主義を分析して使った言葉です。つまり、労働者が不満を持ちすぎて爆発すると革命が起きてしまう。そんな革命を阻止するために国家が積極的に介入し、再分配政策を行う、福祉政策を行う、雇用政策を行う。資本側からすると利益を毀損《きそん》することだけれど、しかし、資本主義体制を維持するという大きな利益のために、個別の資本の利益追求を国家権力という暴力装置によって抑えるわけです。これを国家独占資本主義と呼んで、この暴力性が強まってくるとファシズムになる、という見立てです。

ファシズムの問題の一つは、常に外部があることです。そのためにどうしても排外主義の要素がある。発祥の地イタリアにおいて、何がイタリア人かというと、「イタリアで生まれたから自明としてイタリア人」というわけではない。「イタリアのために何らかの努力をしている人間がイタリア人」なのです。すると、イタリアの外部から入ってきても、イタリアのために努力する人間であったらイタリア人になる。だからイタリア型のファシズムにおいては、反ユダヤ主義はありませんでした。ユダヤ人であっても、イタリアのために一生懸命やっているんだったら、彼なり彼女なりはイタリア人だからです。ただし、そういうイタリア人を束ねるのがファシズムですから、束ねきれない外部は常にあり、そこには排外主義が入ってくる。束ねきれないものはイタリア人ではない、排除しよう、となる。
ナチズムの場合は人種思想が入っているから、もっと容赦がなくなります。ユダヤ人がいくらドイツのために貢献していても、決してドイツ人とは見なされない。そういった人種主義的な違いがある。けれども、国家介入によって再分配を担保し、そのことで内部を束ねていく点において、ナチズムは紛れもないファシズムの一形態になります。

ヒトラーとは何者か？

では、ナチズムと国家社会主義はどう違うのでしょう？　国家社会主義者とは、例えば高畠素之です。国家社会主義、つまりステート・ソーシャリズムはファシズムの一種です。やはり国家が資本家と労働者の間に介入し、社会政策を打ち出して再分配を行います。ただし、『資本論』を最初に日本語へ翻訳した高畠は、マルクスの影響が強かったから、究極的には「労働力商品化をなくしていこう」という考えがありました。しかし、それは近未来においては難しい。なぜならば人間は性悪の存在だから、分かち合うことはできないんだ、と見ていた。

けれど高畠において、あるいはステート・ソーシャリズムにおいて、国家機能によって再分配を強化し、格差を是正し、資本の動きを抑えることは主張しても、特定の人種が優位に立つなんてことはないわけです。一方、ナチズムは英訳すればナショナル・ソーシャリズムで、あえて訳すと「民族社会主義」なんだけども、主体は民族ではない。ナチスは民族の枠を超えて、アーリア人種の優位を唱えるレイシャル・ソーシャリズムでした。アーリア人種の優位が入るから、その点においてドイツ・ナショナリズムでもなく、インターナショナリズムになっていた。国家社会主義は定義できる。しかし、ナチズムは定義できないのです。

では、ナチズムの首謀者であるヒトラーとは何者なのか？　これもまた定義できなくなってくるのです。ユダヤ人の大量虐殺を行った張本人はヒトラーであることに間違いない。しかし、犬が大好きだったり、底辺の中で何年も苦しい生活をしながら、ある意味モラルが崩れなかった人間であったりすることも間違いない。第一次世界大戦に伝令兵として従軍して、自分の命を国家のために捧げることを誓い、危険な局面でも伝令を続け、負け戦の中でも決して諦めなかった男であるのも間違いない。多面的な人物であって、どういう人だったか、どこでどう切り取って見れば総合的に理解できるかを言うのは非常に難しい。だからヒトラーとは何者かということについても回答不能なんです。

ただ、これは『ヒトラーの秘密図書館』に面白い記述があるのですが、ヒトラーはしょっちゅう本棚の中味を並べ替えていたのだそうです。しばしば蔵書の整理をしていた。これは、自分の思考の組み立てを変えていたわけです。ここに何か一つのヒントがあるかもしれない。この人は思想の変遷の幅もかなりあったし、どうも常に生成の途上にあったのではないか。ソ連と提携したかと思えば、対ソ戦を始めたり、イギリスと戦争を始めたと思ったら、側近のルドルフ・ヘスを送って和平交渉をしてみたり、さらにヘスが裏切ったという話にしてみたり、実に場当り的で、めちゃくちゃです。

そのめちゃくちゃの中で一貫しているのは、彼が言うアーリア人種の生存、生き残りという問題でした。昨日も指摘したことですが、重要なことですから繰り返しますね。生き残るため、なんて言葉を政治家が口にするのは極めて危ない兆候です。生き残るためと言えば、何でも許されてしまうからね。ヒトラーも、生き残るためには何でもする政治家でした。

ナチズムとは何かに関しても定義不能です。あえて言えば、無限の形での否定神学的な定義になるでしょう。ナチズムは国家主義には還元できない。ナチズムは暫定的にファシズムの一類型と整理したけども、ファシズムに全面的に還元することもできない。ナチズムは人種主義に還元することもできず、福祉国家論に還元することもできない。ナチズムはドイツ・ナショナリズムに還元することもできず、無神論に還元することもできない。こういうふうに、無限の「できない、できない、できない」の果ての残余の部分で、とにかくドイツ第三帝国を作りだして、第二次世界大戦を始めて、大量のユダヤ人を虐殺して、ドイツを破滅に追い込み、しかし現在もまだネオナチという形で影響力は途絶えていない。そういう一つの人間の観念である、というくらいは言えるでしょう。

反知性主義と不寛容

そして、ナチズムの特徴は反知性主義です。物事を認識するときに、客観性・実証性を軽視もしくは無視して、自分が望むような形で世界を理解する態度を取るのが反知性主義者ですよね。こんな人たちを説得することは非常に難しい。

ただし、ナチズムの反知性主義には、それに加えてものすごく強力な要素があって、知性自体を憎んでいるわけです。トランプは知性を無視することがある。安倍晋三さんも知的な議論を迂回して無理筋の話をすることがある。しかし、トランプにしても安倍さんにしても知性は憎んでおらず、専門家には一定の敬意を払う。しかしヒトラーは知性自体を憎んでいます。ナチス党員による前衛的エリート主義を唱えていながら、知的なエリートに対する強烈な反発がある。これは、ヒトラー独自の生き方と、ある種のモラル的な強さとが結びついている感じを受けます。俺が社会の最底辺にいて、最も苦しいときに、ドイツのエリートたちは何もしてくれなかった——こういう思いがヒトラーにおいては極めて強い。だから、知性を敵視している、憎悪している。これはヒトラーの特徴です。

さらに、ナチズムは極めて不寛容です。ファシズムだって不寛容ですよ。ただファシズムは不寛容だけれど、いわば無関心さがあるんです。そのためナチズムより寛容になる。外側に関しては、視界に入らなくなる。それがファシズム的寛容です。

もっともナチズムだって、ユダヤ人政策に無関心っていう時期があったんです。ユダヤ人たちがパレスチナに行く、あるいはマダガスカルに移住するんだったら構わないだろう、ただドイツからいなくなればいいんだからな、という棲み分け的な論理があった時期もある。特にベルリン・オリンピック（一九三六年）の頃は、対外的な目があるから、ユダヤ人政策を緩めていました。ところが、ある時期から「完全に根絶しないといけない」となって、どんどん絶滅収容所にユダヤ人を送るようになったし、障害者たちの安楽死も始めたし、さらにロマ、いわゆるジプシーなどの迫害も始めたのです。一方、イタリアのファシズムは「われわれの社会には健常者もいれば障害者もいる。力のある者が弱い者を助けるのは当り前だ」という考えから、障害者を保護していました。

このナチズムの極端な不寛容は、ヒトラーの一種の生物学的な概念、衛生思想から生まれています。いわば病原菌によって、このままだと自分の身体を侵されてしまう。だから清潔な空間を作らないといけない。そんな衛生思想とハーバート・スペンサー流の社会進化論が結び合わさったところから来ている。ただ、それがどの時期にヒトラーへ強く出てきたのかが、よく分からないのです。

ナチスの不寛容は、エーコが指摘した通り、単に人種主義から来ているのではないでしょうね。自分たちが優秀な人種だという認識をしているならば、他の人種に対する関心がなくなっても不思議ではない。となると、やっぱり血と土、とりわけ土が問題なのでしょう。その土をめぐる縄張り意識と、そこに絡んだ社会進化論がナチスの不寛容を生んだのではないかな、と私は今のところ思っています。

すると、次の段階でわれわれの課題としてあるのは、いわゆる遺伝子という考え方と社会進化論の折合いをどう整理していくかだと思います。その観点で面白いのが、東京大学の佐倉統《おさむ》さんが『利己的な遺伝子』のリチャード・ドーキンス経由で言っている「ミーム」、文化の遺伝子という考え方です。

文化の遺伝子って、どういうものか？　「遺伝子は自分の遺伝子を少しでも多く増やしたい」というのがドーキンスの仮説でしょ。だから、人間は遺伝子の乗り物だってことになる。動物行動学の竹内久美子さんに言わせると、それだから、男は基本的に浮気をする動物なのだ、少しでも多くの子孫を残したいからだ、となる。

すると、ではなぜ避妊が社会でこれだけ普及して、避妊具が大きなマーケットになって、そのせいでセックスはしているのに子どもは生まれないという現象があるのかと言えば、それがミームなんです。避妊というのは文化の遺伝子の一つです。生活の水準を一定に維持するとか、子育ては大変だから自分たちはいいやと考えて、遺伝子を増やすという選択を止めて、避妊という選択をする。それは文化であって、その文化の遺伝子は継承されていくわけだから、生物学的な遺伝子を乗り越える文化の力というものがある。そんなことを一つの大きな例証として、佐倉統さんは挙げています。このミームなんていうのは、これから社会進化論などとも絡む面白いテーマになってきますよ。

明確な形で、ナチズムとは何かは定義できないし、ヒトラーとは何者だったかということも断言できないけれども、この二日間の勉強の中で、少なくとも『わが闘争』に内在するヒトラーの思想とはどういったものかを知ることはできたでしょう。その知識が、いまの日本を生きるわれわれがナチズム的現象に出会ってしまった時のワクチンになればいいと思います。

では私の話はここまでにして、質問や意見がありましたら、どうぞ自由におっしゃってください。

受講生Q　ナチズムあるいはファシズムが、縮小再生産の形であれ、私たちの社会にまた登場しかねない、ということは分かりました。そういう思想が入ってくることを防ぐための方策とか気構えがあったら教えてください。

一つは、反知性主義ではなく、知性で対抗することです。具体的には、客観性・実証性のないものに対しては疑いの目を持っていい。客観性・実証性が十分でないものに関しては、複数の考え方があるんだなと、そのくらいの目で見るということですね。それから、あなたにとって何か「絶対に正しい」ということがあっても、別の人にとっては必ずしも絶対に正しいわけではない、という複眼的な観点を持つこと。実はそういうことでしかナチズム的・ファシズム的なものに対する耐性をつけることはできないと思っています。

あとは、分かりやすさへの疑問。分かりやすいものに対しては、懐疑の目を向けることです。「これですべてを整合的に説明できる」とか「実はあの裏ではこんなことがあったんだ」とか「目から鱗だぜ」ってことに対して、常に疑いの目を持つこと。

そして、テキストの多声性に留意することです。ポリフォニーと言いますが、特にドストエフスキーの小説などに顕著だけれど、字面だけで読んでいいのか、反語なのか、行間に何らかの意味が込められているのか。優れた小説は必ず多声的になっていますから、小説をよく読んで、いろんな政治家や有識者が発言することの多声的な要素に敏感になることだと思います。

受講生R　アメリカなどでもナチズムの再現は起こりうるのでしょうか？　ヒトラーが社会の最底辺を見たゆえに大衆に説得力を持ちえたように、トランプもアメリカン・ドリームの体現者として、大衆に夢を見させる力があるのでしょうか？

そういう支持者もいるでしょうが、トランプとヒトラーの決定的な違いは、突撃隊を持っていないことです。だから、トランプの支持者といっても、制服を着て、棍棒《こんぼう》を持って警護しながら、トランプを野次る反対派に「トランプ先生の悪口を言うのは、俺は絶対許さねえよ、ぶっ殺したろうか、オラ」とか脅してくる私兵じみたやつはいない。そりゃトランプに殴りかかろうとしたら、大統領付きのシークレット・サービスに押さえ込まれて、警棒で小突かれるくらいはするだろうけどさ（会場笑）。でも、反トランプは可能なわけですね。反ヒトラーとなると命懸けだからね。暴力装置をトランプはダイレクトに持っておらず、ヒトラーは持っていたというのが本質的な違いです。だから、アメリカをトランプの物語だけに染めることはできない。北朝鮮の場合は、金正恩の物語だけで暴力的にあの国を染め上げることができる。だから、ナチス的なものに似ているのはむしろ北朝鮮ですよね。

受講生S　昨日の扇動の話を聞き、今日の言葉づかいのひどさの話を聞いて思い出したのですが、私、実は友達の選挙の手伝いでネットの担当をしたことがあって、そのとき、反対の意見の人から炎上というか、結構すごい言葉をもらって吃驚《びっくり》したことがあります。そういう考えの人もいるんだなという程度に流していたんですが、実際そういうことを書く人に会ってみると、全然普通の人で、二度吃驚したという経験をしました。ひどい言葉づかいをしていると思考まで侵されてしまう、というようなお話でしたが、やはり……。

だから、人間って、そういうものなんだってことです。喋り言葉でも、ネットの書き込みでも、ひどい言葉づかいをする人は、行動にも直結しかねない。取りあえず会ってみたら、普通の人だったんでしょ？

受講生S　はい。

ナチス時代のドイツだと、「水晶の夜」（一九三八年一一月）ね。全国的な規模で突撃隊によるユダヤ人の家への襲撃があった夜、近所に住んでいる普通の主婦までユダヤ人の家へ上がり込んで来て、「なんだマイセンなんか持ってるのか」って皿を割ったり、大暴れをして、家を徹底的に破壊し、あるいは略奪した、なんて記録はたくさんあります。ネットにそういう書き込みをするやつ、そういうことを考えるやつは、いつそんな行動をしてもおかしくない。ただ普段はそんな行動をした場合のペナルティーが大きすぎるからやらないだけでね。

受講生S　そういう人たちとはどう付き合って行ったら――というか、付き合わないとか、どれほどの距離感で接すればいいのでしょう？

これは人生を長いと考えるか、短いと考えるかで違ってくる。人生はうんと長いと考えたら、丁寧に付き合って、そういった人たちが変わる可能性を考えてもいいかもしれないけども、付き合わないで済むなら付き合わないほうがいいと思うな。

ネットというのは、不必要に人間のコンタクトの範囲を広げるから、かえってリアルな人間関係を充実させるのが大変な時代になっています。リアルな関係を充実させるには、今日言った商品経済の論理以外の付き合い方をすればいい。例えば、自分がいいと思った本は、少なくとも自分から薦めるときはお金を取らずにあげるとかね。自分が誘ったときは割り勘にしない、とかでもいい。自分でルールを作って、ある部分には金を絡ませずに付き合ってみる、というのは意外と重要だと思う。あるいは男女間のことだったら、この相手との関係はセックス絡みのことは、いくら「いいな」と思っても「絶対なし」と決めて、きちんと長期間にわたって関係を維持するとかね。だから、欲望の赴くままとか、経済論理の赴くままとかとは、ほんの少しだけ違う領域を作っていくことで、違うものが見えてくる。

ネット空間で思ったことをそのまま吐き出しちゃうのは、吐き出した言葉にも言霊《ことだま》があるから、必ず自分の行動に影響を与えるからね。だから、思ったことは何でも言えばいいってことではなくて、思ったことをグッと一歩前でこらえて口に出さない、というのも非常に重要な人間の知恵なんだよね。

受講生T　高畠さんをあえて批判するとしたらどういうところでしょうか？

高畠素之をあえて批判するんだったら——いくつかあるけれども、制度化した枠をあそこまで敵視する必要はなかったと思います。彼の能力と学識をもってすれば——戦前の大学は、例えば小学校卒の学歴しかない国語学者山田孝雄《よしお》でも東北大学の先生になれたからね——、大学の教授なんてすぐなれたわけです。ところが高畠は、かたくなにそういう道に行くことを拒んだ。だから、彼を支持し、集まってきた連中にはろくでもないのが多かったし、自分の思想を継ぐ次世代のインテリ・有識者を作ることができなかった。「俺は国定忠次《くにさだちゅうじ》と同じ上州の生まれだからな」という面を押し出して、質の悪い弟子たちを集めて満足していた、というのは彼の最大の問題点です。

それからもう一つ、これは『高畠素之の亡霊』の最後に書いたことだけれど、第一次世界大戦の大量殺戮後に起きた、カール・バルトを中心とした弁証法神学の動きを等閑視したこと。とりわけバルトが「神は神である」という真理への道を拓いた『ローマ書講解』に高畠がきちんと取り組んでいたら、単純に軍部を評価して、国家を軍隊という暴力装置によって変えていくという話にはならなかったろうと思っています。性悪な人間を規制するために性悪な国家を利用する、性悪な国家を是正するために性悪な軍部を利用する、という操作では足りなくて、社会を究極に変えていくためには、悪から善への価値観の転倒がないとできないんだ、と気づいたんじゃないか。悪による悪の克服で世の中の転換を謀《はか》るというのは、第一次世界大戦のインパクトを不十分にしか理解できていなかったとしか思えないのです。でも、高畠はそこまでは分かっていたと思うんだ。しかし一九二八年に四二歳という若さで亡くなったせいもあって、その先へ進まなかった。だから、これは高畠の思考停止という問題だったんじゃないかな。

受講生T　『高畠素之の亡霊』の中で、高畠の性悪説は〈変形した形でのキリスト教の原罪観〉と書かれていました。「変形した」というのはどういうことでしょう?

キリスト教においては、原罪というのは「悔い改め」とパッケージなんです。でも、高畠は悔い改めない。人間には原罪があり、そこからの救済はない、無間《むげん》地獄の中を這い回るんだとしていた。そして、悪の中において、悪の力によって、悪を牽制し、悪を克服するしか道はないんだという考えを変えなかったわけです。つまり高畠は、原罪は信じたけれど、救済は信じなかった。となると、その原罪観はストレートなキリスト教の原罪観ではないんです。だから「変形した」という言い方なんです。

受講生U　『わが闘争』を読んだ中にロベスピエールが出てきましたが、フランス革命のときの恐怖政治は、ナチズムとファシズムに比べるとどうだったのでしょうか?

ロベスピエールの恐怖政治とナチスの恐怖政治は、似ている面もあれば違っている面もありますが、革命というものは必ずフランス革命と同じ経緯をたどるんですよ。

すなわち、旧勢力があって、その勢力を革命で倒す。そして旧勢力の財産を接収して、それを再分配する。フランス革命後の最初の政権はジロンド政権で、民主的な立場に立ってコンセンサスを重視する政策を取り、かつ接収した富を再分配した。みんなにばらまくことで、幻想を与えるわけです。すると、必ず財政危機に陥ります。それから、外敵が侵入してくる危険があるけれども、基本的には平和友好的にやっているから、外敵の侵攻にうまく対応できない。やがて本格的に財政危機が来ると、緊縮財政をやらないといけなくなる。すると、みんな不満たらたらになるから、秘密警察を使って恐怖政治で抑えないといけない。なおかつ国民皆兵にして、対外的な国防力を強化しないといけない。そうやって出てきたのがジャコバン派です。こういう文脈で必然的に恐怖政治が敷かれるけれども、それは息詰まるし、生活が悪くなるしで、長期間続かない。
　そこへ救世主のように出てきたのがナポレオンですよ。国内は自由な統治にして、生活水準を上げていく。その財政のもとは外で戦争して取ってくる。このジロンド→ジャコバン→ナポレオンという流れはあらゆる革命に当てはまるんです。ロシア革命でも、メンシェヴィキがあり、ボルシェヴィキがあり、スターリンの独裁が出てくる。だから、スターリンはナポレオンに相当するわけですね。日本だとふにゃふにゃした民主党的な体制があって、その後、警察関係者が重んじられたり防衛省が強くなったりする、ちょいとジャコバン的な体質の安倍政権ができた。これで対外的な緊張関係がますます高まって、例えばアメリカと北朝鮮が仲良くして、徴用工問題なんかでますます日本側の企業が訴えられて、アメリカで財産を接収されるとなって、あっちからもこっちからも包囲されることになると、安倍では生ぬるくてダメだという形で、田母神《たもがみ》将軍の一〇倍くらいおっかない人が出てくるかもしれませんね。こういう循環って、いつでも、どこでもあることなんだ。

受講生V　ファシズムやナチズムの書籍を見ると、思想家としてニーチェがよく出て来ます。ニーチェが影響したポイントは何でしょう?

ニヒリズムは一定の影響を与えていますが、ニーチェのニヒリズムは本来、ロマン主義の文脈で捉えないといけないんですよ。ロマン主義の後に来るニヒリズムがニーチェなんです。簡単な例を挙げれば、恋愛です。普通、恋愛は啓蒙的な理性とか合理主義とか実証主義とかでは解決しないよね。ロマン主義的に、感情、情念が優先される。でも、恋愛は成就することと、失敗することだったら、どっちが多い？　あるいは成就した後でも、こんなはずじゃなかったってこと、結構あるでしょ？　失敗した揚句、もう男はこりごりとか、もう女はこりごりだとかになる。これがロマン主義の後に来るニーチェのニヒリズム（会場笑）。

じゃあ、ナチズムは本当にロマン主義を経由したところから出てきたのでしょうか？　イタリアのファシズムはロマン主義です。イタリア民族を統一してイタリア王国を作り、これからイタリア人を作っていくんだという一種のロマンがあったのが、そこが崩れて、ニーチェ的なニヒリズムになったのは分かる。しかしドイツには、というかヒトラーにはそういう感じがしないのです。第一次世界大戦のあの廃墟の中からヒトラーは生まれてきて、最底辺の生活で泥水をすすりながら、今に見てろよという形でのし上がっていく。これはニヒリズムよりロマン主義的だよね。

ただ、別の意味でのニヒリズムは感じるんです。『唯一者とその所有』を書いた一九世紀ドイツの哲学者マックス・シュティルナーのニヒリズム。『唯一者とその所有』に「私は私のことを無の上にのみ置いた」という言葉があって、シュティルナーはフォイエルバッハの愛の思想に対して、「愛なんてありえないんだ。何にもないんだ。その何もない上に世界は成り立ってるんだ」としました。シュティルナーはむしろ左派のアナキストですが、ヒトラーにも「私は空虚な上に立っているんだ」というニュアンスを感じるんですよ。「ああ、そう、ドイツ民族、アーリア人種は、やっぱり弱かったんだな。だから、ゴキブリのようなユダヤ人に負けるんだ。俺たちはゴキブリ以下だ、アハハ、チョコレートケーキでも食うか」「かわいいワンちゃん生まれたなー。でもヒトラーの犬だからっていじめられたら可哀そうだな。じゃあ、毒殺しといてください」みたいなニヒリズムです。

シュティルナーの影響を受けた日本人にアナキストでダダイストの辻潤《じゅん》がいます。辻は『唯一者とその所有』を『自我経』という題で翻訳した人ですが、伊藤野枝《のえ》の夫でもあり、伊藤野枝が大杉栄《さかえ》の元に走って、しかも甘粕《あまかす》大尉に殺されて、その後は寂しくてしょうがなくて、尺八を吹いて物乞いをして暮らし、結局第二次世界大戦中にアパートで餓死した。私はこの人物に非常に興味を持っていまして、行動と思想が完全に一致することを目指した、実に優れた人だと思っています。彼のそういうニヒリズム的な姿勢は、どこかヒトラーにも通じているように感じます。ニーチェ型のニヒリズムじゃなくて、シュティルナー型のニヒリズムですね。

受講生W　すいません。私、昨日から講義で何度かその言葉が出ましたけれども、精神障害者なんです。何かわれわれに対するアドバイスといいますか、何かおっしゃりたいことがあったら教えてほしいんですが……。

精神障害を持っていても——それが身体障害でも知的障害でも——、重要なのは人間は生まれて存在しているだけで意味があるということです。

これは昨日ナチスの生命観のところで言ったことの繰り返しになるかもしれませんが、なぜ、人間は生まれて存在しているだけで意味があるのかと言えば、それは「意味があるから意味がある」のです。最も重要なことについては——人間の命とかそういったことについては——、理屈では説明できない。なぜなら、それは人知を超えた事柄だからです。いちばん大切なことは、いつだって同語反復にしかなりません。つまり、人間の命は意味があるから意味がある。そういうふうになっているのです。そして、「そういうふうになっているんだ」と認識しておくことが非常に大事なんです。

ですから、障害のある人間が有益であるかとか、有意義であるのかとか、そういった議論はまったく意味をなさない。そもそもそれは、同じ人間として、してはならない議論なわけです。もし周囲から何か言われようが、自分が生きているのは——一昔前までだと、ここで「神様によって創られて」とかって話になったんだけれど、いまは神なき時代ですから、神様のところは省いて言いますが、人間は生きているだけで当然、意味がある。この不寛容の時代にもかかわらず、あるいは、この不寛容の時代だからこそ、そんな当り前の了解を社会でこれからもずっと共有していかないといけない。ですから、障害を持っている人も、当事者としてまず、その認識を持つことが大切だと私は思っています。

あとがき

ナチズムの特徴の1つが優生思想に基づく生命の軽視にある。このような思想を持ち、実践する人が現下の日本にもいる。神奈川県相模原市の障害者施設「津久井やまゆり園」で2016年7月に重度障害者19人を殺害し、26人（職員2人を含む）に重軽傷を負わせ、殺人などの罪に問われた元同園職員植松聖《さとし》被告人（30）だ。植松被告人に対する判決が、3月16日、横浜地方裁判所で言い渡された。〈青沼潔裁判長は、被告には事件当時、完全な刑事責任能力があったと認め、「犯行の結果は他の事例と比較できないほど甚だしく重大だ。酌量の余地は全くない」として求刑通り死刑を言い渡した。／判決は、被告が園で働く中で、激しい行動をとる障害者と接したことや、同僚が障害者を人間として扱っていないと感じたことから、重度障害者は家族や周囲を不幸にすると考えるようになったと指摘。過激な言動を重ねる海外の政治家を知り、「重度障害者を殺害すれば不幸が減る」「障害者に使われていた金が他に使えるようになり世界平和につながる」と考えたと動機を認定した〉（3月16日「朝日新聞デジタル」）。

日本の刑事裁判では、死刑を適用する際の判断基準がある。3人以上殺害した被告人には、原則として死刑が適用される。1983年に連続4人射殺事件の被告だった永山則夫《のりお》の上告審判決で、最高裁判所が2審の無期懲役判決を棄却した際に示されたため、永山基準と呼ばれる。ただし、被告人が刑事責任能力を欠く場合には、死刑を免れる。刑事責任能力とは、善悪を判断し、行動を制御する能力を指す。事件を起こした時点で精神の障害が原因で責任能力を失った「心神喪失」の状態だった容疑者・被告人には刑罰を科さず、責任能力が著しく衰えた「心神耗弱」の状態だった場合は刑を軽くしなければならないと刑法第39条で定められている。植松被告人に対する判決ではこの点についても判断がなされた。〈障害者に対する差別的な被告の考えについて、判決は「到底是認できないが、病的な飛躍はない」とした。「大麻の合法化を考えていることからヤクザに狙われている」といった妄想もあったが限定的で、目的に沿って計画的に行動しており、完全な刑事責任能力があったと認めた。大麻を常用した影響で心神喪失か心神耗弱の状態にあったので無罪にするか減刑をするべきだ、との弁護側主張を退けた〉（前掲「朝日新聞」）。

刑事裁判で解明されるのは被告人の刑事責任を負う事柄についてのみだ。事件が起きた構造的要因についての解明は、刑事裁判を通じては部分的にしか行えない。〈やまゆり園の園長や同僚らは公判で証言する機会がなく、動機の基礎と認定された園での経験や介護の実態について、事実関係の掘り下げはなかった。勤務開始当初は利用者を「かわいい」と言ったこともあった被告がなぜ障害者に対する偏見を強めたのか、未解明の部分が残った〉（前掲「朝日新聞」）。

植松被告人の刑事責任を追及することとは別に、なぜこのような事件が起きたかについて、福祉関係者、犯罪心理学者、精神科医などの専門家による真相究明と、再発防止措置について検討する必要がある。国会が国政調査権を発動して、調査委員会を作るべきだ。その際に重要になるのがヒトラーが『わが闘争』で展開した優生思想だ。報道からはわからないが、私は植松被告人が『わが闘争』を読み、そこに書かれた障害者は「安楽死」させるべきだという思想から影響を受けた可能性があると思っている。『わが闘争』を読んでいなくても、そこから影響を受け得た人々の発信する優生思想から植松被告人が影響を受けたことは間違いないと私は見ている。そういう意味で『わが闘争』の思想は、現在も生きているのだ。

本書を上梓するにあたっては、新潮社の小林由紀氏、楠瀬啓之氏にたいへんにお世話になりました。また、同社の伊藤幸人氏、上田恭弘氏からもさまざまな機会に助言をいただきました。どうもありがとうございます。

佐藤優

2020年4月16日、曙橋（東京都新宿区）の書庫にて

本書は二〇一八年一一月三日から四日まで行われた佐藤優氏の新潮講座「ファシズムとナチズム」を再構成したものです。
新潮講座ホームページ　https://kohza.shinchosha.co.jp/

カバー写真　Getty Images
装幀　新潮社装幀室

この不寛容《ふかんよう》の時代《じだい》に

ヒトラー『わが闘争《とうそう》』を読《よ》む

発行――二〇二〇年 五 月二五日
著者――佐藤優《さとうまさる》
発行者――佐藤隆信
発行所――株式会社新潮社
〒162-8711 東京都新宿区矢来町七一
電話 編集部(03)三二六六―五四一一
読者係(03)三二六六―五一一一
https://www.shinchosha.co.jp
印刷所――錦明印刷株式会社
製本所――加藤製本株式会社

ISBN978-4-10-475216-4 C0022
JASRAC 出2003924-001

学生を戦地へ送るには
田辺元「悪魔の京大講義」を読む
佐藤優

日米開戦前夜、京大の哲学教授はいかにしてエリート学生を洗脳し、戦地へ赴かせたのか？　悪魔の講義の構造を解明し、現代に警鐘を鳴らす渾身の合宿講座全記録。

君たちが忘れてはいけないこと
未来のエリートとの対話
佐藤優

資本主義の行方。後悔しない大学選び。教養って何だろう。世界の未来を切実に憂う高校生たちの問題意識に、知の巨人が真摯に答える名講義完全採録、待望の第二弾！

ゼロからわかる「世界の読み方」
プーチン・トランプ・金正恩
佐藤優

北方領土交渉は２０１８年に動く。トランプの反アジア人思想とは。金正男殺害の引き金はツイッター？　公開情報で鮮やかに読み解く圧巻の世界情勢講義、完全収録。

ゼロからわかるキリスト教
佐藤優

貪婪な新自由主義、過酷な格差社会、「イスラム国」の暴虐――現代の難問の根底にはすべて宗教がある。世界と戦う最強の武器・キリスト教論の超入門書にして白眉！

高畠素之の亡霊
ある国家社会主義者の危険な思想
佐藤優

『資本論』を三たび翻訳した知性は、なぜファシズムに走ったのか？　民主主義・資本主義の陥穽と、暴力装置としての国家の本質を読み解く「警世の書」。《新潮選書》

JAに何ができるのか
奥野長衛
佐藤優

米国のTPP離脱、農政改革、従事者の高齢化と後継者不足……岐路に立つJAは何を目指し、どこへ向かうのか。改革派の農協トップと舌鋒鋭い論客による最強対談。